글로벌 M&A

크로스보더

CROSS-BORDER
MERGER & ACQUISITION

국제인수합병

글로벌 M&A

크로스보더
CROSS-BORDER
MERGER & ACQUISITION

국제인수합병

초판발행일 | 2013년 10월 10일

지 은 이 | CCTV 《국제 인수합병》 프로그램 팀
옮 긴 이 | 류정화
펴 낸 이 | 배수현
디 자 인 | 박수정
제 작 | 송재호

펴 낸 곳 | 가나북스 www.gnbooks.co.kr
출 판 등 록 | 제393-2009-000012호
전 화 | 031) 408-8811(代)
팩 스 | 031) 501-8811

ISBN 978-89-94664-51-4(03320)

글로벌 M&A

크로스보더
CROSS
BORDER
MERGER & ACQUISITION
국제인수합병

CCTV 《국제 인수합병》 프로그램 팀 편저
류정화 옮김

《글로벌 M&Λ》 주요인물

리우챤즈
리엔샹주식회사회장

로버트 호마츠
미국국무부 차관

닐 울린
미국재무부 차관

라파랭
프랑스 前총리

웨이쟈푸
중국원양운수그룹회장

조셉 스티글리츠
노벨경제학상 수상자

제프 이멜트
제너럴일렉트릭CEO

워렌 버핏
기업인, 투자가

로버트 톰슨
《아시안 월스트리트 저널》
편집장

오블 셸

미국 아시아협회
미·중협력센터 책임자

리동성

TCL그룹회장

존 스트젠스키

블랙스톤그룹최고 경영자

짜오링환

홍이주식회사 총재

다카라베 세이이치

일본 경제평론가

헨리 크래비스

KKR그룹 총재

마이클 어셈

미국와튼경영대학원교수

타룬 칸나

하버드 경영대학원교수

구어광창

상하이푸싱그룹회장

머리말

　2011년 중국공영방송 CCTV에서《글로벌M&A》프로그램을 녹화할 때 우리를 찾아왔다. 리엔샹(聯想)그룹과 홍이(弘毅)그룹의 투자 사례를 채택했고, 합병 경험이 있는 여러 해외 기업들의 전형적인 사례들을 분석하여 후발주자들에게 참고서 역할을 해주고 싶었다. 올해에는《글로벌M&A》프로그램을 바탕으로 이 책을 출간하게 되었다. 나는 이것이 굉장히 의미 있는 일이라 생각한다.

　어느덧 리엔샹 그룹이 IBM 컴퓨터 사업을 진행한지 8년이 다 되어간다. 나는 종종 당시의 상황을 떠올리곤 한다. 이 소식이 공개 된 후 많은 사람들이 우리에게 박수를 쳐주었다. 사실 그들은 우리의 용기에 찬사를 보낸 것이다. 그 당시 우리는 죽어도 미련이 없었다. 정말 그렇게 되는 것을 바란 건 아니었지만, 그 때 리엔샹그룹은 커다란 장벽에 부딪혀 있을 때였고, 글로벌적인 합병이 유일한 살길이였기에 그리 기쁘지만은 않은 일이었다.

　모두가 잘 알고 있을 것이다. 우리는 합병 후 적지 않은 굴곡을 거쳤다. 한때는 벼랑 끝에 매달려 있었던 적도 있고, 수많은 우여곡절이 있었다. 그러나 우린 쓰러지지 않았고, 오히려 우리가 가야 할 길을 더욱 선명하게 볼 수 있게 되었다.

　현재 상황에서 보면, 합병의 효과는 우리가 생각 했던 것보다 그 이상의 발전을 보여주고 있다. 합병 전 리엔샹그룹의 거래액은 30억 달러였으나 작년엔 296억 달러로 상승했다. 전세계 PC시장 점유율은 3%미만에서 현재는 15%에 도달하여 세계 2위를 차지했으며, 여전히 상승하는 추세이다. 만약 우리가 국내에서만 머물렀다면 지금의 실적은 꿈도 못 꾸었을 것이다. 그리고 아마 무한경쟁시대에서 살아 남지 못했을 것이라 생각된다.

　이번 합병을 되돌아 보면 두 가지로 나눌 수 있다. 첫 번째는 합병하기 전에 목적을 명확히 해야 한다. 우리가 의도하는 것을 정확히 알고, 그 목적에 도달하는 과정에는 많은 어려움이 있다는 것을 인지해야 한다. 두 번째는 합병 후 가장 큰 어려움이 문화적 융합이라는 것을 염두 해야 한다. 서로 다른 출신지의 그룹은 각기 다른 사고방식을 가졌고, 문화적 배경 또한 다르다.

그렇기 때문에 조화롭게 상생할 수 있는 방법을 연구해야만 한다.

마침 IBM과 합병이 있었고, PC분야의 테스트가 있었고, 우리는 열정적으로 매진하여 알맞은 열쇠를 찾았다. 그 후 일본, 독일기업과의 합병에서는 훨씬 수월하게 일을 할 수 있었다. 이미 리엔샹그룹과의 경험도 있었기에 다른 비즈니스 영역으로 들어설 때도 자신이 있었다.

몇 년 전 우리는 홍이그룹의 투자와 중리엔중커(中联重科)그룹의 합작을 바탕으로, 세계적인 투자기업과 연합하여 이탈리아의 CIFA를 합병했다. 그 결과는 합병에 성공했을 뿐만 아니라 합병을 통해서 더욱 탄탄한 기반을 마련해 당초 우리가 세웠던 목표를 훌쩍 넘어섰다. 가장 직접적인 효과는 CIFA의 기술은 이미 중리엔중커그룹에서 큰 이윤을 창출해냈다.

우리는 그 당시 리엔샹그룹의 IBM합병과 홍이그룹, 중리엔중커그룹이 함께 CIFA합병하는 과정에서 한 가지를 깨닫게 되었다. 만약 합병 경험이 부족하다면 실력이 있고, 같이 손을 잡고 나아갈 수 있는 파트너를 찾아야 한다. 그 중 사모펀드를 예로 들 수 있는데 우리가 이렇게 확신 할 수 있는 것은 합병의 기회를 정확히 보고, 합병에 참여하는 모두가 이익을 얻을 것이라 굳게 믿었기 때문이다.

중국기업은 수년간의 발전을 거쳐 어려움을 극복하고 국내에서 상당한 시장 점유율을 차지한 그룹도 있는가 하면, 어떤 그룹은 브랜드와 기술영역을 확장했다. 그들에게 있어 "걸어나가는 것"은 꽤 괜찮은 선택이었다.

세상으로 걸어나가고자 한다면, "자가 발전에 의미를 두는 것이냐, 아니면 합병의 방식을 취하느냐"이다. 내 개인적인 생각은 후자가 비록 지름길이긴 하나 오히려 가시밭길이 될 수도 있다. 그러나 리엔샹그룹은 가시밭길 속에서도 어려움을 극복하고, 한걸음 한걸음 나아갔다. 글로벌 합병을 거친 다른 기업들 또한 이와 같을 것이다.

중국기업은 때론 용기 있게, 때론 지혜롭게, 목표에 도달할 때까지 정신을 무장하여 오늘날 국제 무대에 오를 수 있게 되었다. 그리고 세계기업계에 신선한 바람을 불어 넣어줄 것이라 믿는다. 우리는 경험자로써 걸어나가고자 하는 중국 기업들에게 본보기가 되어주고 싶다.

목   록

2011년 2월 11일, 미국해외투자위원회는 미국3Leaf기업이 중국 화웨이(华为)그룹의 자산으로 인수합병 되는 것에 대한 철회를 요구했다. 이것은 이미 화웨이회사가 세 번째 미국에 가로막힌 것이었다. 2005년, 중국해양 석유회사는 미국 Unocal 회사에 합병한 바 있다. 2009년, 중국시써(西色)가 미국 CopperGold에 합병되는 등 모두 비슷하게 실패한 케이스이다.

당시《워싱턴타임즈》의 편집부장은 7명의 기자를 파견해 중위엔그룹 회장 웨이쟈푸를 취재했다. 그들은 착석한 후 녹음기를 웨이쟈푸 앞에 두고, 지금부터 인터뷰하는 한마디 한마디가 모두《워싱턴타임즈》에 실리게 될 것이라 말해주었다.

당신이 우리회사에 들어오면 벽에 걸어진 직원들의 사진을 발견할 것이다. 공화당을 배경으로 한 직원도 있고, 민주당을 배경으로 한 직원들도 있고, 이전에 백악관이나 재무부에서 근무했던 정부관리들도 있다.

합작이 성사되면 과연 행복이 계속 지속될까? 전 세계에서 매년 발생하는 글로벌 합병의 수는 10만 건에 달한다. 합병 그 안에는 희망으로 충만하다. 그러나 때로는 이러한 꿈은 결국 실현할 수 없는 꿈이되고, 의문점으로 남기도 한다.

글로벌합병의 실패율은 70%에 달한다. 대체로 위험은 상업활동에 존재한다. 글로벌합병의 역사중에는 부주의로 인해 실패한 경우가 많다. 독일의 Daimler-Benz사가 미국 Chrysler를 인수했고, 중국대만의 밍치(明基)사가 독일 Siemens사의 휴대폰 사업을 인수했으며,독일의 BMW사가 영국 Rover사를 인수했다. 초기에는 강자간의 협력으로 비춰졌으나 이후에는 큰 손실을 가져온 참패의 결과를 보여주었다.

한 가지 중요한 문제는 현지에 답이 있다는 것이다. 외국투자자들은 현지자산의 실질적가치를 이해하지 못한다. 이는 해외투자 시, 어떤 국가를 막론하고 미국이든 유럽이든 신중을 가해야 하는 이유가 바로 그것이다. 투자를 하려면 충분한 이해가 뒷받침 되어야 한다.

1. 문화차이 ··· 109

2010년 8월 2일로 시계바늘을 돌려보면 그 날은 지리(吉利)사가 Volvo사의 모든 지분을 인수한 날이다. 그 후 볼보는 세계3위에 이름이 올랐고, 안전기술은 1위에 랭크 되었다. 80여 년의 명차브랜드의 회사를 겨우 13년의 역사를 가진 자동차조립회사인 지리가 사들인 것이다. 사람들은 이 합병을 "국제결혼"에 비유한다. 한 쪽은 동양에서 온 농촌총각이고, 다른 한 쪽은 북유럽 공주인데 서로의 격차가 너무 커서 이 연애는 불 보듯 고생길이 훤했다.

2. "칠칠법칙" ··· 120

글로벌합병의 70%는 기대하던 상업적 가치에 못 미친다. 그 중 실패 원인의 70%는 합병 후의 문화융합에 있다. 문화차이가 클수록 합병실패의 가능성도 커진다. 이 법칙을 사람들은 흔히 "칠칠법칙"이라 부른다.

3. 통합의 길 ··· 127

"세계 최고 경영자"라고 칭송 받는 제프 이멜트(Jeffrey Immelt)는 20여 년간 제너럴 일렉트릭을 경영했고, 993번의 합병을 성사시켰다. 시가 130억 달러에서 시작해서 최고 5600억 달러까지 상승시켰다. 매번 합병 전 이멜트는 가장 우선적으로 두 기업의 문화가 융합될 수 있는가를 고려했다.

:: 심층 분석

C/O/N/T/E/N/S

자금동맹은 4곳의 투자자들을 끈끈하게 묶어주었다. 이탈리아의 mandarin과 미국의 Goldman Sachs 합병동맹에 있어서 풍족한 자금과 세계적인 인맥을 구축할 수 있게 되었다. 그들은 서로 경쟁의식 속에서 각자 운영을 하면서도 조화를 이루며 호흡을 맞췄다. 짜오링환회장은 합병이 성공과 실패의 키포인트라는 것을 찾아냈다.

미국PE는 보편적으로 "차매입수"의 방식으로 인수합병을 진행한다. "차매입수"란 적은 현금을 가지고 거액을 대출받아 목표한 회사의 지분을 인수하는 것이고, 그 기업의 주식을 매각한 후 PE측은 초반 투자금액의 몇 배 많게는 수십 배의 이익을 얻게 된다. 이렇게 단기간에 이익을 얻는 방식은 때때로 질의를 받기도 한다.

중리엔중커(中联重科)그룹은 즉시 새로운 서양인 페라리(ferrari)씨를 초빙하고, 중리엔중커의 국제합병을 주관하는 부총재로 임명한다. 중리엔중커와 서양의 인재가 만나 발걸음이 한결 빨라진다. 중리엔중커와 서양파트너는 힘을 모아 순조롭게 금융위기의 늪에서 벗어나는 것을 앞당겼다.

C/O/N/T/E/N/T/S

CROSS-BORDER
MERGER & ACQUISITION

국가의 문
Gateway of Nation

1901년, 모건(MORGAN)의 계약 한 건이 기업성장의 새로운 길을 개척했다. 100년 간 그의 행보는 기업에 큰 성과를 안겨주었고, 차곡차곡 모여 세계 경제의 판도를 다시 썼다. 그 시장의 힘은 경제의 지리적 경계를 타파하고, 보이지 않는 장애에 가로막히기도 했지만 오히려 경제 세계화의 꾸준한 원동력이 되어주었다.

제1장

국가의 문
Gateway of Nation

오늘날 점점 늘어나는 중국기업의 합병, 주식출자, 녹지투자 등의 방식은 대외직접투자를 확대시켰다. 중국 상무부 관련기구의 통계에 따르면 2010년까지 중국의 대외직접투자는 이미 매년 688억 달러 정도의 유동량 수준(그 중 238억 달러는 국제합병에 포함[1])에 도달했고, 3,172억 달러 정도의 확보규모이며 세계 랭킹 5위이다. 사실 688억 달러의 유동량 투자액은 결코 적지 않은 숫자다. 일본과 미국의 대외직접투자 역시 20세기 90년대가 되어서야 매년 500억 달러의 유동량 수준에 도달했다. 하지만 중국기업의 진출에 있어 대외직접투자 역시 평탄한 탄탄대로는 아니었다. '후진국'인 아프리카 대륙

---

1   Dealogic 통계에 따르면, 2010년 전세계 합병 시장에서 모두 41,738건의 거래가 발생했다. 관련금액은 2.8만 억 달러이고 그 중 국제합병 거래가 10,710건, 그 관련금액은 9,542억 달러이다. 또한 2010년부터 2011년 상반기까지 전세계에서 총 14건의 200억 달러 이상의 대규모 합병거래가 있었다고 보여준다.

이든, '선진국'인 유럽 아메리카 제국이든 모두 투자계획은 국제합병이다. 국제 유명자문회사 맥킨지(Mckinsey)는 중국기업 중 많게는 67%가 국제합병에 성공하지 못한다고 발표했다.[2] 실패의 원인은 여러 가지인데 특히 각국정부가 국제투자(합병)를 까다롭게 심사하는 것이 오히려 외국 투자기업들로 하여금 골치 아픈 문제가 되었다.

1. 합병 "워털루"

2011년 2월 11일, 미국해외투자위원회는 중국 화웨이(华为)회사를 미국 3com회사의 자산으로 인수합병 철회를 요구했다. 이것은 이미 화웨이회사가 세 번째 미국에 가로막힌 것이었다. 2005년, 중국해양석유회사는 미국 Unocal회사에 합병한 바 있다. 2009년, 중국 시써(西色)가 미국 Copper Gold에 합병되는 등 모두 비슷하게 실패한 케이스이다. 이렇게 국제합병이 빈번해지고 있는데 어째서 미국의 문턱에 가로 막히는 것일까? 미국 재무부와 미국 해외투자위원회으로부터 이야기를 들어보아야겠다.

---

2 합병에 관해 유명한 '칠칠법칙'은 70%의 합병은 희망하는 상업가치를 실현하지 못하고, 그 중 70%는 합병 후 문화융합에 실패한다는 것을 보여준다.

🚚 중국 해양석유회사와 미국 유노칼회사의 합병

중해유(중국 해양석유)사의 합병은 많은 좌절을 겪었다. 그 중 가장 쓰라린 거래는 2005년 미국의 9대 석유회사인 유노칼(Unocal)과의 합병 실패이다.

2005년 시가 225억 달러의 중해유사는 미국 유노칼사에 130억 달러 상당의 경매가를 제시했다. 당시 유노칼의 시가 110억 달러 보다 20억 달러가 더 많은 금액이었다. 경쟁사인 셰브런의 제시 가격보다 적지 않았다. 그리고 중해유사는 유노칼의 16억 달러의 채무까지 감당하겠다고 밝혔다. 그에 덧붙여 감원하지 않고 유노칼의 직원들에게 여러 가지 복리제도를 제시했다. 합병은 승리한 것처럼 보여졌으나 중해유사의 합병은 그룹 역사상 가장 큰 '워털루' 합병이었다. 경쟁사인 셰브런은 중해유의 국유기업신분을 이용해서 정치적 카드를 꺼내 중해유에게 불리한 여론을 조성했다. 중해유의 유노칼 합병은 미국의 자원 안전구성에 있어 위협이 될 수 있다고 주장했다. 그후 미국의 하원은 333표의 반대, 92표 찬성으로 압도적으로 반대표가 우세를 차지했다. 그리하여 중해유의 유노칼 합병 계획은 기각되었다.

미국 재무부로 통하는 단계는 16등급에 불과하다. 그러나 이 길은 미국투자를 희망하는 외국기업에게 결코 쉽지 않은 길이다. 그곳에는 국가의 문이 존재하는데 문 뒤에는 일반적인 대회의실처럼 보이지만, 외국기업의 미국합병 성패를 결정한다. 그곳은 바로 미국 재무부를 책임지는 해외투자 심사의 문인 미국 해외투자위원회(CFIUS)가 열리는 곳 이다.

미국 재무부   미국 해외투자위원회 회의실

미국 해외투자위원회는 막강한 힘을 가진 기구이다. 1988년 외국 기업에 대응하기 위해 설립했고, 주 목적은 일본기업이 미국에서의 합병에 대해 미국 해외투자위원회 회원들은 국가안전의 사명을 가지고 해외 투자심사를 진행했다. 미국 해외투자위원회 회원들은 재무부를 책임진다.(국무성, 상무부, 국방부, 국토안전부, 사법부, 자원부 및 백악관을 포함한다.) 보통 회의 시 12명의 각료들과 대통령고문이 참석한다. 바로 이 장소에서 중국 화웨이(华为)그룹은 세 번의 '워털루' 전쟁을 겪었다.

🚚 미국 해외투자위원회

미국 해외투자위원회(Committee on Foreign Investment in the United States, CFIUS)는1975년《미국 제11858호 행정법》에 의해 설립되었다. 주로 해외투자가 미국안전에 대한 영향을 평가, 감독한다. 1988년, 미국 부시 대통령은《제12661호 행정명령》에 따라《1950년 국제상품법》이 시행되면서 제721조항의 책임을 부여 받는다. 제721조항은 미국의 외자합병을 규정하고, 국가안전의 근본법을 보호하는 것으로 해외합병의 미국국가의 안전을 위협하는 증거를 입증하고, 대통령은 중지와 중단의 권리를 가지며, 위원회와 함께 해외투자제도를 심사하여 비준한다. 미국정부는 첫 번째로 미국 국방생산능력에 영향을 미치는가를 살피고, 두 번째로 특정 국가매출에 관련이 되는지, 마지막으로 군사기술의 재매 및 미국 국가안전영역의 기술이 선두위치에 영향을 끼치는 지를 중요시 한다. 이 세 가지 사항을 가지고 투자항목을 심사하여 결정한다.

　미국 해외투자위원회는 막강한 파워를 가지고 있으며, 몇 십 개의 행정부서와 백악관에 영향을 미친다. 사무기관은 재무부에 있고, 재무부는 위원장의 역할로써 업무를 총괄한다. 위원회 구성원들이 각각 다른 업계에 종사하고 이익의 차이가 있으므로 외자합병에는 의견이 분분하다. 대체로 합병에 관한 소식을 접한 후, 위원회는 30일 동안 조사를 시행한다. 만약 안전에 위협이 없다고 구성원들의 의견이 일치되면 심사를 마치고, 지속적으로 협의를 진행한다. 그러나 단 한 명의 구성원이라도 반대를 한다면,위원회는 필시 45일의 정식조사를 진행한 후 인수합병 저지에 관해 미국 대통령에게 건의를 하고, 대통령은 15일 내에 결정을 내린다.

　☻ 중국기업의 미국투자에 관한 전략적 목표는 오로지 경제에만 국한되지 않기 때문에 미국은 의문을 가진다. 미국 국무부차관 로버트 호마츠

　☻ 미국 해외투자위원회는 오직 인수와 합병이 미국 국가안전기구에 위협이 있는지를 주시한다. 미국재무부차관 울린

미국 국무부차관
로버트 호마츠

🚚 중국의 직접적 미국투자 현황

　　미국 아시아협회 미중협력센터의 2011년 5월 발표된 특별연구보고에 따르면 2003년부터 2010년까지 중국의 미국 직접투자는 모두 230건이며, 합산금액은 116.7억 달러에 달한다. 사실 중국이 미국에 대한 투자는 최근 몇 년 사이에 급증했다. 2003년부터 2007년까지 중국의 미국투자는 연 평균 5억 달러를 밑돌았다. 2005년, 리엔샹(联想)그룹이 17.5억 달러로 IBM의 컴퓨터사업 인수건 외에 요 몇 년 중국의 직접적인 미국투자는 매년 5곳의 녹지투자와 합병 프로젝트 10건 뿐이었다. 2007년 이후 중국의 직접적 미국투자 항목수와 거래액은 모두 뚜렷한 상승추세를 나타낸다. 2009년 중국의 미국 녹지투자는 30건을 넘어섰고, 합병은 2007년 11건에서 2009년 22건으로 증가했다. 중국의 직접적 미국투자는 25건의 녹지투자와 42건의 합병이 있었고, 총 53억 달러를 초과했다.

　　😃 때때로 중국투자에 대해 선입견을 보이는데, 일부 원인은 양국의 정치체계가 판이하고, 두 나라 사이에 여전히 많은 의심이 있기 때문이다. 미국 아시아협력센터 책임자 오블 셸

　　😃 중국기업의 미국에서의 투자는 확실히 장애물이 존재한다. 미국 와튼 경영대학원 교수 마이어

　　국제합병 프로젝트에 대한 심사진행은 결코 미국의 특허가 아니다. 오세아니아에서 차이나 민메탈(China Minmetals)이 호주의 광산기업을 합병할 때 호주 재무부장 웨인 스완은 염려했다. 그 이유는 합병이 호주의 국가안전에 위협이 될 수 있었기 때문이다. 유럽연맹

의 공업사무 책임위원장 안토니오 타쟈니는 심지어 '앞으로 중국합병에 대해 정치적 관여가 생길 것이다'라고 말했다. 이런 양상은 미국해외투자위원회를 모방한 것이라

호주 재무부장 웨인 스완

는 평론이 있다.

〈미국 해외투자위원회 합병심사 연도분포(2005~2010년)〉

| 연도 | 총수 | 제1차 심의 철회 | | 재심 수 | 재심 비중 비율 | 재심 철회 | | 대통령 결의 수 |
		수량	비율			수량	비율	
2005	64	1	1.56%	1	1.56%	1	100.00%	0
2006	111	14	12.61%	7	6.31%	5	71.43%	2
2007	138	10	7.25%	6	4.35%	5	88.33%	0
2008	155	18	11.61%	23	14.84%	5	21.74%	0
2009	65	5	7.69%	25	38.46%	2	8.00%	0
2010	93	6	6.45%	35	37.36%	6	17.14%	0

〈미국 해외투자위원회 합병업종 연도분포(2005~2010년)〉

연도	제조업	정보산업	광업, 공업 사업, 건축업	도매거래	기타	합계
2005	34(53%)	24(38%)	1(2%)	5(8%)		64(100%)
2006	53(48%)	32(29%)	15(14%)	10(9%)	1(1%)	111(100%)
2007	61(44%)	56(41%)	11(8%)	10(7%)		138(100%)
소계	148(47%)	112(36%)	27(9%)	25(8%)	1(0%)	313(100%)

연도	제조업 ⚒	금융, 정보 서비스업	광업, 공업 사업, 건축업	도매, 소매 거래		합계
2008	72(46%)	42(27%)	25(16%)	16(10%)		155(100%)
2009	21(32%)	22(34%)	19(29%)	3(5%)		65(100%)
2010	36(39%)	35(38%)	13(14%)	9(10%)		93(100%)
소계	129(41%)	99(32%)	57(18%)	28(9%)		313(100%)

〈미국 해외투자위원회 합병 랭킹10위 국가(지역)연도분포(2005~2010년)〉

순위	국가	2005	2006	2007	2008	2009	2010	05~07 합계	08~10 합계	05~10 합계
1	영국	24	23	32	48	17	26	79	91	170
2	캐나다	6	8	21	6	9	9	35	24	59
3	프랑스	9	9	7	12	7	6	25	25	50
4	이스라엘	1	9	6	12	5	7	16	24	40
5	호주	2	7	9	11	1	3	18	15	33
6	일본	3	6	1	8	4	7	10	17	29
7	중국	1		3	6	4	6	4	16	20
8	네덜란드		4	7	2	4	2	11	8	19
9	독일	2	4	6	3	1	2	12	6	18
10	이탈리아	1	3	3	5	2	3	7	10	17

〈미국 해외투자위원회 합병 랭킹10위 국가(지역)업종분포(2008~2010년)〉

순위	국가	제조업	금융, 정보, 서비스업	광업, 공업, 건축업	도소매거래
1	영국	48.35%	40.66%	8.79%	2.20%
2	캐나다	12.50%	37.50%	41.67%	8.33%
3	프랑스	56.00%	16.00%	16.00%	12.00%
4	이스라엘	54.17%	37.50%	0.00%	8.33%
5	호주	0.00%	20.00%	26.67%	53.33%
6	일본	21.05%	42.11%	31.58%	5.26%
7	중국	50.00%	18.75%	25.00%	6.25%
8	네덜란드	25.00%	50.00%	12.50%	12.50%
9	독일	33.33%	33.33%	16.67%	16.67%
10	이탈리아	80.00%	20.00%	0.00%	0.00%

자료출처 : 《미국해외투자위원회 연도보고》, 2011년 《미국외자 인수합병 관련 감독,심사》전재,
2012년《국제무역》 2012년 제 4기

　　《월스트리트저널》인수합병팀의 한 기자는 중국 화웨이(华为)그룹
은 미국에서 합병보도를 여러 번 썼다. 중국 화웨이가 미국3com그
룹 합병 기간에 다스와 그녀의 동료는 "워싱턴은 어째서 화웨이를
두려워하는가?", "화웨이의 합병실패 요인은 대체 어디에 있는가?"
등 여러 편의 보도를 발표하며, 화웨이의 합병실패에 대한 분석을
진행했다.

❧ 미국정부는 화웨이에 대해 어쩌면 그들이 일부 공개하지 않은 정보가 있을 것이라 생각했다. 《월스트리트저널》 기자

다스와 그녀의 동료는 바로 이러한 연유로 합병이 대다수 미국매체의 저지를 당했다고 생각되었다. 이와 같은 매체의 방해는 많은 기업들도 생소하지 않을 것이다. 일찍이 10년 전 중국 위엔양(远洋)그룹(약칭中远그룹)은 로스앤젤레스의 Long Beach에서 버려진 군용항구를 인수할 때도 유사한 경험을 겪은 바 있다. 롱 비치는 미국 전체에서 가장 큰 컨테이너 항구를 가지고 있다. 중위엔그룹 입장에서는 만약 이 부두와 합병이 성사 된다면, 앞으로 중위엔이 전세계로 도약하는 중요한 발걸음이 될 것이라 믿어 의심치 않았다.

🚐 중국 화웨이(华为)그룹의 합병실패 사례

화웨이 기술주식회사는 1988년 중국 션쩐(深圳)에서 설립된 직원들이 주식을 보유하고, 생산과 판매, 전신 설비를 갖춘 민영 과학기술 기업이다. 2010년 5월, 화웨이는 200만 달러를 지불하고 미국 3Leaf기업의 부분자산을 인수하고 같은 해 9월 미국 상무부에 직접 신청하고 승인을 얻어냈다. 그후 화웨이는 미국 해외투자위원회에 자원해서 정식신청을 하고, 5명의 미국 하원의 서명을 받아내 미국 정부는 하웨이의 3Leaf 인수합병 안건이 미국의 국가안전을 위태롭게 한다고 판단했다. 그래서 미국해외투자위원회는 중국 화웨이에 스스로 이 합병철회를 요구했다. 이 합병의 가치는 겨우 200만 달러의 소규모 거래에 불과했지만, 화웨이는 단지 파산된 소형 기술회사의 일

부 직원과 특허 인수를 시험해 보고자 했으나 결국 미국해외투자위원회의 반대에 의해 포기를 선언한다.

이미 2008년도에 화웨이는 미국 3Com기업의 인수를 시도했었다. 그러나 미국정부의 이른바 국가안전의 이유로 인해 중도 포기했다. 2010년, 화웨이는 재차 3Com의 인수와 Motorola의 네트워크시설분야 등 미국 전신기업의 인수합병을 시도할 때도 저지를 당했다. 현재까지 이 2건의 인수거래는 합병 절차에 진입할 수 없는 상태이다.

🚚 중국 위엔양(远洋) 운수 그룹

중국 위엔양 운수그룹 본사(약칭"중위엔그룹")는 국제운송과 물류유통, 선박의 수리 및 제조를 위주로 하는 다국적 기업이다. 위엔양은 800여 척의 원양선을 보유하고 있으며, 적재량은 5천만 톤 이상이다. 선단규모는 전세계 2위를 차지하고, 160여 국가와 지역의 1500여 곳 항구에 항로를 개척했다. 주로 홍콩, 유럽, 미주, 싱가포르, 일본, 오세아니아, 한국, 아프리카와 서아시아의 지역회사 9곳을 중심으로 형성되었다. 또한 전세계 주요 항구영업소에 해외경영 체계를 보급하고, 50여 개 국가와 지역에 지사를 설립했다. 해외기업의 자산과 수입은 전체 그룹의 총자산과 총수입의 절반 이상을 차지한다.

중위엔그룹의 합병계획은 이제 막 시작되었다. 하지만 미국여론의 공격은 대단히 맹렬했다. 우측 상단의《월스트리트저널》지를 보면 미국전문가 리차드 피셔는 심지어 중위엔은 '중국인민해방군의 교두보'가 될 것이라 평가했다. 이후 중위엔그룹은 다른 미국매체로부터 질의를 받았다. 결정적인 시기에 어디로 가야 할 것인가? 중

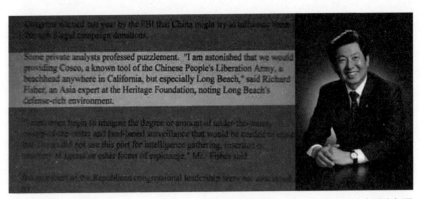

《월스트리트저널》연관보도　　　　　중국위엔양(远洋) 해운그룹 회장 웨이쟈푸(魏家福)

위엔그룹의 총재로 역임하고, 현재 대표이사인 웨이쟈푸는 "중위엔이 발전하려면, 전세계로 나아가야 하고, 우선 반드시 미국의 문턱을 넘어야 한다. 이것이 바로 나의 전략이다. 만약 미국의 문턱을 넘어서지 못한다면 과연 전세계로 나아갈 수 있을까?"라고 생각했다. 그러나 이때 《월스트리트저널》에 게재된 문장 속 중위엔은 중국군대이며, AK47[3]를 밀수한 중국공산당의 간첩으로 각종 부정적인 측면이 벌 떼처럼 쇄도했다.

중위엔 미국회사 부총재인 하워드는 회상하며 입을 열었다. "나는 《로스앤젤레스 타임즈》의 샌프란시스코 사무국 편집장이 나에게 전화를 걸고, 내 사무실에 뛰어들어와 말하길, '그들에 관한 정보를

3　AK47: 1947년 등장한 소총으로 대량살상무기의 상징이라고 불림

파악했어! 중위엔은 바로 중국 해군이래!!'라고 말한 장면이 아직도 기억난다."

    미국매체의 무차별 폭격을 받는 동시에, 캘리포니아의원 크리스토퍼 콕스가 미국하원에 제출한 300여 장에 달하는 보고서로 말미암아, 중위엔의 합병은 절망의 끝자락으로 내몰렸다. 결국 중위엔은 어쩔 수 없이 합병을 포기해야만 했다.

🚐 콕스(Cox)보고서

《콕스보고서》와 크리스토퍼 콕스 미국 하원은 밀접한 관계가 있다. 이 보고서는 미국국회에서 공표한 것으로 중국이 미국 핵무기 절취와 미국 국가안전에 위협을 준다는 내용이 담겨있다. 미국 하원정책위원회 의장은 콕스를 선두로 연합조사위원회를 조직했다.

콕스(Cox) 보고서

    중위엔그룹 등 적지 않은 중국기업은 《콕스보고서》에 이름이 올랐다. 이러한 정치조작은 중위엔을 포함한 중국기업의 진출에 큰 어려움을 가져왔다.

  🐞 당신이 만약 미국으로 진출해서 당신의 투자목적을 실현하고 싶다면, 첫 번째로 국회의 관문을 통과해야 하고, 두 번째는 매체의 문턱을 넘어야 한다. 중국 중위엔그룹 회장 웨이쟈푸

웨이쟈푸뿐만 아니라 옌타이 완화(万华)그룹이 헝가리의 자금이 묶인 화학회사를 인수합병 준비를 시작할 때, 현지 매체는 전부 반대했다. 2009년 중국 알루미늄그룹이 호주의 리오틴토그룹 인수가 성사되지 못한 후, 호주매체는 직접적으로 "잘 가, 베이징!"이라고 말했다.

🚌 중국 알루미늄그룹의 리오틴토그룹 인수 철회

중국 알루미늄그룹은 2009년 2월 리오틴토그룹과 전략연맹 설립을 선언했다. 중국 알루미늄그룹은 합자회사설립과 전환가능채권을 승인 받아 리오틴토그룹에 192억 달러를 투자했다. 이후 중국 알루미늄은 이 거래에 210억 달러의 자금을 준비하고, 잇따라 호주 소비자보고위원회와 독일 연방기업연합관리국, 그리고 미국 해외투자위원회 등 각국 감독기관의 승인을 받았다. 하지만 2009년 6월 리오틴토그룹 회장은 2009년 2월 12일에 발표된 쌍방의 전략적 제휴 추천을 철회했다. 쌍방이 서명한 합작과 협의에 근거해서 중국알루미늄그룹에 1.95억 달러의 이별비용을 지불하게 된다. 뒤이어 중국 알루미늄그룹은 이것을 인정하고, "결과에 대해 대단히 실망감을 느낀다."고 표했다.

국제합병을 진행하는 많은 기업과 투자자들은 목적국에서 여론적 제지와 국가심의, 심지어 국회의 개입까지 있을 것이다. 마치 큰 성벽처럼 생소하고 신비

미국 재무부 홈페이지

롭지만 보이지 않는 강대함이 있다.

미 재무부 홈페이지에는 그 동안 심사비준 된 거래 데이터를 볼수 있다. 1988년 미국 해외투자위원회가 설립되고 현재까지, 대다수가 합병과 인수매매 심사를 받았는데 모두 북미,유럽과 중동 등지이다.

2006년 미국 전대통령 부시는 일찍이 정치폭풍과 맞닥뜨렸다. '두바이 국제항만'그룹의 미국 6대 항구의 인수관할 경영권이 미국 해외 투자위원회의 심사를 통과한 후 국회의 강력한 반대에 부딪혔다. 그들이 반대한 주요원인은 아랍 에미리트(UAE) 테러저항에 불리하기 때문이었다. 결국 두바이 국제항만그룹은 포기를 강요당했다.

두바이 항구

🚚 '두바이 국제항만'그룹의 인수합병 분쟁

두바이 국제항만그룹(DPworld)은 전세계에서 가장 큰 항구회사 중 하나이다. 두바이 항만 사무국과 두바이 국제 항만 사무기업이 합병하여 세워진 회사이며, 아랍 에미리트 연방(UAE) 자산에 속한다. '두바이 항만그룹'은 2006년 3월 65억 달러를 가지고 영국 반도회사의 인수하고, 미국 6개 항구를 포함한 전 세계 16개국의 30개 항구의 업무를 확대한다고 선언한다. 미국 정부는 이 인수합병이 승인되고, 즉시 미국국회의 민주당과 공화당의 대다수 의원들의 강력한 반대가 일어났다. 그들은 중동국가회사가 미국 항구업무를 관할하는 것은 미국 국가안전에 위협이 된다고 생각했다. 미국국회는 새로운 입법을 통하여 이번 합병 안건을 저지했다. 이는 국회의견과 정확히 반대되었고, 전 미국대통령 부시는 이 합병안건에 큰 지지를 나타내며, 위협적으로 거부권을 주장하며 "NO"라고 말했다. 그러나 이후 미국 하원예산위원회의 62표 대 2표의 압도적인 숫자로 이 결의가 통과되었고, 아랍 에미리트 연방의 '두바이 항만그룹'의 미국 6개 항구의 항만 사무경영권이 규제되었다.이후 '두바이 항만그룹'수석운영관 빌기는 미국 6대 항구 운영 관리포기 선언을 발표했다.

🐞 내가 보기에, 두바이 항만회사의 사례는 미국의 특별한 역사시기에 놓여있었기 때문에 사람들은 이 사례를 이해하지 못한다. 사건에 의해 왜곡되었다. 미국 펜실베니아 와튼경영대학원 교수 어셈

2. 매체의 손짓

어셈이 말한 왜곡은 20여
년 전 일본기업이 미국기업을
인수합병 중 똑같이 일어났었
다. 당시 흥기한 일본경제는 서
양에게는 새로운 도전자였다.

미국《뉴스 워크지》표지 : 일본의 할리우드 침입

1989년 10월 출간된 미국《뉴스 워크지》표지에는 자유의 여신상
이 일본 기모노를 입고 있다.

일본 경제평론가 재무부 세이이치는 "할리우드는 미국에게 있어
서 매우 특별하고 중요한 존재이고,《뉴스 워크지》는 당시 이렇게
기모노를 입은 자유의 여신상 표지를 만들어 일본에 대한 일종의 풍
자와 비판을 나타냈다."라고 말했다.

그렇지만 일본《아사히 신문》경제부 편집장 야스이 타카유키는
소니회사의 창시자 모리타 아키오의 말을 인용하여 서술했다. 호주
인 머독은 미국 TV를 샀다,마치 미국인은 아무 반응이 없는 것 같
았다. 이것은 참으로 이상하지 않은가? 호주인은 되고, 왜 일본인은
안 되는 것인가?

    🐌 그 시절 사실 과장되었다. 매체의 보도 수준은 모두 높지 않았고, 사
    실에 대한 보도는 일종의 오도였다.《아시안 월스트리트 저널》편집장 로버트 톰슨

자유의 여신상은 미국 콜롬비아 영화회사의 상징이다. 기모노를 입고 있는 자유의 여신상 표지는 미국인이 소니가 콜롬비아 인수 합병에 대한 강렬한 불만을 나타낸다. 미국인들이 미국문화의 상징으로 여기는 콜롬비아 영화회사를 제외하고, 일본기업은 동시에 뉴욕에 있는 록펠러센터를 구매하려고 시도했다. 일순간 '일본의 미국매입'이라는 소식이 온 천지를 뒤덮었다.

🚌 역사회고 : '일본의 미국매입' 이야기

제 2차 세계대전 이후 일본경제는 급속 발전했다. 1985년 미국, 일본, 영국, 독일, 프랑스는 플라자합의(Plaza Agreement)를 체결했다. 그 후 일본 엔화가치는 무려 3배 정도 상승했다. 엔화 상승 후, 일본의 공업수출역량이 큰 영향을 받았다. 그러나 일본인들 또한 부유해졌다. 수중에 달러를 가진 일본인들은 미국의 각종 자산을 마구 사들이기 시작했다. 그 중 미국기업의 자산이 많은 비중을 차지했다. 이러한 수표철을 휘두르는 일본인은 마치 가격은 거들떠 보지도 않는 듯 했다. 그들은 미국 전체를 사들일 것 같았고, 미국은 일본의 41번째 현으로 바뀌고 있었다.

이와 같은 요지경 속에 매우 어리둥절하고, 황당무계한 일이 생겼다. 1989년에 일본인들이 구입한 미국자산이 정점을 찍었다. 1989년 6월 소니회사는 34억 달러로 미국 쇼 비즈니스의 최고회사, 미국문화의 상징인 콜롬비아회사를 성공리에 매수한 것이다. 소니회사는 제조업을 오락업으로 전향하는 전략적 행보 중 하나였다.

이전에 미쯔비시회사는 14억 달러로 더욱 중요한 미국국가의 상징인 록펠러센터를 매입했다. 이는 미국자본주의 전성기의 위대한 건축물이 현재 일본인 소유라는 것을 보여주고 있다. 로스앤젤레스에서 일본인은 이 시의 번화가 절반 이상의 부동산을 보유하고 있었고, 하와이의 98%이상이 일본 해외투자 였으며, 주로 호텔과 고급주택 등 부동산 쪽에 집중되었다. 1985년부터 1990년까지 일본기업은 모두 21건의 500억 엔을 초과하는 거액 해외인수 안건이 생겼고, 그 중 18건의 인수 합병 대상은 미국회사였다. 20세기 80년대 말에는 전미 10%의 부동산이 이미 일본인의 주머니 속 물건이 되어버렸다.

일본인이 미국 자산을 대량 구매할 때, 특히 록펠러센터와 콜롬비아 영화회사와 같이 영향력 있는 기업자산의 매입은 미국사회의 큰 반향을 일으켰다. 본국의 영향력 있는 큰 회사와 대기업의 주인이 일본인에게 맡겨졌다. 미국여론은 "이것은 일본인의 2번째 침략이며 첫 번째는 진주만에서 일어났다."라고 소리쳤다. 미국인은 심지어 아마 일본인이 언젠가 자유의 여신상을 사갈 것이라고 자조하며 말했다. 자산을 일본인에게 매각한 미국상인은 재물에 눈이 먼 탐욕자라고 질책 당했다. 일본인은 한때 풍경이 더없이 아름다웠다. 그러나 많은 인수합병은 문제가 존재했다. 그 이유는 대다수 합병이 경제목적에 있지 않고, 경제법률을 준수하지 않았기 때문이다. 사후에 여러 분석들은 경솔한 매매행위는 일본회사의 발전전략 실현을 가속시킨 게 아니라 지연시켰다고 평가했다.

(출처 : http://www.ebscn.com/businessinfoContent.html?msgld=3058700)

❧ 미국은 당시 확실히 미혹과 혼란이 있었다. 신문도 이러한 심리를 이용했다. 《아시안 월스트리트 저널》 편집장 로버트 톰슨

❧ 당신이 한 마리의 큰 물고기를 수족관에 넣는다면, 작은 물고기는 놀라서 도망갈 것이고, 그들은 잡아 먹힐까 두려워할 것이다. 하버드 경영대학원교수 타룬 칸나

🐞 어느 정도상에서, 사람들은 일과 경제에 대해 우려를 반영한다. 커빙턴 변호사사무소 변호사 다비드 페간

미국은 당시 일본에 대해 우려했다. 그것은 일본이 미국의 도전자가 될 것이라는 근심이었다. 대다수 사람들은 일본이 흥기한 배후에는 어떤 위험이 있을 것이라 이야기했다. 미국인은 어쩌면 경쟁력을 갖춘 생소한 경제와 문화 시스템이 미국을 초월 할 것을 걱정했을지 모른다.

이러한 저지는 당시 소니의 책임자 모리타 아키오를 생각하지 못한 곤경에 빠트렸다. 미국《뉴스 워크지》가 자유의 여신상에게 기모노를 입힌 것은 미국인의 정서를 가라앉히기 위함이었다. 소니회사는 합병 후 영화회사는 전적으로 미국회사가 운영하게 될 것이라고 확신했다.

일본 경제작가 야스노리 테이는 '당시 일본의 현지화 경영 방법은 현지에서 두 명을 고용하고, 그 두 명에게 맡기는 것'이라 말했다. 소니의 스타일은 직원을 완전히 신뢰하고, 만약 그 사람에게 맡기면 곧 100%를 다 맡겼다. 이와 동시에 모리타 아키오는 전문적인 관리팀을 찾아 위기상황을 대비시켰다. 거대한 기선 갑판 위에 이 팀은 모리타 아키오를 위해 성대한 개인 오찬을 준비했고, 스티븐 스필버그, 더스틴 호프만, 줄리아 로버츠 등 할리우드의 유명 감독과 스타를 함께 초대했다.

🚚 모리타 아키오

모리타 아키오는 일본 소니회사의 설립자로 (1921~1999년) '경영의 성인'이라 칭송되었다. 이와 동시에 마쯔시다 고노스케(마쯔시다회사 설립자)는 '경영의 신'이라 칭송 받으며 둘 다 유명했다. 모리타 아키오는 일본전쟁 후 국가와 협력해 폐허

모리타 아키오

에서부터 다시 새롭게 일어선 중요한 기업가 중 한 명이다.

휴대용 반도체 라디오, 가정용 비디오테이프 리코더, 그리고 워크맨까지 모두 그의 손 안에서 탄생한 것이다. 그는 기업가 일뿐만 아니라 동시에 생기가 가득한 경영인이었다. 그는 온 힘을 다해 일본식 관리 시스템을 선양했다. 그러나 그 역시 일본초기 소수의 미국으로 가서 관리 시스템을 배운 기업가였다. 동·서양의 관리문화의 정수는 가의 수중에서 한층 발전되었다. 모리타 아키오는 많은 일본 기업관리 방법에 부족한 면을 보충시켰다. 특히 직원우대의 전통이 그것이다. 그는 서양관리문화는 재정상의 유희와 장부상의 자산에 치중되어 있다고 생각했다. 일본기업은 자사설립, 생산 후 실질적인 상품, 지속적으로 가치 있는 발명을 중시했다.

그러나 그는 서양의 관리이념 역시 수용했다. 인센티브가 바로 그것이다. 회사에서 열심히 일하는 직원들에게 보다 많은 월급과 복리를 누리게 해주고, 주식을 배분하여 주식배당금을 높이는 것이다. 다시 말해 회사는 일본전통 스타일로 직원을 대하고, 서양관리문화를 기초로 삼아 직원들의 업무 사기를 북돋아 인센티브를 제공함으로써 그들의 생활을 더욱 윤택하게 하는 것이다.

성공적인 시장확보와 영원한 보스라는 새로운 트랜드의 소니는 업계에서 칭송 받게 된다. 이런 경영이념은 단지 시장 탈취에 있지 않고, 시장 개척을 더욱 중시했다. 보편적으로 경영자의 경영목적은 시장의 수요에 따라 경영된

다. 그러나 소니는 용감하게 수요를 창조해내며 수요는 소니의 신상품에 의해 생겨나고, 발전하며 증가했다. 모리타 아키오는 끊임없이 직원들에게 "현실에 만족하지 말라. 모든 것은 빠르게 변화된다. 기술 영역뿐만 아니라 사람들의 관념, 견해, 성향, 취미와 흥미 역시 변화한다. 어느 기업이든 이런 변화의 의미를 깨닫지 못한다면, 업계에서 생존하지 못하고, 고급기술의 전자영역은 더더욱 그럴 것이다."라고 일깨워 주었다. 소니회사는 지속적인 개발, 시장개척, 업무향상을 거듭하여 국제적인 대기업이 되었다. 11.3만 명의 직원이 있고, 1990년의 영업액은 256억 달러를 달성했으며 3/4의 상품을 해외에 수출한다. 또한 전 세계 200여 개국과 지역에 진출했으며 보유하고 있는 기술특허권은 전 세계 178개 국가와 지역에 분포되어있다.

모리타 아키오는 개방적인 태도를 가지고 살며시 사람들의 일본기업에 대한 적의와 배척을 변화시켰다. 마찬가지로 매체의 질의에 직면해야 했다. 중국에서 온 위엔양그룹의 웨이쟈푸는 대담한

《워싱턴 타임즈》 신문부 담당자
데이비드 샌더스

방법을 선택했다. 선장을 맡아 해적과 맞선 경험이 있는 중국기업가는 직접적으로 중위엔 그룹신분으로《워싱턴 타임즈》에 왔다.

2001년 6월《워싱턴 타임즈》 신문부 담당자 데이비드 샌더스는 《워싱턴 타임즈》의 특별인터뷰 대상을 접대하는 '초록색 방'에서 웨이선장이라 불리는 중국 위엔양그룹 회장 웨이쟈푸를 인터뷰했다.

자리에 착석하자마자《워싱턴 타임즈》의 편집부장은 중위엔의 근심거리인《콕스 보고서》를 꺼내놓았다.

《워싱턴 타임즈》 빌딩

☻ 당시《워싱턴 타임즈지》편집부장은 7명의 베터랑 기자를 대동해 나를 인터뷰했다. 그들은 자리에 착석하자마자 녹음기를 내 앞에 두고, 지금부터 취재하는 모든 말 한마디가《워싱턴 타임즈지》에 실릴 것이라 말해주었다. 중국 중위엔그룹 회장 웨이쟈푸

☻ 우리는 교활하게 질문했지만 웨이쟈푸는 전혀 동요하지 않고 웃으며 전부 대답해 주었다.《워싱턴 타임즈》신문부 담당자 데이비드 샌더스

🚐 '콕스보고서'와 중위엔그룹

20세기 90년대 중반 미국의원은 중위엔 그룹은 '간첩기지'라고 공개적으로 질책한 적이 있다. 중위엔 그룹이 미국 롱비치 컨테이너부두 임대의 정상적 상업행위를 차단했다. 아울러《콕스보고서》에 중위엔의 이름을 올려놓았다. 2001년 웨이쟈푸는 자발적으로 미국 주요매체에 찾아가《콕스보고서》의 중위엔그룹에 대한 불합리함을 반박했다. 그리하여《워싱턴 타임즈》는 대대적인 보도를 했고, 일시에 센세이션이 일어났다. 꾸준한 노력으로 10여 년의 역경을 딛고 미국인은 점점 중위엔그룹에 대한 생각이 바뀌었다. 편견과 오해는 존중과 환영으로 변화되었고, 미국하원은 2009년 10월 결의안을 통과시켰다. 아울러 웨이쟈푸에게 '국민대사' 칭호를 수여하고, 중위엔 그룹에게 미국경제발전과 취업에 탁월한 공헌을 했다고 표창했다. 탄압에서 환영을

받기까지 중위엔의 방법과 경험은 중요한 가치가 있다. 가령 그 방법과 경험 이 일반적이지 않더라도 말이다.

내가 샌더스에게 물었다 : 제가 뭐 하나 여쭤어 봐도 될까요?
샌더스는 대답했다. : 물론이죠.
나는 샌더스에게 물었다. : 콕스씨는 중국에 몇 번 와보셨죠?
샌더스는 대답했다. : 저는 잘 모르겠는데요.
나는 샌더스에게 알려주었다. : 저는 알겠는데요. 콕스씨는 중국에 단 한번도 와본 적이 없다는 걸요. 중국 위엔양그룹 회장 웨이쟈푸

미국매체는 줄곧 예리한 자세를 취했다. 《워싱턴 타임즈》에 온 웨이쟈푸는 첫 번째 시험관문을 통과했다. 그러나 인터뷰를 마친 후에도 웨이쟈푸는 여전히 마음을 졸였

중위엔 : 우리 목적은 단지 이익이다.

다. 2001년 6월 1일 밤, 그는 불안에 떨고 있었다. 이튿날 아침 6시가 되어서야 웨이쟈푸는 본인이 실린, 지금까지도 잊을 수 없는《워싱턴 타임즈》를 받아본다.

웨이쟈푸는 단숨에 《워싱턴 타임즈》의 모든 문장을 읽었다. 그는 《워싱턴 타임즈》가 그의 본의를 왜곡하지 않았다는 것을 알았다. 정말 인터뷰할 때 말한 그대로를 기재했다. 그리고 웨이쟈푸가 더욱 놀란 것은 이 신문상에 중위엔의 이야기가 이목을 끄는 제1면 톱기

사에 난 것이다. 문장의 제목은 "중위엔 : 우리의 목적은 단지 이익일 뿐이다." 였다.

❀ 《워싱턴 타임즈》의 같은 지면에는 4명의 사진이 실려있었다. 나 이외에 클린턴과 부시 미국대통령 그리고 부시와 동시에 경선된 미국의원 매케인이 있었다. 이 4명의 사진 중 내가 가장 높은 위치(제1면 톱기사의 가장 상단)에 놓여있었다. 이것은 미국인의 나에 대한 존중이고, 중국회사에 대한 존중이라 볼 수 있다. 중국 위엔양그룹회장 웨이쟈푸

《워싱턴 타임즈》의 중위엔에 대한 태도변화는 이 일로 인해서 생기게 되었다. 왜냐하면 1982년 설립을 시작으로 이 신문은 외부사람들에게 미국정부의 호위함으로써 심지어 미국 중앙정보부와 펜타콘의 정치풍향계 역할을 하기 때문이다.

❀ 미국매체는 자기 눈에 보이는 사실만 믿고, 자기 귀에 들리는 사실만 믿고, 자기의 판단력을 믿고 종합한 뒤 이 사람을 신뢰한다. 중국기업은 이 사고의 길을 따라서 진출해야 한다. 용감하게 매체에 직면해 사실적인 이야기를 들려줘야 한다. 중국 위엔양그룹 회장 웨이쟈푸

❀ 웨이쟈푸는 우리에게 좋은 인상을 남겼다. 그의 모든 대답은 우리를 만족시켰다. 《워싱턴 타임즈》 신문부 담당자 데이비드 샌더스

2001년 7월 로스앤젤레스의 롱비치에서 중위엔은 드디어 미국

대문의 출입 열쇠를 얻게 된다. 미
국의 가장 큰 하역회사 SSA와의 어
려운 협상을 거쳐 중위엔을 지주회
사로 삼아 마침내 정식 합자회사가
설립된다. 중위엔의 '은하호' 운전

중위엔 화물선

석 창문에서 밖에 적재된 많은 컨테이너를 볼 수 있다. 이 배의 총 적
재량은 표준 컨테이너 4,200개이다. 중위엔은 최근 조립을 마친 배
가 있다. 이 배는 무려 13,000개의 표준 컨테이너를 실을 수 있다.

당시 중위엔이 예속되었을 때 이 선
창은 120에이커(acre)였다. 그러나
지금 256에이커까지 용량이 증가
했다. 중위엔의 도래는 미국 현지의
구직을 해결해 주었고, 미국 노동자
들의 열렬한 환영을 받았다.

중위엔에서 근무중인 미국 노인

　중위엔은 "서양 매체와의 접촉을 어떻게 하는지 배우려면, 매체
의 오해와 각종 불안과 소문을 해소시켜줘야 하고, 끊임없이 천천
히 다가가야 한다."고 말한다. 중위엔에 속한 미국 롱비치에서 근무
하는 케이블 노동자는 기뻐하며 이야기 한다. "중국에서 많은 배들
이 들어오는 게 우리에게는 좋은 일이다. 중위엔은 우리에게 일할
기회를 가져다 주었고, 우리는 매우 기쁘게 생각한다."

🐾 내가 일한 7년 동안 중위엔에 대해 우려하는 이야기는 들어본 적이 없다. 중위엔 합자회사 SSA 배차담당 디릭

회사	자산		매출		고용인		국제지수
	해외	총량	해외	총량	해외	총량	
중신그룹	43814	315433	10878	30605	25285	125215	23.2
중위엔	28092	36287	18354	27908	4207	71584	49.7
CNPC	11594	325327	4732	178343	29877	158500	2.7
중화그룹	8124	25132	27492	35577	225	42282	36.7
CNOOC	6648	75913	4898	30680	1739	51000	9.4
리엔상	3957	8956	8713	16605	5130	22205	39.9
CRCC	3580	41444	3265	50501	20426	209103	8.3
중홍그룹	3017	10713	4372	8823	21821	70345	36.7
민메탈	2352	18889	3994	24956	12535	100656	13.6

3. 경시할 수 없는 정치의 힘

기업이 국제합병을 하는 과정에서 매체와의 접촉도 신경 써야 하지만, 더 중요한 것은 정부의 심사를 통과하는 것이다. 그 당시 일본 소니회사가 콜롬비아 영화회사를 인수합병 할 때 모리타 아키오는 중요인사 한 명에게 찾아갔다. 이 사람은 그 때 미국국무경을 사직한 헨리 키신저였다.

🚚 헨리 키신저

헨리 키신저(Henry Alfred Kissinger)는 유태인 후손이다. 그는 미국의 유명외교가, 국제문제전문가, 미국 前국무경을 지냈다. 1923년 5월 27일 독일 펠트 시에서 출생했고, 1938년 미국으로 이민 온 후 1934년 미국국적을 얻는다. 그는 미국 하버드대에서 공부했고, 그곳에서 교편을 잡았다. 1969년부터 1973년까지 키

키신저

신저는 미국 닉슨 정보국가 안전사무 보좌관을 맡았고, 국가안전위원회장을 1975년까지 겸임했다. 1973년부터 1977년까지 그는 미국 국무경을 겸임하고, 외국 이민자의 신분으로 얻을 수 있는 최고 정치직위를 맡게 되었다.

1973년 1월 키신저는 파리에서 베트남전쟁 협상을 순조롭게 마친 후 노벨 평화상을 수상한다. 1977년 1월 미국 대통령 포드로부터 '대통령 평화훈장'을 수여 받는다. 그는 '미국 역사상 가장 위대한 국무경'이라 칭송 받는다. 1982년 키신저는 국제 자문회사를 설립하고 현재까지 회장직을 맡고 있다.

🐌 키신저박사는 당시 알고 있었다. 인맥확장이 이후 해외진출에 있어 꼭 필요한 사항이라는 것을 증명했다. 그는 소니가 인수합병을 성공하고, 정부가 반대하는 과정 중에서 중요한 작용을 할 것이라 확신했다. 소니회사 전략본부장 쿠라하시

🚚 소니회사의 콜롬비아회사 합병

1924년 설립된 콜롬비아 방송회사(CBS)는 영화사업부 아래 콜롬비아 영화회사와 삼성 영화회사가 속해있다. 콜롬비아 레코드는 CBS 영상그룹에

전속되어있다. 미국에서 꽤 영향력이 있는 영화회사이다. 1989년 9월 25일, 소니회장 모리타 아키오의 주도하에 일본소니는 끊임없이 콜롬비아 방송회사의 음반부서와 합병하고, 자유의 여신상과 유니콘의 상징을 지닌 콜롬비아 삼성 영화회사와 합병되어 소니 영상엔터테인먼트의 자회사가 된다.

일본 미쯔비시그룹은 뉴욕 록펠러센터를 인수했고, 소니는 60억 달러로 콜롬비아 삼성 영화회사를 인수했다. 이는 당시 일본의 가장 큰 두 건의 국제 합병으로 여겨진다. 미국인들은 '일본의 미국침략'으로 보였다. 그러나 사실 소니의 이번 합병은 일본역사상 가장 거금을 들인 기업합병이었고, 한때 일본역사상 적자가 가장 큰 기업이 되었다.

미국 정계에서 막대한 영향력 있는 키신저의 힘을 빌려 모리타 아키오는 미국인의 일본기업에 대한 편견을 없앴다. 결국 소니회사의 바람대로 콜롬비아 영화회사를 인수한다. 20여 년이 흐른 지금 모리타 아키오의 경험은 다시 재창조 될 수 있을까?

현재의 키신저와 마찬가지로 미국 前 국무경 앨런 라르센도 해외투자자에게 기꺼이 도움을 주었다. 그러나 키신저와 다른 점은 라르센의 현재 직업이다. 그는 미국 국무경직을 이임한 후 변호사

미국 前국무경 앨런 라르센

사무소 대표이다. 라르센의 수많은 비즈니스 고객 중에서 중국 클라이언트 두 세 군데가 있는데, 그 중 2005년 미국 유노칼회사 인수에 실패한 중해유회사도 포함된다.

실패를 맛본 후 중해유는 직접 실패의 교훈을 공개한 바 있다. 2010년 중해유가 재차 미국과 인수합병을 진행할 때, 그들은 앨런 라르센의 변호사사무소를 선택하고, 합병조항의 정부마케팅과 유세를 책임지도록 했다.

> 😎 나는 세부사항을 노출하고 싶지 않다. 나는 여러 번 국회에 찾아갔고, 백악관도 수 차례 방문했었다. 미국 前국무경 앨런 라르센

2011년 2월 유노칼과의 합병실패 6년 후, 중해유는 미국 체서피크(Chesapeake)회사의 천연 오일가스사업 지분의 1/3을 인수함으로써 미국에 첫 발을 내디뎠다.

미국 하원 의원이나 정부관리와 회견을 약정하는 것은 미국 前국무경 앨런 라르센에게는 핵심작업이었다. 편의를 위해서 그는 사무소의 근무소재지를 펜실베니아 대로로 선택했다. 그는 자신의

미국 국회건물

일에 대해 정확히 이해하고 있었다. "우리가 자주 맞닥뜨리는 것은 '노란불'이다. 이런 상황은 도전적인 성향이 강하다. 미국해외투자위원회의 안건은 항상 '노란불'이다. 이는 내가 오늘 아침 막 진행한 미국 해외투자위원회의 새로운 안건과 같다. 비록 중국 투자자와 관련이 없지만, 역시 아시아의 사는(구매측) 회사다. 우리는 지금 '노

란불'을 연구하는 단계에 놓여있다."

백악관,국회와 많은 정부기관은 펜실베니아 대로로 통한다. 이곳은 신호등이 유달리 밀집되어 있다. 거의 100미터 마다 교차로가 있을 것이다.

○········ 🚌 펜실베니아 대로

펜실베니아 대로(Pennsylvania Avenue)는 워싱턴 콜롬비아 특구의 거리이다. 백악관과 미국 국회건물이 잇닿아있어 소위 '미국거리'(America's Main Street)라 불린다. 펜실베니아 대로는 정부측 시위와 시민들이 항의하는 장소이며, 또한 중요한 통근 길로 전국 주간고속도로(National Highway System)의 일부분이다.

○········ 🚌 K가

K가의 원래 이름은 'K St'(St는 street, 거리라는 뜻)이다. 뉴욕 '월가'는 국제금융의 중심이며, 워싱턴의 K가는 변화무쌍한 국제정치의 중심지이다. K가 북쪽은 조지타운과 연결되고,동쪽은 국회로 통한다. 이곳은 '유세의 거리'이며 많은 엘리트집단, 홍보회사, 민간조직, 국제본부, 세계은행, 국제통화기금 등이 운집되어 있다.

워싱턴에서 펜실베니아대로와 K가 모두 명성이 자자하다. 여기에는 많은 변호사 사무소와 홍보회사가 주재하고 있다. 어떤 사람은 K가를 알지 못하면, 미국정치를 이해할 수 없다고 이야기하며, 또 어떤 사람은 K가는 워싱턴의 '월가'라고 이야기한다.

미국 브런즈윅(Brunswick)회사 대표 미셸 데이비스는 "이곳은 워싱턴의 중심이며, 아래층은 K가이다. 저쪽 백악관에서 직진하면 길 끝에는 국회가 있다. 이곳은 중심지로써 많은 자문회사, 상업회사들의 사무실이 있고, 미국과 세계의 일거수일투족을 이해할 수 있는 중요한 곳이다."라고 소개해줬다.

미셸 데이비스는 현재 이 PR회사의 대표이다. 하지만 그녀는 이전에 미국 前재무장관 헨리 폴슨의 비서를 맡았던 경험이 있기 때문에 어느 정도 내공이 있을 것이다.

☻ 당신이 우리회사에 들어오면, 벽에 걸린 직원들의 사진을 발견할 것이다. 공화당을 배경으로 한 직원도 있고, 민주당을 배경으로 한 직원들도 있고, 이전에 백악관이나 재무부에서 근무했던 정부관리들도 있다. 브런즈윅 대표 미셸 데이비스

브런즈윅 회사의 사진 벽

K가에서 또 다른 한 PR회사의 제미 뮬은 현재 외국기업이 어떤 방법으로 미국정부와 국회의 전략적인 구상에 대응하는지 연구한다.

그는 "어떻게 기업의 스토리를 효과적으로 전달하는지가 가장 중요한 첫걸음이다."라고 강조하며 말했다.

펜실베니아 대로와 K가의 PR그룹은 이미 경시할 수 없는 정치역

량을 갖추었다. 규모 있는 PR그룹의 고수는 각종 인맥을 동원해 미국의 많은 내외정책을 바꿨다.

🚐 미국 PR그룹

PR그룹은 로비그룹이라고도 불린다. 그 정치로비행위(lobby)는 미국의 대표적인 정치현상이다. 로비는 전략상 직접적인 로비와 간접적인 로비 두 가지로 나뉜다. 직접적 로비는 인터레스트 그룹이 직접 국회의원이나 정부관리에게 입장과 관점을 진술하는 것이다. 간접적 로비는 매체 로비, 풀뿌리 로비, 이익집단과의 동맹 및 시위, 보이콧과 항의 등을 포함한다. 전국 라이플협회, 캐시디회사, 이스라엘 공공사무위원회는 모두 미국의 유명한 로비집단이다.

🌑 투명성과 신뢰를 확실히 하려면, 당신이 합병하려는 회사의 나라에 도우미를 찾아야 한다. 당신의 합병을 도와주고, 이 합병이 국가에 이로운 일이라는 것을 표명해야 한다. 하버드대 경영대학원교수 타룬 칸나

🌑 공공관계는 한 단어로 축약할 수 있는데 바로 '영향'이다. 만약 이런 영향이 당신이 정부로부터 원하는 것을 얻는데 도움이 된다면, 그것은 즉 적극적인 영향이고, 혹은 공격을 저항시켜주는 영향이나 또는 신뢰를 만들어주는 영향이다. 오길비 CEO 양밍즈

2011년 미국 독립일(7월4일)에 맞춰 바로 독립일 전날 저녁 오바마는 연설을 발표했고, 미국은 해외투자자를 환영한다고 밝혔다. 이것은 미국의 일반 시민들로 하여금 더 많은 취업기회가 생긴다는 것을 의미한다.

🚚 미국 대통령 오바마 : 해외투자 환영

미국 중국 네트워크 : 미국 대통령 오바마는 2011년 6월 20일 성명을 발표했다. 그는 해외기업가들의 미국투자를 지지하고, 한걸음 더 미국 경제성장과 취업기회 촉진을 희망한다고 강조했다.

《USA Today》의 보도에 의하면 백악관은 오늘 경제에 관한 희소식을 발표했다. 오바마 대통령은 미국은 각국의 미국투자를 환영한다고 거듭 표명하고, 각국기업가들의 미국투자흥업을 지지하며, 국내외 투자자들을 '일시동인'한다고 발표했다. 이 성명은 미국 경제고문위원회에 제출한 보고서에 기재되어있다. 이 보고서는 해외기업의 미국경제에 탁월한 공헌을 한 내용이 서술되어 있다.

오바마는 말했다. "미국은 현재 취직과 직업경쟁에 직면해 있다. 이 경쟁에서 이기려면, 미국 국민의 실리를 위해 우리는 올바른 순서대로 우리가 여전히 전세계 투자자들의 우선적인 목적지가 되도록 노력해야 한다. 이와 동시에 국가 안전정책과 조화를 이루며, 미국 투자자의 공평한 경쟁을 보장해줘야 한다. 우리는 이것을 이뤄내야만 한다."

😊 미국 정부의 정책은 전세계 각지로부터 온 국외자본의 미국투자를 매우 환영한다. 이는 미국경제의 중요한 일부분이고, 물론 그 중 중국의 투자도 포함된다. 미국 재무부차관 울린

😊 오바마 대통령은 말했다. "미국은 외래투자를 환영한다." 우리는 외래투자가 미국의 일자리를 증가시킬 수 있다고 생각한다. 우리가 중국과 한층 더 능동적으로 관계를 확대한다면, 미국의 외래투자에 대해 환영을 표시하는 마음이 오해 받는 것을 방지할 것이다. 미국 국무부차관 호마츠

이와 같은 소식은 미국 前국무경 앨런 라르센은 미국은 현행의 엄격한 심사제도를 바꿀 수 있다고 보였다. 미국 경제유희에 통달한 미국 前국무경은 "이 심사의 문을 당신은 반드시 통과해야 한다. 심사규칙은 아마 조금 복잡할 것 이다. 그러나 규칙은 상투적인 수법이다. 당신은 그 수법을 연구해야 한다. 지금은 투자의 적기이다. 왜냐하면 지금 대문이 활짝 열려있기 때문이다."라고 말했다.

　미국이나 세계 다른 지역에서나 모두 국가의 문은 존재한다. 어떤 것은 편견에 의해서, 어떤 것은 오해에 의해서, 어떤 것은 이익의 경쟁에 의해서, 어떤 것은 정치상의 차이에 의해서 각각 다를 수 있다. 그러나 오늘날 세계화의 진행속도가 가속됨에 맞춰서, 세계 경제의 상호융합에 따라서 이 문은 지금 한 짝 한 짝 조금씩 열리고 있다.

\<미국 외자관리시스템의 역사와 현주소\>

청커웨이(화잉증권 고정수익부 이사, 사장)

　미국의 관리감독기관은 불투명하고, 주관적인 기준으로 외자합병이 미국 국가안전에 미치는 영향을 평가한다.

　냉전이 끝나고, 세계화의 조류는 전세계를 장악했다. 이런 세계화 조류 속에서 미국은 파도타기를 하는 선두주자임에 틀림없다. 세계화란 파도는 곳곳에 닿아있지만 거의 미국문화와 미국기업의 그림자에서 볼 수 있다. 심지어 어떤 이는 세계화는 맥도날드화 라고 부르기도 한다. 하지만 미국은 세계 시장개방을 요구하고, 자본규제 완화를 주장하지만, 미국 국내의 외자규제에 대한 목소리는 오히려 점점 커지고 있다. 폴슨이 이끄는 미국 재무부는 2007년 통과된《외국투자와 국가안전법안》(Foreign Investment and National Security Act, 약칭 FINSA)을 더욱 엄격한 '외국인 합병,인수조례'로 제정했다.(Regulations Pertaining to Mergers,Acquisitions and Takeovers by Foreign Persons) 아울러 증언의 청취를 거쳐 시행했다.

　많은 사람이 미국의 이런 외국투자의 규제법규를 읽은 후, 미국은 왜 외국 정책에 요구를 하는지 의아해했다. 이것은 자기들이 한 것들과는 전혀 반대되기 때문이다. 이런 의문점은 우리들을 미국 국내의 법들을 자세히 들여다 보게 한다. 우리는 이 우뚝 솟은 국가로부터 대체 어떤 점을 배울 수 있을지 보도록 하자.

1. 미국 외자관리 시스템의 역사 연혁

미국이 제정한 외국투자의 역사는 《적 조례와 거래》가 등장한 때로 거슬러 올라 갈 수 있다. 1915년 독일의 한 외교관이 여행용 가방을 정류장 플랫폼에서 잃어버렸다. 가방 안에 들어있던 자료는 독일의 미국 부분투자 목적이 미국의 전투력 강화에 있다는 것을 보여주는 것이었다. 1917년 독일에게 선전포고를 한 후 미국국회는 상술한 법안을 통과시켰다.

독일기업은 미국의 대다수 자산을 동결시켰다. 1927년 미국 국회는 또 《라디오 법안》을 통과시키고, 국가의 명의로 외자 진입 방송과 통신 산업을 엄격히 제한하고, 그와 유사한 행위들의 확산도 제한했다. 이런 조치는 20세기 30~40년대 외자의 미국진입 수량을 억제시켰고, 40년대 초기 미국이 2차 세계 대전 참전 후에야 비로서 조금씩 회복되었다.

외국의 직접적인 미국투자는 20세기 80년대 고조에 달했다. 일본경제의 고속발전에 따라 1985년 《플라자합의》를 체결하고, 엔화의 가치는 대폭 상승한다. 그 후 일본기업은 대량의 해외 인수합병을 시작한다. 일본기업의 인수합병은 국가 안전에 위험을 가져왔다. 그래서 미국 국회는 1988년 《1950년 방위생산법》(the Defense Production Act of 1950)엑손-플로리오 수정안을 통과시고, 현행 심사 체계의 기초를 확립한다. 2001년 9·11 사건 후, 미국은 국가안전을 더욱 중요시 하게 되었다. 2006년 아랍 에미리트 국영회사 두바이 국제항구는(Dubai Ports World, 즉 DPW)영국 철 라인 항구

(P&O)를 인수한다. 아울러 미국 6개 주요항구 경영권을 손에 넣는다. 그러나 이 교역은 미국 민심의 불만과 미국 국회의 심한 반대로 실시되기도 전에 실패한다. 두바이 국제항구의 미국항구 인수 건은 미국에 큰 반향을 일으켰다. 많은 미국인사들은 미국의 외자 관리 법률과 기구에 문제가 있고 이를 책임져야 한다고 생각했다. 그래서 부시는 2007년 7월 26일《외국인 투자와 국가 안전 법안》에 서명했다.

2. 미국 외자관리 법률 시스템 현황

《외국인 투자와 국가안전 법안(FINSA)》은 미국에 진출하는 외국 투자자들에게 전방위한 요구와 제한을 주었다. 또한 외자 합병이 국가 안전과 관련된 문제의 아주 새로운 해석이다. 전통적인 '국방안전'외에 또 '외국인에 의한 국가 안전 훼손이 낳은 위협적인 시스템과 자산'(예를 들어 은행, 수돗물, 핵심기술, 기초설비 등)을 모두 포함한다. 그리고 미국 국가 안전에 위협적인 주요 영역의 수는 부단히 증가하고, 1988년 8개였던 숫자가 2003년에는 11개로 늘어났다. 만약 다섯 가지의 공격이 증가 한다면 생명과 군중심리에 막대한 손실을 가져올 것이다. 그것은 '주요 자산'(유형,무형 자산을 포함) 중 외국 정부로부터 제재를 받는 기업의 모든 거래를 포함한다.

이 밖에 외자합병이 만약 미국의 핵심기술영역의 세계 선두지위를 위협하거나, 혹은 미국의 현지취업에 영향을 끼친다면 모두 국가안전 위협 요소로 간주 될 것이다.

    미국 관리감독 기관은 완전 불투명하고 주관적인 기준으로 외자합병이 국가 안전에 미치는 영향을 평가한다. 그래서 외국 자본의 미국기업 지분은 10% 미만이다. 해외투자위원회의 심사를 필히 거쳐야 하기 때문에 기본적으로 주주권이 10%가 넘는 합병 건은 심사를 통과할 수 없다. 이로 인해서 현실적으로 외자합병 거래는 모두 10%이내로 규제되어 있다. 2007년 12월 테마섹홀딩스(Temasck)는 44억 달러를 지급해서 메릴의 보통주를 인수한다. 또 2008년 3월 28일 6억 달러로 주식을 재매입 한다. 만약 테마섹이 추가로 신주인수권을 행사한다면, 메릴의 주식보유량은 9.9%에 달한다. 이것은 정확히 미국정부와 관리감독 기관이 정한 범위 내에 속한다. 2007년 12월 중국 투자주식회사(CIC)는 50억 달러로 모건스탠리회사가 발행한 증권(일정 기한 후에 보통주로 전환어 주주권 회사변경이 가능한 증권)을 매수해서 2010년 하계부터 모건스탠리의 9.9% 지분을 갖게 된다.

    2008년 4월 21일 미국 재무부는 홈페이지 상에 더욱 엄격한 '외국인 합병, 인수에 관한 조항'을 공표했다. 이는 외자의 심사를 한층 더 강화하고자 했기 때문이다. 이 조항은 《외국인 투자와 국가안전 법안(FINSA)》의 세칙과 비슷하다. 여러 각도에서 보아도 이 조항은 미국 역사상 가장 엄격한 외자 제한 법안이다. 이 조항을 제정한 이유는 해외투자위원회가 외자를 심사할 때, 외자가 주식을 사는 목적이 단순히 투자일 때, 비로서 10%의 주식 보유량을 초과하지 않아야 하기 때문이다. 다시 말해 만약 미국 해외투자위원회가 외자의 투자목적에 의심이 간다면, 그 주식보유량이 얼마가 되었든 심사를 진행할 수 있다. 심사의 주관성을 배제하지 않고 어떠한 외자 합병이라도 이치상으로 이야기해도 부결될 수가 있다. 다음은 미국이 민감해하는 자산을 외국 투자자가 인수하려 할 때 군대 및 정부 부문

서비스의 개인정보 삼가 제출을 요구당할 수 있다. 이 조항은 화웨이(华为) 그룹이 3com을 인수하려는 계획을 단념하기에 충분했다. 또한 일단 외자 인수 거래가 미국 국가안전에 위험요소로 결정되면 이와 관련된 외국 기업은 수천만 달러의 벌금을 부과 받는다. 《외국인 투자와 국가 안전법안》에 의해 해외투자위원회는 이미 성사된 거래의 외자 합병 재심권을 부여 받는다. 이는 외자 합병이 미국기업의 잠재위험을 확대시켰다. 미국입장에서는 이미 조성된 불리한 영향을 되돌리고, 외자기업입장에서는 가령 거래가 성사 되더라도 미국에 의해 제재를 당할 수 있게 되었다.

3. 미국 외자관리의 권력 시스템

《외국인 투자와 국가 안전법안》은 미국 대통령이 미국 국가안전에 위협을 주는 외국합병, 인수 혹은 미국회사를 인수관할 하는 행위로 간주되면 그 거래를 즉시 중지하거나 금지할 수 있는 권한을 부여한다. 이 법안에 근거해서 외자의 영향을 감시하고 평가하는 해외투자위원회는 미국 국가안전에 위협이 되는 외국투자 프로젝트에 대해 심사를 진행하고 규제한다. 위원회는 재무부, 국무원, 국방부, 상무부, 총 검찰관 부서, 과학기술 정책 부서, 국토안전부, 에너지와 노동부 등으로 조성되어 있으며, 재무부장이 의장직을 맡는다. 위원회의 취지는 심사를 통해서 국가 안전을 보호하고, 동시에 개방적인 투자정책을 보호하고, 외국투자자의 믿음을 지켜주고, 미국 투자자가 해외에서 보복성을 띤 부당대우를 받았을 때 대처하기 위함이다. 또한 해외투자위원회가 매년 의회에 심사 상황을 보고하고, 의회를 거친 부정기 감독을 정기감독으로 전환시킨다. 그리고 대통령, 해외투자위원회, 의회 3

곳에서 외자의 구성을 감독 관리하는데, 권력부패에 의해 조성된 외자손실이 미국 국가안전에 끼치는 영향을 최대한 감소 시도록 한다.

미국의 외자 관리감독에 대한 권력은 높낮이가 있는데 이는 미국이 외자가 국가 안전에 끼치는 영향을 중시하기 때문이다. 대통령, 행정기관, 의회는 상호 제약하여 권력의 균형을 이룸으로써 개인기관의 부패위험은 감소한다. 외자의 진입은 국가안전에 위협을 줄 수 있는데 이것을 모면할 수 있다. 아마 어떤 사람은 이런 점이 국가의 외자 이용 효율을 낮춘다고 생각할 수 있다. 그렇지만 실제는 그렇지 않다. 미국은 세계에서 외자를 가장 많이 끌어들이는 국가 중 하나이다. 그래서 이런 방법으로 빈틈없이 통제해야만 외자는 미국의 국가 이익에 도움을 주고, 국가 안전과 경제효율 사이에서 국가 안전을 우선시 해야 비로서 외자에 대한 이용을 논할 수 있다.

4. 미국 외자관리대책에 대한 중국의 시사

미국의 외자관리 역사와 현황을 살펴보면 외자관리의 역사는 곧 미국역사를 대변한다. 미국 건국시기와 영국의 경제주권 쟁탈에 대한 언급을 하지 않고, 미국의 독일에 대한 경계를 보면 알 수 있듯이 미국은 경제 안전상에 있어서 매우 현명하게 대처한다. 특히 엔화 가치 상승을 억제할 때, 본래 엔화 가치의 상승은 엔화의 구매력 상승으로 하여금 빚어진 결과다. 일본이 미국에서 대대적으로 자산을 매입할 때 미국인들은 "일본이 미국을 사려한다."고 소리쳤다. 누가 알았겠는가? 미국은 교묘한 입법과 심사를 통해 일본으로 하여금 쓸모 없는 자산을 사들이게 했다. 그 결과 일본의 미국투자는 세계 역사상 투자 실패의 유명한 사례가 되었고, 일본의 흥기는 다시금 수포로 돌아갔다. 현재 중국과 일본은 그 당시의 처지가 상당히 유사하다. 국외의 핫 머니(hot money)는 쉴 새 없이 중국으로 몰려들고, 인민폐의 가치가 상승하는 기간에는 큰 돈을 벌 수 있다. 중국의 달러 비축량은 끊임없이 증가하고, 자금은 출국 투자의 충동이 있게 된다. 그래서 일본은 그 당시 핫 머니가 매스컴에서 기사화된 후, 해외투자가 완전히 실패하고, 경제는 수년간 회복이 불능해졌다. 그래서 중국은 이것을 보고 경각심을 갖고 교훈으로 삼았다.

미국은 부단히 입법과 관리 단계와 요구를 제고시켜 자기 나라의 울타리를 단단히 했다. 그리고 오히려 중국 대문을 활짝 열도록 요구하고, 당시 일본을 모방하게 했다. 이것은 우리에게 무엇을 의미하는지 말하지 않아도 안다. 만약 자본의 자유유동을 정말 미국인의 요구대로 중국이 그렇게 모션을 취한다면, 국가이익에 도움이 될 텐데 그렇다면 왜 미국인은 자기 나라의 문을 걸어 잠그려고 하는가? 중국의 《은행 지배주주 관리감독방법》은 외자의 주식투자 비율을 상승시켜준다. 그러나 미국은 오히려 외자의 진입을 미국 핵심산업과 국가 안전 범위에 국한시킨다. 그 속의 차이는 우리들로 하여금 깊은 생각을 하게한다.

미국의 외자 관리와 중국의 외자 관리를 서로 비교해보면 부족함이 드러난다. 관리 감독의 권력 단계와 시스템설계와 관리표준을 막론하고 모두 미국의 교묘하고 엄격함에 미치지 못한다. 미국의 외자관리와 세계 역사상 권력다툼의 성공을 고려해보면 우리는 아직 미국의 실천에 대해 많은 연구가 필요하다. 미국인들이 어떻게 했는지를 보라는 것이지 미국인들이 우리에게 제의한 요구를 들으라는 것이 아니다. 그렇지 않으면 우리는 또 하나의 일본이 되고 말 것이다. 미국을 이해함에 따라 우리는 첫 단계에서 구체적인 대책을 강구할 수 있다.

첫 번째, 가장 긴박한 일환은 외자를 주도 면밀하게 관리하는 것이다. 우리나라의 현황은 상무부와 중앙 Safe 모두 외자가 포함한 핫 머니를 전면적으로 즉시 제어할 힘이 없고, 또 외자의 의도를 이해하지 못하면 우리는 큰 영향이 불어 닥칠 것이다. 이것은 마치 전쟁할 때 적의 상황을 정찰하지 않는 것과 같다. 자신에 대한 이해가 없으면, 나는 물론이고 타인을 알 수 없으므로 매우 위험하다. 중국은 비록 평화롭게 흥기하는 데 목표를 두고 있지만, 국가의 흥기는 분명히 이익자의 경계를 불러 일으킨다. 세계 역사상 경제수단을 이용해 적국을 짓밟은 사례는 흔히 있는 일이다. 반드시 외자의 동향과 미치게 될 영향을 엄밀히 관리하고 평가해야 한다.

두 번째, 가장 중요한 대책은 강력한 힘에 의지하는 것이다. 외자의 침투가 우리나라 경제에 깊이 스며들었을 때, 현존하는 행정자원에만 의존하면 금융 안전은 불가능하다. 미국처럼 해외투자위원회의 기관 설립을 고려해야 한다. 현존하는 기관과 사회의 동원 인력자원을 구축하고, 외자의 관리와 심사 등 각 방면에서 순조롭게 진행되어야 한다. 이 부서들의 책임자의 위치는 충분히 높아야 하고, 그렇지 않으면 각 분야의 자원을 교환할 수 없다.

세 번째, 원대한 정책은 외자관리 단계를 강화하는 것이다. 미국처럼 외자합병은 반드시 국가의 최고권력 기관의 인민 대표 대회가 심사하고, 국가 주석이 책략을 결정하고, 행정부서가 감독을 집행해야 한다. 외자로 부토의 국가 경제 안전보호는 장기적인 전쟁이다. 가장 높은 자리의 인력을 총동원 해야만 비로서 국가의 중요 영역과 해외 경쟁을 진행할 수 있다. 미국의 세계 선두 지위는 우연이 아니다. 경제안전을 중시 하는 것은 분명히 국가가 발전하는 가장 중요한 핵심이다.

네 번째, 미래의 위험방지와 손실을 보완해야 하므로, 현존하는 입법에 대한 조정및 진행이 필요하다. 미국은 이미 성사된 합병도 재심할 수 있다. 중국 역시 법률상에서 이와 같은 규정을 첨가해야 한다. 이렇게 되면 적기에 이미 매도한 금융지분과 기업지분을 회수할 수 있고, 부분손실을 완화할 수 있다. 또한 기관의 단독 재결을 방지 할 수 있고, 기관의 이익이 외자(외국투자자)에 의해 위협받는 것을 모면할 수 있다.

본문 출처 : 신화왕, 2008년5일

<상업이익 보존을 기초로 한 미국의 제도>

장즈옌(중국 세계경제학회 회장,중국 사회과학원 세계경제와 정치연구소 소장)

까오청(중국 사회과학원 아시아 태평양과 세계 전략연구원)

미국의 구체적인 정치목표는 변화하는 시대와 이익변동으로 인해 발생하는 변화에 적응할 수 있도록 하는 것이다. 그러나 그 정치적 핵심이념은 상업이익을 보호하고, 이익집단의 경쟁을 일정범위에 제한을 두는 것으로 그 본질적 핵심은 달라지지 않는다.

이익집단과 당파정치의 여파 속에서 비록 기독교 전통의 영향을 받았다 하더라도, 미국의 국가적 행위는 상업원칙행동을 따를 수 밖에 없다. 아무리 걸출한 인물들이 각 상업집단에서 통치를 한다 해도, 그 이익의 구체적 측면은 천차만별이다. 그러나 추구하는 방향은 차이가 없다. 그들은 아래 서술한 원칙과 직결되는 주요문제상에서 인식의 일치를 달성했다: 일종의 재산이익 보호를 목적으로 하며, '질서 정연하지만 자유롭게'의 헌법체제와 정치, 법률, 경제제도를 확립한다.

미국을 이해하려면, 전기적인 색채가 짙은 미국헌법을 어렵게 비켜가야만 한다. 1787년 정식 시행한 연방헌법을 미국인들은 여태껏 따라왔다. 이에 근거하여 수립된 미국헌정기구는 200여 년 동안 거의 변화가 없었다. 연방헌법은 미국인들로 하여금 영광으로 여기게 했고, '자유,평등과 민주정신'을 대표하는 정치 경전문헌이다. 사실 이것은 미국인들 마음속에 더할 나위 없는 '속세의 성경'이며, 지금까지 정영(엘리트)계층의 사유재산을 충당하는 '수호신'으로 여겨진다.

체결 초기 헌법은 재산권리를 보호하려는 정영계층의 이익모색을 위한 것임을 여실히 드러내 주었다. 그 제도의 차별성과 비중성은 비교적 선명했다. 바꾸어 말하면 이 제도는 부동산 소유자의 이익을 보장하고 확대시키는 동시에 부동산 소유자 이익의 직접적인 보상을 등한시했다. 제헌회의는 그 시대의 소수 부유한 미국인들의 이익을 대표한다. 헌법제정 과정 중에서, 회의 구성원들은 자신과 결부된 경제이익이 영세농과 기술자계층을 대변하는 것이라는 점을 생각하지 않았다. 제헌회의의 공신 중에서, 해밀턴을 주축으로 하는 연방당원은 부자 재산권과 귀족정치 경향을 확실히 보여주며, 재산과 정치권리의 균등한 추세를 결사 반대한다. 해밀턴의 주요 추종자는 동북부의 부유한 상인집단이다. 그들은 제퍼슨에 의해 '사람 수는 적지만, 부유하고 거만한 집단'이라고 비난 받는다. 그러나 해밀턴의 양립할 수 없다는 정치적 견해에 대해 민주당과 당 지도자는 정치권리는 반드시 재산의 크기에 따라 결정된다고 동의한다. 절대다수의 주중에서, 대량의 토지와 부동산을 소유한 사람들만이 선거권과 공직을 맡을 수 있는 기회를 누릴 수 있다. 가발을 쓰고, 서로 마음이 맞는 유지들이 긴밀한 회의상에서 미국의 모든 사무를 조종할 수 있다. 연방헌법 아래 성립된 중앙정부는 있는 자의 각 이익집단의 독점을 위해 그들에게 유리한 차별적인 산권제도를 시행하고, 서비스 기관을 설립한다.

그 당시 연방헌법은 우선 사유재산권 제고를 위한 문건이었다. 특히 부동산 방면의 투자 권리는 헌법의 엄밀한 보호를 받게 되었다. 재산권은 자유의 보장으로 여겨지고, 헌법에서 반드시 특수하고 완고한 지위 점령이 헌법회의 구성원들의 공통된 의견이다. 해밀턴의 말처럼 헌법의 신성한 직책은 '자유와 자산에 대한 확실한 보증'이다. 제헌자들은 '사유재산=사유불가침'을 원칙으로 삼아 두 가지 해석을 했다. 첫 번째는 개인재산은 정부와 긴밀한 관계가 있으므로 임의대로 약탈하거나 침범은 불가하고, 헌법이 국회와 연방정부에 부여한 권력 중에서 허락 없이 직접적으로 침범하거나 재산권리를 제한해서는 안 된다는 것이다. 두 번째는 헌법이 권한을 부여한 중앙정부는 항시 '민주로 인해 야기된 곤란은 국가의 죄악'이라는 사상을 교정할 준비를 하고, 소수계층의 자산이 군중에게 간섭 받고 위협 받는 것을 보호하는 방법을 강구해야 한다.

비록 몇몇 유럽국가의 헌법 역시 사유재산의 침범을 불허하고, 자연법칙에 의해 결정된 이념이라고 보여준다. 다만 미국에서는 헌법의 이념이 대법관의 판례 준책에 의거한다. 그리고 미국 역사상 많은 유명한 사례판결에서 이 정책을 관철시켰다. 헌법은 재산권리의 최고 지위 확립 이외에 재산권 규범과 재산권 보호 권리 집중권한을 국회와 연방정부에 부여했다. 권력의 근본적인 부분을 재편성한 후 중앙연방의 힘은 더욱 강력해졌고, 각 주의 세력은 대폭 쇠약해진다. 연방정부의 전환은 공상업,해외무역과 화폐영역에 큰 영향력을 행사한다. 대부분의 주요 정책, 금융과 비즈니스 방면의 권력은 각 주에서 국회와 연방정부 수중으로 전이되었다. 헌법은 확실히 연방에 주요권력을 부여했다.(세금징수, 전쟁, 상비군 모집 및 원조, 국내외 무역관리, 화폐주조, 공업보호, 서부토지 개척과 특허권 수여 등이 있다.)

기업이 지닌 중대한 의미와 조항에 대해서 각 주는 계약 파괴의무를 통하여 어떠한 법률 개입도 금지한다. 권력의 보증 하에 공상업, 무역과 신용대출 규범은 더욱 확고해졌다. 공채는 충분히 상환할 수 있게 되고, 국가신용이 형성되고, 국내 안정을 유지한다. 동시에 해외무역 왕래는 안전을 보장받고, 통일된 화폐는 물건 원가를 인하시키고, 공상업의 활발한 육성과 기업 연구활동은 보호를 받으며, 서부의 투자사업을 보장받게 된다.

각자 독자적으로 일하던 연방은 헌법에 의해 통일된 국가로 합쳐진 후 시장규모의 확대는 경제규모의 변화를 가져왔다. 집중된 중앙재정은 많은 공공상품을 제공했다. 통일된 관세, 시장자본, 강력한 군사방어와 능력확대 및 공공운수 과정 등이 바로 그 변화이다. 그리고 공공상품의 소비과정 중 상인계층은 많은 이윤을 남길 수 있게 된다. 다시 말해 상업 정영계층의 이익과 목표는 거의 모두 새로운 헌법으로 유입되었다. 뿐만 아니라 그들은 헌법 전체의 해석권을 장악한다. 헌법은 미국의 중상주의체제를 확립했다. 그리하여 당시 똑같이 중상주의를 중시한 유럽국가보다 더욱 유리한 조건으로 평지를 걷게 된다.

벌써 200여 년의 역사를 지닌 미국 헌법은 상업보장과 자산이익의 기본이념 변질 방지에 힘썼다. 헌법이라는 울타리 안에 미국 법률시스템과 사법실천은 재산과 상업이익상의 원칙에 따라 동일시 되었다. 대통령과 참의원의 선택에 의해 선발된 정영계층의 통치를 위해 온 힘을 다하는 최고법원의 법관들은 이전에 대다수 상류사회의 부유한 변호사들이다. 그들의 사상의식은 변화과정에 있지만, 거의 대부분이 빈부계층 사이에서 진정한 중립을 유지할 수 없다. 1893년 미국 최고법원 법관 데이비드 브로워가 뉴욕 법원협회에 쓴 편지에는 이 점을 인정했다. 그는 "사회의 빈부는 소수에 의해 결정되고, 이것은 변치 않는 법률이다."라고 적었다.

호프스태더는 "사람들은 보편적으로 미국 정치 중 일련의 특수 상업이익 간의 충돌이 있다고 여긴다."고 말했다. 예를 들면 토지자본과 금융 혹은 공업자본 사이의 충돌, 신구(新舊)기업간의 충돌, 대소(大小)자본간의 충돌, 그리고 유산계급과 무산계급의 크고 적은 투쟁의 흔적들이 있다. 그러나 사실상 이런 현상은 미국정치의 본질을 덮어 버렸다. 그는 더 나아가 미국 정치 상층의 시야는 "항상 재산과 기업의 세상 사이에만 국한되어 있다."고 지적했다. 구체적인 문제상 구성원들의 불일치가 얼만큼 있던지 간에 본래의 정치전통에서 보면 사유재산의 침범은 없어야 하며, 개인의 사유재산 처분과 그 투자의 권리, 기회와 가치에 대한 침해는 없어야 하며, 개인 이익과 자주권은 여유 있는 법률 한도 내에서 제한적인 사회질서의 자연진화를 해야 한다는 것 등 모두 그들의 정치사상의식 중의 핵심신앙이며 주요원칙이다.

미국에서 정치에 종사하는 임무는 이러한 전통을 보호하기 위함이고, 항상 예의주시하며 때때로 출현하는 폐단을 수시로 제지하는 것이다. 정치전통의 통일체는 일시적이고 부분적인 이익충돌을 초월했다. 호프스태더는 이것이 바로 미국역사를 이해하고 행위를 분석하는 '주요단서'라고 본다.

바꾸어 말하면 미국의 구체적인 정치목표는 다른 시대와 다른 이익에 의해 생긴 변화에 적응하는 것이다. 그러나 그 정치의 핵심이념을 말하자면, 즉 상업이익보호는 이익집단의 경쟁이 받아들일 수 있는 범위 내에서 제한되는 것이고, 아무리 변해도 본질은 달라지지 않는다. 하워드 진 (Howard Zinn)의 평론처럼 미국정부의 행위는 중립을 가장하고 국가질서를 유지한다. 그것은 실상 부유계층의 이익을 위한 서비스이다. 미국정부의 목표는 상층사회의 논쟁을 수습,중재하고 사회하층의 변절을 억압하여 현행 정치제도를 장기적으로 유지하기 위한 것이다.

하나로 통일된 정치 전통의 특징은 효과적으로 미국의 정당정치 중에 출현한다. 소속이 다른 정당의 정계인사들이 여러 구체적인 의제에 각자 자기의 견해를 고집한다. 간혹 첨예한 대립이 있지만 그들의 사상은 상당한 일관성을 가진다. 그러므로 경선 후 그들은 여전히 상호 협력할 수 있다.

건국 초기, 제퍼슨을 대표로 한 민주공화당과 해밀턴을 주축으로 한 연방당은 서로 공격하고, 팽팽히 맞섰다. 그래서 제퍼슨이 국가를 장악한 후 추진한 정책은 그 해 해밀턴이 주장한 공상업 보호와 그 이익집단의 주장은 서로 매우 달랐다. 그러나 호프스태더는 실제적으로 미국 양당의 정치사상을 검토해보면, 일치되는 부분이 상당했다. 단지 정책상의 차이와 불일치가 있을 뿐이지 근본적으로 큰 쟁점이 되는 문제는 없다고 말한다.

미국 양당이 체결한 조약은 이와 같다. 어떤 당이 승리를 하더라도 국가정책은 상업이익의 원칙을 벗어나서는 안 되고, 그와 관련된 어떠한 주요 내용은 근본적으로 변동이 있어서는 안 된다. 1844년 민주당 대표 클리브랜드는 직접 자본가들에게 보장했다. "내가 재위하는 동안 정부에서 실행하는 모든 정책은 공상업 이익에 관해 어떠한 손해도 없을 것이다. 행정관리 권한은 한 정당에서 다른 정당으로 옮겨질 뿐이다. 지금 이런 상황은 결코 어떠한 막대한 지장도 받을 수 없다."

오늘날 미국의 양당정치는 정치전통을 완벽히 계승했다. 양대 정당은 '뚜렷한 계급 구별이 없는' 정당이다. 그들의 정치신앙은 본질적으로 모두 미국의 제도와 유산계급의 이익을 보호하는데 힘쓴다. 양당의 상층 핵심 인사들의 주요관념은 거의 비슷하다. 게다가 직위가 높을수록 그 차이는 작다. 단지 정책상 공화당은 자기가 대표해서 기업가와 금융가 및 투자자의 이익을 명확히 강조하고, 민주당은 자신을 보통사람이나 약세기업 혹은 소수군중으로 가장해서 대리인 역할을 하는 것을 좋아한다.

표면적으로 보면 미국은 '작은 정부'사회이다. 그 경제활동은 완전히 자유시장의 원칙에 의해 회전한다. 그래서 사실 사람들의 일반적인 견해는 현저한 차이가 있다. 급속 성장한 과거이던, 경제의 번영을 누리고 있는 현재이던 미국정부는 줄곧 그것의 권력과 비중적인 수단을 이용해서, 엘리트계층과 이익단체들에게 큰 공헌을 했다.

자카리아는 19세기 80년대와 90년대의 미국 현대정부체제의 형성이 연방정부 권력을 더욱 강화시켰다고 밝혔다. 경제성장 목표 달성을 실현하고 국회는 최고 권력기업의 파산을 모색하여, 연방정부의 권력을 집중시키고, 객관성을 갖춘 기구의 역할을 하는 것이다. 19세기 90년대 중반, 미국정부는 이미 강제로 국회로부터 미국 대외이익의 확대방안에 동의를 얻었다. 20세기 30년대 그레이트 디프레션(great depression)이래로 미국정부는 각종 관제규정과 정책 및 직접적으로 관여하는 방식으로 사회경제에 큰 영향을 일으켰다.

미국의 강대한 자유경제제도와 강대한 정부관제 사이에는 논리적으로 모순이 존재하는 것처럼 보이지만 사실은 그렇지 않다. 관제와 자유시장 사이는 항상 긴장된 대립관계는 아니다. 때로는 상황이 정반대이다. 미국에서 강력한 정부관제는 질서정연한 시장경제에 일종의 규범, 보장과 촉진작용을 한다.

올슨은 국가권력과 개인권리에 대해 설명했다. 정부와 시장 사이의 상호관계는 경제의 번영 정도를 결정하고, 국가의 흥망성쇠는 정부가 권력을 효율적으로 이용하는 데에서 결정된다. 그는 또 '시장형 정부의 확대와 강화'의 개념을 제기하며, 정부가 없으면 재산권이 없고, 재산권이 없으면 시장이 없으며, 시장이 없으면 분업과 매매도 없다고 강조했다. 이것은 현대 경제성장의 경제학논리에 부합된다.

고전 경제 자유주의를 배척한 것은 올슨만이 아니었다. 포를란 나이트는 '경제자유'에 대해 비슷한 평론을 내놓았다. 고전사상가들은 경제자유는 경제권력의 자유를 사용한다는 것을 망각했다. 노예제도와 관련해서 경제권력에 의지해 배급하고 타인의 노예화 하는 많은 방면을 들이 있다. 그들은 권력을 사용해서 권력의 자유를 획득하고, 불평등한 당시 상황을 의식하지 못했다.

'큰 정부' 혹은 올슨이 말한 '강화된 시장형 정부'에 대해 미국 자본 및 자본계의 실질적인 관계는 하이트와 네그리가 이미 직설적이지만 깊지 않게 평론한 바 있다. 우리는 이 문장을 인용해 글을 마치려 한다. 자본 세계화의 옹호론자들을 불러 큰 정부에 반대할 때, 그들은 위선적이고 배은망덕할 뿐이다. 만약 자본이 큰 정부의 규제를 받지 않았다면, 그 전적인 이익효력은 수세기 동안 어떻게 되었을까? 또 만약 큰 정부가 전 세계 민중의 생살여탈권을 충분히 발휘하지 못했다면, 제국의 자본은 어떻게 되었을까? 만약 큰 정부가 화폐를 충분히 제작하지 못하고 자본주의 권력과 세계의 자산질서를 보장한다면 자본은 어떻게 되었을까? 혹은 생산성을 얻고자 노력하는 민중 합작의 통신망이 없다면 어떨까? 매일 아침 전세계의 자본가들은 잠에서 깬 후 《월스트리트저널》을 읽으러 갈 필요가 없다. 큰 정부를 반대하는 욕설들은 아마 무릎 꿇고 그것을 찬양할 것이다!

본문 출처 《제1 재정일보》, 2012년 8월 6일, 8월 13일

치명적 유혹
Irresistible Attraction

원만해 보이는 국제결혼은 어째서 위기와 실패의 국면을 맞게 될까? 변화무쌍한 경제세계는 국제합병에 어떤 비바람을 몰고 올 것인가?

제2장

치명적 유혹
Irresistible Attraction

금싸라기 땅 맨하튼은 투자자들의 낙원이다. 그곳은 부동산 사업이 매우 활발하다. 그 중 맨하튼에서 가장 성공적으로 인수한 건물 하나가 있다. 그것은 바로 록펠러센터이다. 이 빌딩은 많은 부동산 브로커들이 꿈을 꾸는 곳이다. 그러나 20여 년 전, 일본 미쯔비시(Mitsubishi) 부동산의 악몽이 되어버렸다.

프랑스 톰슨 브란트사(Thomson-Brandt)는 발명가 에디슨의 혈통인 전기회사로 들어가서, 수년간 전세계 컬러 텔레비전사업의 선두를 차지한다. 그러나 중국의 TCL사가 톰슨브란트를 인수한 후, 이 '파리에서 사랑을' 이야기는 결국 어떤 결말을 맺을까?

국제 합병은 아름다운 결합이 될 수도 있지만, 웃는 얼굴 뒤 괴로움을 맛보게 할 수도 있다.

1. 강자와의 협력은 행복한가

이른 아침이 되면 뉴욕은 시끌벅적하기 시작한다. 바쁘디 바쁜 직장인들은 하나 둘씩 맨하튼의 고층건물로 모여든다.

그러나 록펠러센터가 맞이하는 대상은 많은 여행객들이다. 록펠러센터는 1939년 유명한 록펠러 집안이 세운 것으로, 이 집안에서 1.2억 달러를 투자하고, 5만 명의 기술자를 고용해 10년 동

록펠러센터

안 만들었다. 록펠러센터의 토지 점용면적은 22에이커(acre)이고, 19채의 빌딩으로 이루어진 소형 도시로써 당시 미국에서 가장 큰 개인 건축 단지였다. 록펠러센터는 역사의 지표일 뿐만 아니라 지금까지도 뉴욕에서 가장 집값이 높은 상업센터 중 하나이다.

🚐 록펠러 집안

미국 상업계에서 록펠러 집안의 자산명성은 어른 아이 할 것 없이 모두 익히 알고 있다. 미국역사상 첫 번째로 10억 부자가 된 존 디 록펠러가 자수성가로 이뤄냈다. 한 걸음 한 걸음씩 그의 거대한 석유제국은 미국 전체의 석유자원을 장악했고, 트러스트(trust) 기업제도를 창설했다. 미국 자본주의 경제 발전 역사상 가장 중요한 한 자리를 차지했다. 만약 존 디 록펠러가 살아있다면, 그의 몸값은 지금의 3053억 달러와 맞먹는다. 2008년의《포브스(forbes)》억만장자 순위에 따르면, 당시 세계적인 갑부 워렌 버핏의 몸값이

460억 달러였다.

록펠러는 지금까지 6대에 걸쳐 최고 그룹으로 번창했고, 미국 각계에서 여전히 긴밀하게 연결되어 있다. 그리고 아래 의 눈에 익는 영리와 비영리 기관을 포함하고 있다 : 스탠더드 석유회사, 록펠러 재단, 체이스 은행, 현대 예술 박물관, 록펠러센터, 시카고 대학교, 록펠러 대학교, 월드 트레이드 빌딩 ("9·11"테러)

현재의 록펠러센터는 이미 뉴욕에서 가장 유명한 관광지 중 한 곳이 되어버렸다. 매일 이곳을 찾는 관광객은 10만 명이 넘는다. 사실 역사의 지표인 건축물은 전세계 여행객을 매료시킨다. 가령 오랜 기간 뉴욕에서 일하고 생활하는 사람이라 하더라도, 이 건물을 볼 때마다 웅장한 느낌을 받는다.

록펠러센터는 고층 건물이다. 당신이 만약 건물 꼭대기에 올라선다면, 맨하튼의 아름다운 전경을 볼 수 있을 것이다. 록펠러는 뉴욕의 상징이기도 하다. 당신이 엠파이어 스테이트 빌딩과 자유의 여신상을 보고 미국을 떠올리는 것과 같다. 록펠러는 맨하튼의 중심으로 19세기, 20세기 미국 경제도약의 중요한 상징 중 하나이다.

자유의 여신상

록펠러센터는 미국의 정신적 자산을 대표하고, 많은 사람들 눈에 이 매력적인 빌딩은 가질 수 없는 그저 욕망뿐인 꿈같은 존재였다.

그러나 한 일본기업이 마침내 이 꿈을 실현했다. 1989년 미쯔비시 부동산은 13.7억 달러로 록펠러집안 손 안에 있던 록펠러센터를 매입한다. 어떻게 미쯔비시는 이렇게 얻기 힘든 행운을 거머쥐게 되었을까?

일본 아사히신문 편집위원 아스히 타카유키는 기자경력이 28년이다. 그는 오랜 역사를 지닌 미쯔비시 부동산을 잘 알고 있다. 아스히 타카유키는 "미쯔비시 부동산은 마루노우치의 집주인이라 불린다. 마루노우치는 지명인데, 동경 기차역 맞은편에 있으며 동경의 중심지대이다. 동경 기차역과 황궁 사이의 황금구역으로 모두 미쯔비시 부동산이다. 미쯔비시는 수익이 안정적인 부동산 회사이다." 라고 소개했다.

아스히 타카유키가 언급한 마루노우치는 동경의 최고 상업구역이며, 미쯔비시 부동산의 근거지이다. 1985년 마루노우치와 동경을 시작으로 모든 일본 땅 가격이 갑자기 폭등하기 시작한다. 2년 사이에 일본 부동산 시가는 476억 엔으로 상승하고, 심지어 일본 1년 국내총생산(GDP)을 넘었다.

일본 국내 지가 급등은 많은 해외투자자를 움직였다. 그 해 일본 투자자들을 표적으로 삼은 미국 부동산 설명회는 끊이질 않았고, 사람들은 일본의 부동산 열기가 곧 미국까지 만연할 것이라 생각했다.

🚚 일본 부동산의 거품

1984년에서 1988년까지 동경 총 부지의 자산액은 149억 엔에서 529억 엔으로 2.8배 상승한다. 여기서 더 주목해야 할 것은 동경 총 대지의 자산 증가액이 같은 시기 일본 GDP 증가액(72억 엔)의 5.3배 라는 것이다.

미쯔비시 부동산의 도쿄 산업

1988년에서 1991년까지 일본 6개 대도시 땅값은 2.07배 상승했고, 연평균 성장률(CAGR)의 25.2%이다.

1992년 일본 부동산 거품이 사라진 후 일본 지가는 14년 동안 계속 하락하고, 2006년이 되어서야 다시 어느 정도 상승한다.

2007년 말 일본 6개 대도시 땅값은 1991년 가장 높았을 때의 27.7%와 비슷하고, 절대가격도 25년 전(즉 1982년)의 정도에 도달한다.

🍧 1989년 일본에서는 이런 말이 있다. 도쿄 야마노테선의 땅값은 미국 전체를 사고도 남는다. 당시 일본의 지가는 이 정도로 높았다. 사람들은 경제거품이 영원히 계속될 것이라 생각했다. 일본 경제성장은 전세계 1위라 여겼고, 많은 사람들이 미국을 능가했다고 생각했다. 일본 경제평론가 다카라베 세이이치

🍧 경제거품이 최고조일 때, 미국 집값은 상당히 저렴해 보였다. 10~20년 전과 비교했을 때, 예전의 아득하기만 했던 부동산이 갑자기 식은 죽 먹기로 변해버렸다. 미쯔비시 부동산 대표이사 다카키 시게루

일본 미쯔비시 부동산은 록펠러센터를 성공적으로 인수 한 후, 그 역사는 완전무결하게 유지되었다. 심지어 빌딩 아래 스케이트장까지 포함해서 말이다. 그 때 미쯔비시 부동산은 사실 이 록펠러센터가 이미 갈라진 수면 위에 떠 있다는 것을 전혀 알지 못했다.

2004년 12월 28일 TCL 주요 책임자 리동성은 반짝이는 무대 위 (CCTV 중국 경제 올해 인물 시상식)에 서 있었다. 이 사람은 중국 컬러TV 업계의 핵심 인물이다. 그 이유는 함께 국제 합병 프로젝트를 해냈기 때문에 국내 여러 매체의 관심사가 되었다.

리동성은 "우리는 반드시 우리 스스로의 국제기업이 있어야 한다. 이 시대의 사람들은 용감하게 부딪혀야 한다. 실패를 두려워 말고, 가장 첫 번째로 게를 먹는 사람이 되어야 한다."고 말했다.

TCL그룹 회장 리동성

2004년 리동성은 TCL과 프랑스 톰슨 브란트사의 국제 합병을 성사시킨다. 톰슨 브란트는 전통 있는 프랑스 최대 국유기업이다. 수년간 전세계 컬러 텔레비전 업계에서 독보적인 위치를 차지하고 있었다. 수하에는 톰슨 브란트와 RCA 두 개의 큰 국제브랜드를 가지고 있고, RCA의 창립자는 바로 천재적인 발명가 토마스 에디슨이다. 이러한 국제적인 거물과 손을 잡은 TCL은 어떻게 이런 기회를 얻었을까?

리동성은 기억을 더듬으며 "당시 우리는 중국 국내에서 가장 큰 컬러 TV회사였다. 그러나 우리의 업무는 주로 중국과 신흥국가 시장에 집중되어 있었다. 그러나 톰슨 브란트의 컬러TV 사업은 주로 유럽과 북미에 집중되어 있었다. 시장은 강한 상호 보완성을 갖고 있다. 그래서 우리는 톰슨 브란트와 합병 후, 수량으로 말했을 때 전세계 선두그룹이고, 대략 앞에서 세 번째 이다."라고 이야기했다.

사실 톰슨 브란트가 리동성을 동요하게 한 까닭은 시장과 우세적 규모에만 만족하지 않았기 때문이다. 리동성이 합병을 결정하게 한 주요 원인은 톰슨 브란트는 천만 달러 이상의 돈을 들여 DLP TV를 만들어 냈다. 이것이 리동성의 마음을 움직이게 했다.

TCL 멀티미디어 유럽 사업센터 품질관리 이사 프랜시스는 "DLP

는 큰 화면을 만들고, 광도를 유지시킬 수 있는 기술이다. 프로젝션 TV(CRP)는 화면은 크지만, 광도(밝기)가 낮다. 만약 DLP가 화면의 크기와 관련 없이 광도가 높을 수 있다면 승산이 있다."고 예측했던 내용을 기억하고 있었다.

리동성은 DLP기술을 전망 있게 보았다. "당시 2003년에 이 합병 프로젝터를 논의할 때, 우리가 가장 주시한 것은 '플라즈마 기술(PDP)이 키네스코프 기술로 대체 할 수 있는가' 였다. 우리는 그 당시 톰슨 브란트가 비교적 높은 DLP기술을 가지고 있다고 판단되어, 플라즈마 기술 보다 더욱 경쟁력이 있을 것이라 확신했다."

일단 이렇게 판단이 성립되자 이 기술이 시장에 미치는 영향을 짐작할 수 없었다. 톰슨 브란트가 리동성에게 보여준 것은 찬란한 미래였다. 리동성이 이끄는 TCL사가 검토를 마친 후, 톰슨 브란트의 사업이 TCL사 에는 대단한 가치가 있다고 판단되었다. 그래서 TCL은 서둘러 국제적 산업 사슬을 만들고자 국제 브랜드와 시장 판로를 조성하고, TCL의 기술 실력을 향상시켰다.

그리하여 마침내 2004년 1월 29일 TCL과 톰슨 브란트는 한 길을 걷게 되었다.

그리고 함께 TCL-톰슨 브란트 전자 주식회사를 공동 설립했다. 약칭 TTE라 불리는 이 회사는 전 세계에 10개의 공장과 5개의 연구개발 센터를 가지고 있고, 2만 9천명의 직원이 근무하고 있다. 이로 인

해 TCL사도 전세계에서 가장 큰 컬러
TV 기업이 되었다. 중국 기업 중에서
가장 첫 번째로 주류사업이 세계 1위가
된 것이다. 그리하여 통혼은 성사가 되
었으나 과연 행복이 잇달아 올 것인가?

TCL-톰슨 브란트 전자주식회사 설립

세계의 대문을 열게 된 TCL은 얼만큼의 성장 대가를 치르게 될까?

전세계에서 매년 발생하는 국제 합병 건수는 10만 건 정도이다.
합병 뒤에는 희망으로 가득 차있다. 그러나 이런 희망의 실현 가능
여부는 아무도 알 수 없다.

🐌 합병 초기, 많은 사람들은 물건이 투명하게 비치기를 바라지 않는
다. 그 이유는 그들이 합병하고자 하는 자산이 보기에는 굉장히 흡입
력이 있기 때문이다. 그러나 사실 이것은 별로 좋은 생각이 아니다. 합
병 진행상황에 따라서 점점 많은 문제가 생겨나기 때문이다. 하버드대 경
영대학원 교수 타룬 칸나

🚌 TCL-톰슨 브란트 전자주식회사

TCL-톰슨 브란트 전자주식회사는 중국 TCL그룹과 프랑스 톰슨 브란트
그룹이 합작하여 설립한 국제회사이다. 이 회사는 시장 마케팅 영역을 크게
5개로 나눴다(유럽, 북미, 중국, EM, OEM) TTE는 전 세계에 제조공장을 세
웠다.(중국, 멕시코, 독일, 폴란드, 태국, 베트남) 그래서 생산능력이 엄청나
다. 1년에 1800만 대를 생산할 수 있는 세계에서 가장 큰 컬러 TV제조 업체

이다. CRT, CRP, PDP, LCD등 다른 기술 계통의 상품을 생산할 수 있다. 중국, 미국, 독일, 프랑스, 싱가포르 등지에 1000명에 달하는 연구 개발팀이 있고, 모두 7개의 연구소를 가지고 있다. 개발 본부는 션쩐(중국)과 미국에 있으며, 연구 내용은 생산기술 서비스에서부터 구조, 조립, 각종 기능, 선진기술의 개발 및 CRT부터 DLP, LCD, PDP에 관한 연구를 한다. TTE는 튼튼한 판매경로를 가지고 있고, 중국에 가장 큰 판매망이 있으며, 해외에는 동남아, 남아시아, 중동, 남아프리카, 오세아니아, 북미, 유럽 등지에 개설되어있고, 2만 명이 넘는 판매원이 있다.

🚐 조지프 스티글리츠

스티글리츠는 1942년 출생했고, 1987년 미국 매사추세츠 공과대학에서 박사학위를 취득했다. 그 후 영국케임브리지대학에서 연구를 시작한다. 1969년, 28세의 스티글리츠는 미국예일대학교에서 경제학 교수로 초빙한다. 1979년 스티글리츠는

스티글리츠

미국 경제학회의 클라크상을 받는다.(이 상은 경제학에 공헌을 한 40세 이하의 경제학자에게 표창하는 상장임) 1988년 에는스티글라츠는 미국 스탠퍼드 대학교 교수로 재직한다. 1993년 에는 미국 대통령 경제 자문위원회의 주요 구성원으로 활동하다가 1995년 6월부터 미국 대통령 경제 자문위원회 위원장을 맡는다. 1997년부터는 세계은행 부지점장과 경제학자를 겸임한다. 2001년 에는 정보경제학에 관한 것을 연구하고, 그는 노벨 경제학상을 수상한다. 스티글라츠는 콜롬비아 경영 대학원의 경제과 교수로 재직 중이며, 국제사무와 공공 경영대학 교수이자 미국 브룩킹스 연구소의 상임 연구원이다.

스티글리츠는 이 시대에서 걸출한 사람들에게 큰 관심을 받는 주요 경제학자 중 한 명이다. 그는 경제연구자가 받을 수 있는 모든 영예를 누렸다. 클라크 상에서 노벨 경제학상까지, 미국 대통령 자문위원회 위원장부터 세계은행 부 지점장과 경제학자의 겸직까지 말이다. 그러나 그는 이 성공적인 주류 경제학자의 역할이 맘에 들지 않았다. 그는 전세계와 산업 정책 및 빈부차이 등의 문제상에 있어서 주관성이 없는 비판적 사고를 하지 않았다.

🐚 한 국가의 어떤 회사가 다른 국가의 어떤 회사를 인수할 때, 도전이 수반되어야 한다. 당신의 표준 양식을 인수하려는 회사에 어떻게 작용하느냐가 중요하다. 노벨 경제학상 수상자 스티글리츠

일본 경제를 수년간 집중 연구한 일본 경제작가 다카라베 세이이치는 20세기 80년대 말 출현한 일본 기업의 해외 합병의 조류 속에서 곳곳마다 낙관적인 동기로 가득 찬 것을 발견했다. 당시 일본은 반 고흐의 《해바라기》를 고가로 사들였다. 예술품에서부터 부동산과 회사까지 일본은 각양 각색의 물건들을 죄다 구입했다. 어떤 시대든 융자환경이 느슨하게 변할 때가 있다. 사람들은 해외 투자의 인식 역시 유치하게 변하고, 투자대상에 대한 평가 또한 별로 엄격하지 않게 변한다.

바로 이런 분위기 속에서 미쯔비시 부동산은 록펠러센터를 구매하기로 결심한다. 다카키 시게루는 당시 회사 재무책임자였다. 미쯔비시 부동산에 대해 다급한 처분을 했다. 그는 깊이 깨달았다. "

만약 돈이 있는지 없는지 질문을 받았을 때, 비록 돈이 없어도 없다고 말할 수 없다. 단지 '내가 가서 방법을 생각해 보겠다'라고 말할 수 밖에 없다."

2. 신화의 파멸

록펠러센터의 250미터 높이의 옥상에 올라가면, 맨하튼의 풍경이 눈 아래로 들어온다. 록펠러센터의 시장 위치도 그 높이만큼 높다. 이 빌딩은 전세계에서 가장 최고의 상업 부동산 이며, 미국 부동산의 선두주자가 되

록펠러센터에서 내려다 본
뉴욕 센트럴 파크

었다. 미쯔비시 부동산은 과연 이 장면을 볼 수 있을까?

🐞 미쯔비시 부동산은 일본에서 아주 오래된 부동산 기업이다. 그러나 부동산 사업은 다른 국가에서 각기 다른 제도, 환경, 영업 규정 등의 이유로 인해 각 지역에 맞춰 적절히 대책을 세워야 한다. 그래서 가령 일본 현지에서는 경영이 잘 된다 하더라도, 외국에서도 잘 된다고 할 수는 없다. 아마 그 당시 미쯔비시는 가는 곳마다 승리할 수 있다는 환상이 있었던 것 같다. 일본 아사히신문사 편집위원 아스히 타카유키

사실 록펠러센터 안에는 한 가지 비밀이 숨겨져 있다. 1985년 록펠러센터는 2곳의 부동산회사가 13억 달러의 담보금융을 담당한 적 있다. 합병 후 이 융자담보는 고스란히 미쯔비시 부동산의 큰 부담이 되었다.

거액의 채무보다 더욱 직접적인 공격은 미국 부동산 시장 상황이었다. 불황인 미국 경제 탓에 맨하튼의 집세도 바닥을 맴돌고 있었다. 실제 임대료 수준은 미쯔비시 부동산의 최초 예산의 반이었다. 1995년 미쯔비시 부동산의 내부 추산에 따르면 5년 후 록펠러센터는 3.62억 달러의 손해가 나타났다.

1995년 미쯔비시 부동산의 내부보고

일본 경제작가 다카라베 세이이치는 "미국은 일본보다 더 빨리 거품경제 단계에 진입했다. 그래서 일본의 거품경제가 형성되는 과정 중에서, 미국 경제의 거품은 이미 산산조각이 난 상태였다. 지금 상황에서 보면 미쯔비시 부동산이 록펠러센터를 인수한 시기가 마침 미국 부동산 가격이 하락하기 시작하는 시기와 맞물렸다. 이후 미국 경제는 점점 불경기로 접어들었다."라고 해석했다.

미쯔비시 부동산 붕괴 후 마지막 지푸라기는 급격한 엔화의 상승이다. 1989년부터 1995년 까지 엔화는 달러 환율보다 1배 상승했다. 미쯔비시 부동산은 록펠러센터의 거액 달러 자산 속에서 어느새 가라앉아 줄어들어 있었다.

🚐 엔화 상승사건

　　1985년 9월 국제수지의 불균형을 완화시키기 위해서 선진국(당시 포함된 국가는 미국, 일본, 독일, 영국, 프랑스) 재상과 중앙은행 은행장은 뉴욕 광장빌딩에서 협의를 체결했다. 국제 협조개입을 통해 엔화를 촉진시켜 달러가치를 상승시키는 것에 의견을 모았다. 이번 회의에 서명한 협의는 일명 '광장 협의'라고 한다. 이후 3년이 되기도 전에 엔화의 달러에 대한 가치는 100%에 가깝게 대폭 상승한다. 그러나 '광장 협의' 체결 후, 미국 정부는 획기적인 방법을 찾지 못해 재정상황이 별로 나아지지 않았다. 광장 협의 후 2년이란 시간 동안 미국의 대외무역 적자는 축소되지 않았고, 오히려 계속 악화되었다. 달러의 지속적인 하락을 막기 위해서 1987년 2월 서양 7개국 재상과 중앙은행장은 파리의 루브르 미술관에서 회의를 연다. 7개국의 성원국은 국내에서 거시정책과 환율시장 개입 측면에서 합작하기로 의견을 일치시키고, 달러 환율이 당시 어느 정도 수준에서 안정을 유지한다. 이번 '루브르 박물관 협의' 체결 후 일본과 독일은 각기 다른 화폐정책을 채택한다. 독일은 국내 화폐정책의 자주독립을 유지하고, 일본은 미국의 의견을 믿고 받아들여 경제 거품이 더욱 심각해졌다.

　　록펠러센터 자체의 재무상황은 더욱 엉망이었다. 이 여파는 미쯔비시로 옮겨졌다. 미쯔비시 부동산은 원래 수익이 매우 안정적인 회사이다. 그러나 록펠러센터의 결손으로 인해 결국 미쯔비시는 역사상 첫 번째로 적자가 생겼다.

　　해가 지는 록펠러센터의 그림자는 뉴욕의 가장 번화한 길 위에 비친다. 하지만 당시 그 빚은 1996년까지였다. 그 같은 그림자는 미쯔비시 부동산의 눈 속에서 아마도 빛을 잃은 그림자였을 것이다.

이때 미쯔비시 부동산은 결정을 내린다. 록펠러센터와의 100년의 경영계약을 포기하고, 3.08억 달러의 가격에 8억 달러의 빚을 더해서 록펠러그룹에게 팔게 되었다. 합병 총 손실액은 1500억 엔이었다. 당시의 환율로 계산해보면 10억 달러가 넘는 금액이었다. 미쯔비시 부동산 대표이사 다카키 시게루는 "경제 거품이 소멸되었다. 회사(미쯔비시 부동산)의 업적도 급격히 하락했다. 심지어 회사는 100년 동안의 수명을 보장할 수 없다. 100년의 협약은 대체 무슨 의미가 있는가?"라고 말했다.

국제 합병의 실패율은 70%에 달한다. 대체로 위험은 상업활동에 존재한다. 글로벌합병의 역사 중에 부주의로 실패한 경우가 있다. 독일의 다임러-벤츠사가 미국 크라이슬러를 인수했고, 중국대만의 밍치(明碁)사가 독일 Siemens사의 휴대폰사업을 인수했으며, 독일의 BMW사가 영국 Rover사를 인수했다. 초기에는 강자간의 협력으로 비춰졌으나 후에는 큰 손실을 가져온 큰 참패의 결과를 보여주었다.

하버드대의 타룬 칸나 교수는 오랫동안 국제 합병을 연구했다. 한 건 한 건의 사례마다 합병 위협이 없는 사례는 어디에도 없었다. 합병 성공 비율은 일반적으로 별로 높지 않다. 그리고 국제 합병은 더욱 낮다. 그 이유는 가령 당신이 최대한 투명하게 경영을 한다 해도, 그 안에는 문화, 언어의 장벽, 회사 전통 등의 차이가 존재한다. 그래서 국제합병 중 큰 어려움이 생기는 것이다.

🚎 독일 다임러-벤츠사의 미국 크라이슬러 합병

독일 다임러-벤츠사와 미국 크라이슬러사는 세계에서 유명한 글로벌 기업이고 자동차업계의 거장이다. 1998년 1월 12일 다임러사의 회장을 맡고 있던 위르겐 슈렘프는 직접 크라이슬러사의 회장 로버트 이튼의 사무실로 찾아간다. 그는 단도직입적으로 다임러사의 원대한 합병계획을 제시한다. 단 17분만의 만남으로 그들은 383억 달러의 최고가 합병을 결정했다. 이것은 비즈니스 역사상 가장 중요한 문화합병 실험이기도 했다. 1998년 6월 다임러-벤츠사와 크라이슬러사는 합병 후 다임러 크라이슬러사가 되었음을 선언한다. 합병 후의 다임러 크라이슬러사는 세계 5대 자동차 기업에 속하게 된다. 그러나 이 강자끼리의 연합 시도는 세계 제1대 자동차회사의 꿈은 현실이 되지 못한다. 합병 후 크라이슬러는 해마다 적자가 생겼고, 2006년에는 손실액이 14억 달러였다. 다임러-벤츠사는 부담을 감당할 수 없었다. 이는 어떤 경영대학원 교재상 비교적 보기 드문 셰익스피어 희극으로 전락되었다. 결국 합병 9년 후 다임러-크라이슬러사는 2007년 선언한다. 크라이슬러는 74억 달러를 미국 투자 거물 아담스 피터 자본관리 회사에 80.1%의 지분을 양도한다. 다임러사의 독일 측은 크라이슬러사의 19.9%의 지분만 갖게 되고, 결국 두 회사는 이별을 선언한다. 383억 달러로 매입해서 80.1%의 주주를 내 놓았다. 10년 사이에 크라이슬러의 몸값은 대폭 하락했다. 독일 다임러-벤츠 자동차회사의 미국 크라이슬러사 합병 사례는 업계에서 손실이 가장 큰 합병 사례로 꼽힌다.

🚚 중국 대만 밍치사의 독일 지멘스사 휴대폰사업 합병

1984년 설립된 밍치기업은 막강한 생산력과 설계시스템을 갖춘 회사로 써 중국 대만에서는 유명한 대기업이자 전세계에서 가장 큰 휴대폰 디자인회 사 중 하나이다. 미국《비즈니스위크》'2002년 전세계 100대 IT기업' 중 13 위로 선정된 바 있다. 150여 년의 역사를 가진 독일 지멘스사는 세계 최대의 전기와 전자시스템을 갖춘 회사이다. 공업, 에너지, 의료영역에서 다양한 상 품을 보유하고 있다. 1년 영업수익은 700억 유로가 넘는다. 전세계에서 4대 전화 운영기업인 지멘스사는 휴대폰 사업분야의 지속적인 적자가 생겼다. 2004년까지 지멘스사의 휴대폰 사업 이윤액은 1%였다. 2005년 지멘스사는 경영상황이 좋지 않은 휴대폰사업을 매각하기로 결정한다. 그리고 아래와 같 은 좋은 조건을 내놓는다. 그 조건은 휴대폰 사업 무상양도, 5억 유로의 부채 상환, 밍치사에 3.5억 유로의 현금과 서비스제공이었다. 그리고 5천만 유로 로 밍치 지분을 매입하고, 밍치회사의 전략적 주주가 된다. 밍치사는 지멘스 휴대폰 분야의 인재, 기술, 브랜드, 시장 점유율 및 미래에 장기적인 합작 관 계를 생각하고 지멘스사의 휴대폰 핵심사업 전체를 인수한다. 6000명의 지 멘스 직원들 까지도 포함한다. 그리하여 밍치사는 지멘스를 합병했지만 지멘 스의 막대한 손실을 되돌리지는 못했다. 지멘스의 휴대폰 전세계 시장 점유 율은 2005년 9월 기준으로 4.2%에서 2006년 11월에는 2.2%로 하락했다. 세계 시장 점유율 순위는 6위에서 8위로 내려갔다. 합병 후 1년 동안 밍치사 는 지멘스 휴대폰 사업 분야에서 6억 유로에 달하는 적자가 생겼다. 밍치사 는 "2006년 9월 29일부터 독일 휴대폰 회사의 투자를 중지하고, 자회사에 생긴 적자를 대폭 감소 시켜야 한다. 밍치는 독일 휴대폰 회사측의 독일 현지 법원 지불불능 보호를 신청하고, 법정 절차를 진행할 것이다."라고 정식 선언 했다.

🚐 독일 BMW사의 영국 Rover사 자동차사업 합병

1904년 창건된 영국 로버 자동차는 유럽에서 매우 유명하다. 스포츠카와 레저용 차량 개발 기술은 손꼽을 정도이다. 그러나 로버 자동차 역시 영국의 기타 공업과 같이 공예설비가 낙후되고, 제품 품질이 불안정하고, 개발비용이 엄청 비싸며, 네트워크 서비스가 수반되지 않고, 게다가 창의성까지 결여되었다. 1994년 BMW사는 회사 내부의 반대까지도 불사하고, 결국 8억 파운드의 가격으로 로버 자동차그룹을 인수한다. 그 후 BMW사는 로버자동차에 대한 통합 조정 대책을 확대하지만, BMW의 로버 개혁은 엄청난 어려움에 봉착한다. 1998년 말 로버가 BMW에 가져온 손실은 30억 달러를 넘어섰다. 이것은 BMW사의 큰 짐이 되었다. 2000년 봄, 원래 로버그룹은 세 부분으로 분리되었다. 이미 되돌릴 힘이 없는 로버 자동차 및 MG스포츠카는 영국 개인투자자 피닉스 그룹의 상징으로 10파운드의 돈으로 다시 영국으로 되돌아 간다.

호전되는 기미가 있는 랜드로버 레저차량은 30억 달러의 가격으로 미국 포드 자동차에 인수 당한다. 그리고 미니 소형차만 BMW사에 남게 된다. 짧디 짧은 6년 동안 독일 BMW는 영국 로버를 인수하면서 40억 달러의 적자가 생겼다. BMW 회장 역시 사퇴를 강요당한다. 독일 BMW는 영국 로버를 구제하지 못했을 뿐 아니라 일생의 영명을 하마터면 로버의 합병과 함께 잃을 뻔 했다.

하버드 대의 이 동상은 130년 동안 그 자리에 있었다. 그는 바로 학부의 첫 번째 후원자 "존 하버드" 이다. 이곳엔 그의 왼발을 어루만지면 행운이 온다는 전설이 있다. 긴 세월이 지난 후, 사람들은 하버드의 발만 반들반들하게 해 놓았다. 남녀노

존 하버드 조각상

소를 막론하고 사람들은 모두 행운이 오기를 희망한다. 그러나 모든 사람들에게 행운이 오는 것은 아니다. 국제 합병도 이와 마찬가지다.

2005년 어느 날, TCL회장 리동셩은 전화 한 통을 받았다. 갑자기 초조해지기 시작했다. 전화를 내려놓은 후 그는 폭발할 것만 같았다. 손에 쥐고 있던 식기를 바닥에 힘껏 집어 던졌다. 그를 뒤흔든 전화는 프랑스에서 걸려왔다. 리동셩은 알게 되었다. TCL이 합병한 톰슨 브란트사에 거액의 적자가 발생된 것이다. 지불해야 할 금액이 회사 4년 이익과 비슷했다. 2005년 TCL과 톰슨 브란트는 컬러 TV사업의 합병을 이제 막 성사시켰을 때 였다.

전통적인 컬러TV가 유럽 시장에서 갑자기 팔리지 않는 것이다. "모든 것이 너무 빨리 일어났고, 게다가 너무 갑자기 였다. 2005년~2006년까지 LCD TV의 판매는 2배로 상승했고, 2006년에는 시장에서 판매되는 텔레비전의 반은 모두 LCD였다. 2년 전에는 5%~10% 정도에 불과했다."

사실 리동셩이 온 힘을 다해 유럽과 톰슨 브란트사 합병 협상을 진행할 때, 중국과 가까운 곳에서는 컬러TV의 한바탕 환골탈태가 일고 있었다. 일본과 한국 기업은 LCD 평면TV를 주도적으로 개발하여, 톰슨 브란트사의 컬러TV 기술을 열등생으로 만들었다.

합병 대세에 휘둘린 리동셩은 급변하는 시장과 기술에 대해 충분한 대비를 하지 못했다. 영업 8개월 만에 TTE사의 손실은 1.4억 런민삐였다.

"중국 기업으로써 당신이 사전에 얼만큼 조사와 연구를 하고, 준비를 하더라도, 짧은 시간 내에 한 외국기업을 성공적으로 조직하고 관리 할 수 없다. 이것은 매우 어려운 것이다." 리동성은 이후에 이번 합병은 죽을 때까지 잊을 수 없는 합병이라고 자체 평가했다.

3. 승리자의 저주

록펠러센터는 뉴욕의 상징이다. 톰슨 브란트사는 컬러 TV업계의 거장이다. 미쯔비시 부동산과 TCL은 그 둘을 매입할 수 있는 행운의 기회를 얻었다. 그러나 어째서 합병 후 그들은 거대한 손실을 짊어져야 했을까?

☻ 경쟁 입찰 중 진정한 합병 기회를 쟁취하는 회사는 아마 어떤 것도 좋은 점을 얻을 수 없을 것이다. 이것을 바로 '승리자의 저주'라고 한다. 왜냐하면 승리의 원인은 당신의 무모한 진행과 맹목적인 낙관으로 인해, 이성을 잃었기 때문이다. 하버드대 경영대학원 교수 타룬 칸나

☻ 합병 시 가장 중요한 점은 현지 지식에 대한 이해이다. 외국 투자

자들은 일반적으로 자산의 진정한 가치를 잘 이해하지 못한다. 바로 여기에서 문제가 발생하고, 종종 지나치게 추산하는 경향이 생긴다.

노벨 경제학상 수상자 스티글리츠

톰슨 브란트의 합병은 줄곧 TCL에게 좌절을 수반했다. TCL은 끝없는 진통과 어려움을 겪으며, 시련을 경험했다. 이 기간에 TCL 그룹의 손실액은 전부 수십억 런민삐에 달했다. 국제 합병이 가져온 경영의 곤경은 6년이란 시간을 들였다. 리동셩은 "기회에 지나치게 연연하지 말라. 기회를 포기하는 것이 그른 일을 하는 것보다 훨씬 좋을 수 있다. 너무 자신만만하지 말고, 낙관적이지 말라."고 반성하며 말했다.

2009년 12월 23일 리동셩은 다시 한번 익숙한 무대('CCTV 중국 경제 한해 인물' 시상대)에 올랐다. 당시 국제 합병의 시련을 겪은 후, 리동셩은 아름다운 밤을 맞이했다.

재차 'CCTV 중국경제 한해 인물'
시상대에 오른 리동셩

지구의 다른 한 편에는 록펠러센터가 이른 아침의 한줄기 빛을 맞이하고, 이 건물은 영원히 낡지 않고, 국제 합병도 멈추지 않을 것 같다. 사람들은 항상 환상과 희망을 가지고 미래로 나아간다. 국제 합병도 마찬가지로 비즈니스 세계의 탐험이다. 좋은 찬스가 주워진다면, 자본은 여전히 당신의 발걸음과 함께 할 것이다.

<전략적 합병의 함정 발견>

청밍(창장경영대학원 교수)

대다수의 합병 중, 구매측이 제시한 가격은 모두 판매측의 실제 가치와 거리가 멀다. 그리고 사후의 통합조정 중에서 충분한 보답과 원래의 수익을 얻을 수 없게 된다. 그래서 결국 합병 실패를 야기시킨다.

'빠르게, 크게, 강하게'는 많은 중국기업들이 추구하는 목표이다. 비록 우리는 과도하게 일을 추진해서 기업 전체를 파산으로 몰고 간 케이스들 이미 많이 보았다. 그러나 "커지지 않으면 곧 강해지지 않는다."는 생각을 가지고 있기 때문에 많은 기업들은 여전히 '빠르고 크게'하는 것을 기업 발전의 주요 사상으로 삼는다.

'빠르고 크게'하는 것의 주요 방법 중 하나는 바로 합병을 통해서 신속하게 규모를 확대하는 것이다. 하이얼(海尔)사의 합병은 "충격 물고기를 먹는다."는 고전적인 사례이다. 동성(东盛)제약의 낙후된 국유기업을 빠른 시간에 합병한 최근 사례이다. 그리고 TCL이 차례로 슈나이더 일렉트릭과 톰슨 브란트의 컬러TV 사업과 알카텔의 휴대폰사업을 인수했다. 중국기업은 세계적인 기업으로 나아가는 과정 중에서 국제 합병을 통해서 빠르게 규모를 확장하고, 해외의 대규모 합병의 시작을 연다. 리엔샹(联想)은 IBM

의 PC사업을 인수하여 보다 빠르게 쾌속질주 하게 된다.

'전략적 동맹과 합병'은 나의 박사 논문 제목이었고, 진정한 주업이다. 내가 기억하기로 2000년 첫 번째로 국내에서 '합병전략'을 강의할 때, 나는 모든 이의 주요 관심사가 오직 구조 조정과 인수 후 상장 등 재무형 합병에 있다는 것을 알게 되었다. 전략적 합병은 별로 중시를 받지 못했다. 그래서 다시 이 주제로 강의를 하지 않았다. 바로 3년 전부터 생각하지 못하게 전략형 합병이 갑자기 붐을 일으켰다. 당연히 이것은 중국 전체 환경의 변화와 밀접한 관계가 있다. 한편으로는 전략이 점점 중요하게 변했기 때문이고, 다른 한편으로는 전국 심지어 전세계의 범위 내 산업조정 속도 역시 매우 빨라졌기 때문이다.

유사하게 TCL의 해외 합병은 그 전력적 의의를 뚜렷이 보여준다. 인수된 국제기업은 대량의 지식산권과 광대한 해외경로와 유명한 브랜드를 가지고 있다. 이런 것들은 모두 중국기업이 결여된 부분이다. 게다가 중국기업의 저렴한 자본금은 국제적 경쟁력이 충분하다. 그러나 많은 연구 자료들이 이런 합병은 2가지의 치명적인 함정이 있다는 것을 증명했다.

승자의 저주(Winner's Curse) : 합병의 기회를 쟁취한 기업은 종종 제시 가격이 제일 높은 곳이다. 그러나 많은 합병 연구결과는 대다수의 합병 중, 구매측이 제시한 가격은 모두 판매측의 실제 가치와 거리가 멀다. 그리고 사후의 통합조정 중에서 충분한 보답과 원래의 수익을 얻을 수 없게 된다. 그래서 결국 합병 실패를 야기시킨다고 명백히 제시한다. 결과적으로 가장 득의 양양하던 합병의 승자는 최후에 투자 실패자로 전락한다. 이런 상황은 매우 자주 볼 수 있다. 그래서 고유의 단어가 생겼다. 이것을 바로 '승자의 저주'라고 한다. 합병을 한 그날부터 바로 저주의 시작인 것이다. 어째서 대부분 합병 소식이 알려지면, 판매측 주식이 즉시 하락하고, 구매측 주식은 상승한다. 조금 더 극단적으로 이야기 하면, 이런 속담을 말할 수 있다. "잘못 산 것만 있을 뿐이지, 잘못 판 것은 없다."

상승효과의 함정(Synergy Trap) : 도대체 왜 '승자의 저주'가 생기는 것일까? 대부분의 구매측은 본인들이 지불한 금액은 많지 않다고 생각한다. 왜냐하면 이 합병은 자사에 중요한 전략적 의의가 있고, 충분한 상승효과를 가져올 수 있으므로, 공동으로 만들어낸 가치는 인수 한 가격보다 훨씬 높을 것이라 여기기 때문이다. 문제는 바로 여기에 있다. 탁상공론은 당연히 상승효과를 실현시키지 못한다. 합병 후 재조정의 어려움은 종종 초기의 기대치가 높았기 때문이다. 이렇게 자주 볼 수 있는 현상 역시 고유 명사로 형용할 수 있다. 상승효과의 함정. 그 이유는 상상 속의 '파이'는 대부분 모두 '함정'으로 변하기 때문이다.

이 두 가지 현상은 합병의 단 20%정도의 성공률의 주요 원인이다. 그러나 어째서 많은 기업들이 여전히 희생을 무릅쓰고 용감히 나아가는 것일까? 이유는 아주 간단하다. 대부분 사람들은 자기는 '예외'라고 생각하기 때문이다. "이번엔 정말 만족할 만한 상승효과가 있을 것이고, 지불한 가격은 비록 많지만 아주 합리적이야"라고 종종 이야기한다. 이런 말을 들으면 워린 버핏이 1981년 미국의 4번째 합병 물결에 대해 매우 신랄하지만 허를 찌르는 평론이 생각난다. "많은 관리자들은 자신이 유년기 시절 들었던 동화의 영향을 받는다. 멋진 왕자가 마술에 걸려 두꺼비로 변하고, 아름다운 공주가 입맞춤으로 그를 구하는 내용을 말이다. 그래서 그들은 자신의 '관리의 입맞춤'으로 곤경에 처한 목표회사에게 기적을 선사할 것이라 믿는다. 만일 이런 아름다움에서 비롯되지 않았다면 이것은 유치한 생각일 뿐이다. A회사의 지분은 무엇 때문에 2배 시가의 가격으로 B회사의 지분으로 인수가 되며, 이 시가에 따라서 A회사는 완전히 직접적으로 자기가 투자를 할 수 있게 된다."는 것이다. 바꿔 말하면, 투자자는 항상 '두꺼비'의 현재 가격에 따라서 구입을 할 수 있고, '왕자'의 가격을 지불 할 필요가 없다는 것이다. 우리는 많은 '입맞춤'을 본 적이 있다. 그러나 아주 극소수 만이 기적을 가져다 주었다. 그러나 많은 '공주'와 비슷한 관리계층은 여전히 자기의 '키스'에 대해 자신감이 충만하다. 설령 그녀들 회사 뒤뜰에는 이미 전혀 살아 돌아올 수 없는 기회를 가진 '두꺼비'로 가득 찼더라도 말이다.

원문 출처 《중국 기업가》, 2004년 제2기

<국제 합병의 함정 주의!>

웨이 신(팡정그룹 회장)

요 몇 년, 중국기업의 국제화 목소리는 점점 높아지고, 국제 합병 건은 끊임없이 나타난다. 국제 합병의 뜨거운 열기 속에서, 중국 기업가들은 더욱 냉정하고 분명하게 익숙지 않은 국제 시장을 대면해야 한다. 절대로 '국제화로 대약진'해서는 안 된다.

일반적으로 말하면, 중국기업의 국제화는 두 가지 경로가 있다. 한 가지는 행동을 신중히 하고 엄밀히 방어하는 것이다. 국제 유통경로 혹은 자가 해외경로를 통해서 중국 수출상품을 해외시장으로 들어가게 한다. 이렇게 한 걸음씩 추진하는 과정 중에서, 중국기업은 해외 소비자에게 인지도를 얻고, 브랜드와 유명세를 알린다. 다른 한가지는 합병으로 수단을 사는 것이다. 중국기업은 이미 형태는 갖췄지만 시운이 좋지 않은 국제 브랜드를 인수하여, 국내의 자본금이 비교적 낮지만 수준이 차이가 나지 않는 우수한 생산성을 발휘하여, 결국 국제시장에서 이익을 얻는다. 이 두 가지의 국제화 모식은 모두 중국기업에게 도움을 주는 동시에 한걸음 더 해외시장에 익숙하게 한다. 다른 한 쪽으로는 자신의 브랜드 상품이 빠르게 해외시장으로 유입되게 하는 것이다.

현재 중국기업 국제화의 발전상황에서 보면, 행동을 신중히 하고 엄밀히 방어하지만 과정이 길고 지루하다. 그러나 합병해서 판로를 개척하는 기업은 해외시장의 지름길로 빠르게 진출할 수 있다. 그래서 많은 중국기업은 국제 합병을 선택해서 시장 점유율을 확보하고, 각종 핵심 요소(판매경로, 핵심기술, 국제 브랜드)를 얻게 된다. 하지만 많은 연구결과들은 국제화 합병 중에서 두 가지의 치명적인 위험이 있다고 발표했다. 첫 번째는 합병 시 정보의 비대칭이고, 두 번째는 합병 후 통합 조정이 어렵다는 점이다.

중국기업의 국제합병 사례 중에서 이미 뚜렷하게 보여주었다. 합병을 추진하는 쪽이 제시한 가격이 종종 합병을 받아들이는 쪽의 실제 가치 보다 높다는 것이다. 마침 이 말이 생각난다. "사는 사람은 파는 사람보다 능숙하지 못하다." 이유는 아주 간단하다. 합병 중 雙方의 정보가 비대칭하고, 가령 합병측이 장시간 열심히 조사한다 해도, 비교적 상세하고 확실한 정보만 얻을 수 있고, 진정한 내부 사정은 영원히 그들의 손아귀에 있다. 치명적인 결함은 합병을 받아들이는 측에 꼭꼭 숨겨져 있다. 통합을 시작할 때 철저히 기업의 사각지대를 살펴보아야 비로서 숨겨진 '시한폭탄'을 찾을 수 있다. 물론 국내 합병사례 중 '완벽하게 사고, 어리석게 판' 사례도 많다. 그러나 이것은 합병 시장이 온전하지 않고, 합병 규칙이 규범에 맞지 않아서 세 가지의 특수한 '국정'에 속한다. 첫째, 지방정부는 시장규칙에 따르지 않고, 비경제 동기를 뒤섞어서, 심지어 합병 과정을 조종하는 작용까지 한다. 이렇게 되면 가격은 두 번째 요소가 된다. 둘째, 합병을 받아들이는 측 경영관리 계층의 '배반'은 정보 비대층을 이용해서 역방향으로 일을 진행해 합병을 제안하는 측이 가격을 낮추는 것을 돕는다. 셋째, 합병을 받아들이는 측이 가진 토지 자원가치는 기업 자체의 가치보다 훨씬 높아서 합병을 제안하는 측이 사는 것은 '기업'이 아니라 '부동산'이다. 그러나 이런 세 가지 상황은 해외에서는 기본적으로 존재하지 않는다.

합병권을 얻는 회사는 주로 제시가격이 가장 높은 쪽이다. 그러나 초기에 득의 양양하던 합병 쟁취자는 최후에는 투자실패자가 될 수 있다. 이런 상황은 합병 중 비교적 자주 볼 수 있는데 이것을 '승자의 저주'라고 부른다. 뜻은 합병을 쟁취한 그날부터 저주가 시작된다는 것이다. 중국 기업이 국제 합병을 성사시킨 후 때때로 두 기업을 통합하는 과정에서 만족할 만한 결과를 얻지 못하고, 경쟁해서 산 큰 금액을 메우거나 혹은 통합 장벽을 넘어서지 못하고 결국 합병 실패를 하게 된다. 중국기업은 '합병 함정'을 잘 알지 못하고, 기회를 얻기 힘들다고 생각해서 합병의 전력적 의의를 중시한다. 그래서 통합 이후의 상승효과를 기대하고, 높은 가격도 높지 않다고 생각한다. 문제는 통합 난이도가 기업이 애초 예측한 것보다 훨씬 어렵다는 것과 이론적인 상승효과는 실현할 수 없게 되는 것이다.

이 요소들이 합병 성공확률을 낮추는 중요한 두 가지 원인이다. 하지만 많은 기업들은 모두 자신은 '예외'라고 생각한다. 다른 사람들은 실패한 것은 내가 아닌 다른 사람이기 때문이다. 많은 중국기업은 국제화는 어쩔 수 없는 것이라 말한다. 첫 번째는 국내 시장은 갈수록 포화상태이기 때문이다. 규모확장은 극히 제한적이고, 규모효익은 이미 점점 줄어든다. 두 번째는 현지 시장은 비록 크지만 나날이 개방되기 때문에 중국기업은 국제의 거대한 경쟁 압력에 직면해 있다. 그래서 '시간이 많이 걸리는 정의로운 사업'으로 변모하느니, 자발적으로 '큰 산을 넘어 약진하는 것'이 훨씬 낫다. 많은 중국기업들은 선진시장에서 한 자리를 차지할 거라 확신하고, 브랜드를 만든다. 낮은 자본금과 노동력 에너지를 기반으로 중국기업은 세계 제조업에서 어느정도 우위를 점령했다. 아울러 중국기업은 이미 신흥 시장에 자신의 브랜드를 설립했고, 그 다음은 당연히 선진시장으로 진출하는 것이다. 동시에 선진시장 경쟁에 참여해서 기업 내부의 창의성을 향상시키고 개선하여, 염가 상품생산기업의 형상에서 벗어나는 것이다.

그렇다면, 중국기업은 선진시장에서 성공할 수 있을까? 대답은 Yes! 하지만 not easy!

비록 몇몇 중국기업은 이미 국제화 행보를 걷고 있지만, 만족할 만한 결과를 증명하지 못했다. 중국 기업은 미국, 유럽과 일본에서 브랜드를 설립하고, 영리적인 능력을 갖췄다. 이 과정은 복잡할 뿐만 아니라 자본금도 높고, 불확실성이 크다. 일본과 한국 전자업이 흥한 이유는 많은 시간과 거액의 금액을 투자한 후 비로서 유럽과 미국 등지에서 입지를 굳힌 것이다.

합병 통행은 비록 국제시장에 빠르게 진출 할 수 있지만 위험이 더욱 크다. 국제 합병은 최소한 이 두 가지 기본적인 전제를 충분히 고려해야 한다: 첫 번째는 돈이 있어야 한다. 어느 정도의 지불능력이 있어야 한다. 물론 자기자본만을 말하는 것이 아니라 대출 역시 기업의 능력이다. 두 번째는 훌륭한 팀이 있어야 한다. 관리팀만을 이야기 하는 것이 아니라 자신의 외파도 있어야 한다. 하지만 해외 업무의 관리층은 자기가 주도하고 관리해야 한다. 주도자는 반드시 국제교류에 필요한 언어 능력을 갖춰야 하고, 목적지의 제도, 규칙, 문화에 대한 이해도가 높아야 한다. 두 번째 전제가 훨씬 중요하다. 중국기업은 합병 전 반드시 합병측을 상세하게 조사하고 준비해야 한다. 명확하게 상대방이 제공하는 정보와 그 사실여부 및 당국의 태도까지도 알아야 한다. 이런 기초적인 작업은 변호사나 투자고문에만 의지하지 말고, 전문가를 투입시켜야 한다. 그러나 통합 과정 중에는 자기가 직접 관리를 해야만 한다.

몇몇 중국기업 책임자들은 기본 상식이 없다. 합병을 받아들이는 측이 무엇을 필요로 하는지 정확히 알지 못하고, 중국 현지시장의 경험에 의존하여 국제 시장을 현실이 아닌 상상으로 대한다. 그래서 합병 후 재조정이 매우 힘들고, 합병을 받아들이는 측의 국가와 관련된 법적 제한 및 잠재된 문화적 충돌은 심각한 문제가 될 수 있다.

우리는 기본적인 현실을 인정하지 않을 수 없다. 이것은 즉 언어소통의 중요성이다. 여러 글로벌그룹 중에서 대부분 인도인이 고위 관리직을 맡는다. 이것은 그들이 똑똑해서가 아니라 영어 실력이 우수하기 때문이다. 국제 시장에 대해 이해가 부족한 중요 경영팀은 국제 합병 중 가장 위험한 요소이고, 기업은 이런 팀에게 반드시 장시간 훈련을 시켜야 하며, 단순히 공수 부대원에게만 의지하면 안 된다. 중국기업의 관리팀은 국내시장에서 비교적 우수한 경영관리 능력을 갖추었다. 그러나 선진 시장에서 중국에서 경험했던 것을 똑같이 적용한다면, 자본금이 비싸서 실패하는 것이 아니라 시간을 너무 지체해서 헛되이 시일을 보냈기 때문이다. 이게 아니면 아예 기업 자체의 관리 능력이 부족해서 실패하는 것이다.

합병 후 중국기업은 외국기업의 제조 공장을 중국 현지로 옮기려고 한다. 그 이유는 자사의 제조 관리능력을 발휘하기 위함이다. 그러나 합병의 목적은 해외 진출에 있다. 과거 중국기업은 해외판로와 서비스 네트워크가 거의 없었다. 선진 시장에서 판매 촉진을 확대하는 방법을 전혀 몰랐다. 해외시장의 정가는 매우 제한적이고, 서양 고객은 디자인과 성능상에서 까다롭게 살펴보고 구매한다.

이미 국제 합병을 성사한 중국 기업은 반드시 수입의 지속적인 증가를 신경 써야 한다. 수입의 상승과 하락을 경시하고 자본금 증감을 중시하면, 합병은 좋은 결과를 가져올 수 없다. 성공적인 합병은 현실적인 1+1=2에 그치지 않고, 1+1>2라는 생각을 가져야 한다. 합병 후의 수입증가는 하나의 표준 척도가 있다. 합병 후의 수입증가와 사업 평균성장 수준의 편차이다. 많은 중국회사들은 합병 후 성장률이 반대로 하락한다. 심지어 사업 평균 수준이 더 낮은 곳도 있다. 합병을 통해서 생긴 성장에 대한 기대는 '환상'으로 변한다. 많은 합병기업이 수입 증가 추진력을 상실하는 이유는 그들이 과도하게 자본 상승효과를 얻는 것에만 치중했기 때문이다. 그렇지 않으면 합병 후 시스템 전체 수입증가에 대해 신경 쓰지 않아서 이다. 그리하여 기업 성장은 멈추고, 회사에 큰 손실을 가져와서 그 영향은 회사가 제어할 수 없을 정도를 넘어서서 회사 업적에도 막대한 흔적을 남긴다.

어째서 합병할 때 수입 증가율에 더욱 주시를 해야 할까? 원인은 바로 '수입'은 '자본'이 아니고, 합병의 결과를 결정짓기 때문이다. 합병의 목적이 무엇이든 간에 이윤증가는 모든 기업이 추구하는 것이다. 사실상 수입과 이윤의 관계는 매우 밀접하고, 수입 변동은 예상했던 자본금 절감의 정도를 빠르게 넘어선다. 국제 합병과 관련된 연구에 따르면, 만약 합병 후 수입 성장이 1% 감소되면, 자본금 절감상에 있어서 예상했던 금액보다 25%가 많아지고, 수익 창출을 할 수 없다. 그러나 목표 수입증가율이 2~3%를 넘으면, 자본금의 50% 손실액을 메울 수 있다. 대체로 합병 중 수입 성장률을 추구하는 회사는 막강한 추진력이 생겨서, 손쉽게 합병 목적에 달성할 수 있다. 그 중 자본금을 삭감 하는 것도 포함된다. 합병 성공 여부는 지속적인 수입 성장률 능력에서 결정된다고 말 할 수 있다. 수입증가는 자본금을 삭감하는데 매우 효과적인 작용을 한다. 그러나 사실상 중국 기업은 합병 후 조정 과정 중 자본금 절감에 더욱 신경 쓴다. 왜냐하면 중국기업은 자본금 삭감 측면에서는 상당한 경험이 있기 때문이다. 그러나 국제시장에서 선진 마케팅 수단을 이용한 경험이 적다. 이것은 결국엔 합병 통합정책의 근본적인 실책을 야기시킨다. 그래서 유럽이나 미국 회사의 자본금 삭감은 어렵게 되고, 수입성장이 일단 하락하면 기업은 더욱 과도하게 지불해야 하고, 마치 '다이어트'가 되어버린다. 그리고 피골이 상접하게 된다. 자본금 규제에 열중한 중국 합병회사는 결국 균형을 잃고 성장의 동력과 원천을 완전히 상실하게 된다.

이상의 내용들은 국제 합병에 근거한 판단이고, 팡정(方正) 그룹은 국제화 방면에 있어서 매우 신중히 행동한다. 2002~2004년 사이에 우리는 국내에서 일련의 합병을 진행시켰다. 2004년에는 통합을 성사시켰다. 보류해 놓은 업무이든 퇴출한 것이든 효과는 모두 좋았다. 왜냐하면 중국 현지에 대해 우리는 매우 잘 알고 있었기 때문이다. 그러나 해외시장은 국내시장과는 다르다. 우리의 이해가 부족하다면, 경솔하게 행동해서는 안 된다. 현재 팡정그룹은 국제화 선상에서 여전히 자신의 핵심기술인 컴퓨터 조판 시스템 사업 위주로 한다. 20세기 80년대 말부터 시작해서 팡정은 컴퓨터 조판 시스템 사업으로 해외시장에 진출하기 시작했고, 비교적 성공했다고 말할 수 있다. 여기에는 두 가지 상징이 있다. 첫 번째, 해외의 중문 컴퓨터 조판 시스템시장에서 팡정은 90% 이상의 시장 점유율을 차지하는 절대적인 위치에 있다. 동시에 핵심기술을 중심적으로 개발한 응용 소프트웨어는 전세계에서 이미 100개에 달하는 대리상이 있다. 두 번째, 우리는 현재 비중문 인쇄 시장에 진출했고, 게다가 이미 일본에서는 성과가 좋다. 일본에 설립한 일본 팡정회사가 연구개발한 이미지 세터는 1/3의 일본 신문매체가 사용하고 있으며, 일본 팡정은 이미 일본시장에서 중국 첨단기술회사의 상징이 되었다.

팡정의 컴퓨터 조판 시스템 사업은 해외에서 성공을 했다. 그 원인 중에서 가장 중요한 요소는 기술의 우수함이다. 그러나 나는 팡정이 대대적으로 국제 시장에 진출한 시기가 적절했다고 생각하지는 않는다. 비록 우리가 충분히 준비를 했지만, 중국 기업이 국제화로 가는 길은 여전히 멀고 험난하다.

원본 출처《경쟁력》, 2010년 제4기

두 가지 문화
Two Types of Culture

70%의 합병은 기대했던 상업 가치를 실현하지 못하고, 그 중 70%는 합병 후 문화 융합에 실패한다. 어째서 문화차이가 국제 합병의 길에서 가장 큰 걸림돌이 되는 것일까?

제3장

두 가지 문화
Two Types of Culture

일반적으로 국제 합병은 발전의 지름길이라 여겨진다. 1+1>2 의 희망은 무수한 기업들을 희생을 무릅쓰고 앞으로 나아가게 한 다. 그러나 이 지름길은 오히려 울퉁불퉁하고 가시로 가득하다. 많 은 기업들은 그들의 최초의 꿈을 실현시키지 못하고, 심지어 한번 잘못으로 평생 후회하게 된다. 기업 합병의 안 좋은 결과는 유명한 '칠칠법칙'으로 밝혀진다. 70%의 합병은 기대했던 상업가치를 실 현하지 못하고, 그 중 70%는 합병 후 문화융합에서 실패한다. 국제 합병은 보기엔 아름답지만 문화의 차이는 도리어 가장 큰 장애물 중 하나이다.

1. 문화 차이

2011년 2월, 한 장의 사진이 인터넷 상에서 많은 네티즌들의 관심을 불러 일으켰다. 사진 속의 중국인은 모두가 잘 알고 있는 지리(吉利) 자동차 주요 책임자 리슈푸다. 그리고 그가 옷 벗는 것을 도와주는 외국인은 볼보 자동차

제이콥스의 "서비스"

회사 총재 겸 수석 집행관 스티븐 제이콥스이다. 사진상에서 리슈푸는 편안하게 제이콥스의 서비스를 받고 있다. 넷 유저들은 외국인 CEO가 중국식의 아첨문화를 배웠다고 조롱하듯 말했다. 비록 리슈푸가 제이콥스는 본인이 옷 벗는 것을 도와주지 않았고, 이어폰 빼는 것을 도와준 것이라 해명한 이후에도 여전히 많은 사람의 관심을 유발했다.

세심한 사람들은 2011년 2월의 기자회견에서 자리에 앉은 리슈푸는 말을 얼마 하지 않고, 대부분의 시간을 모두 스티븐 제이콥스에게 양보했다는 것을 발견했다.

그래서 매체는 이렇게 평론했다. "스웨덴에서 온 외국인이 리슈푸의 체면을 살려줬다."

2010년 8월 2일로 시계바늘을 돌리면, 그날 지리는 볼보의 전체

지분을 인수했다. 그래서 볼보는 세계 랭킹 3위가 되고, 안전기술은 세계 1위가 된다. 80여 년의 역사를 가진 명차 브랜드가 짧디 짧은 자동차 조립역사를 가진

지리와 볼보의 합병 서명식

지리자동차회사에 인수 된 것이다. 사람들은 이 합병을 '국제결혼'에 비유한다. 한 쪽은 동양에서 온 농촌 총각이고, 다른 한 쪽은 북유럽 공주인데 서로의 격차가 너무 심해서 이 연애는 불 보듯 고생길이 훤했다.

🚐 지리의 볼보 합병

1927년에 설립된 볼보 자동차회사(Volvo Car Corporation)는 유럽 최고의 자동차 기업 중 하나이다. 본사는 스웨덴 예테보리에 있으며, 전세계에는 19만 명의 직원들이 있다. 볼보 자동차는 우수한 안전성으로 세계에 유명하다. 벤츠, BMW와 함께 유럽의 3대 명차 브랜드이다. 1999년 볼보그룹은 세단 사업을 85억 달러의 가격으로 포드자동차 회사에 매각한다. 그리하여 볼보는 트럭, 버스, 건축공사 설비, 비행기 엔진 등 사업을 포함해서 기존에 있던 상용차 영역에만 열중한다.

2008년 금융 폭탄 공격을 받고, 주로 명차사업을 추구하던 볼보는 엄청난 손실을 받게 된다. 판매량은 물론이고, 판매 수입과 세전이익 등 모두 대폭 하락한다. 볼보는 2008년 판매량이 겨우 36만대였고, 20%이상 하락했다. 2008년 볼보 세단회사의 총 수입 역시 엄청난 하락추세였고, 2007년 약 180억 달러에서 140억 달러로 줄었다. 2005년 볼보 세단회사의 이익은 약 3억 달러였다. 그러나 3년 후 이 회사의 적자는 더욱 심해진다. 특히 2008년에

볼보 세단의 적자는 약 15억 달러에 이른다. 포드 자동차는 이런 상황에서 볼보 세단회사를 매각하기로 결정한다.

볼보 자동차 회사

2010년 8월 지리와 포드는 수년간의 접촉과 협상 후 드디어 인수 합병을 성사시킨다. 지리는 18억 달러로 볼보 세단회사의 전체 지분을 인수한다. 그리하여 볼보는 전 세계 랭킹 3위, 안전기술 세계 1위가 된다. 80여 년의 역사를 지닌 명차 브랜드가 13년의 짧은 자동차 조립역사를 가진 중국 지리 자동차에 인수된 것이다. 새로운 소유권 구축상에서 볼보 세단은 스웨덴 본사 및 스웨덴과 벨기에의 생산공장을 남겨두고, 새로운 회장의 권한 부여 하에 볼보 세단회사의 관리층은 비즈니스 계획의 자주권을 갖게 되었다. 거래의 구성부분으로 볼보 세단과 포드는 지속적으로 상호 공급관계를 유지하기로 하고, 상대방이 필요로 하는 부품을 제공하기로 했다.

볼보가 인수 합병된 소식은 여파가 대단했다. 당시 볼보의 엔지니어들은 볼보가 지리에 매각될 때, 한 엔지니어 책임자는 강력하게 반대했다. 이 엔지니어의 반대 이유는 아주 간단했다. 동양에서 온 지리는 근본적으로 볼보의 문화를 모르기 때문이다. 그는 직접적으로 말했다. "서양의 유명한 자동차 브랜드는 중국회사가 종종 흉내를 낸다. 다른 사람을 흉내 내는 스타일은 우리 문화적 측면에서는 찬양할 가치가 없다. 그리고 우리 문화 속에는 자신만의 독특함을 유지하는 것이 가장 중요하다."

지리의 볼보 합병을 저지하기 위해서, 볼보 엔지니어협회는 심지어 스웨덴의 한 재단과 연합까지 해서 입찰되기 전까지도 계속 훼방을 놓았다. 이후에 자금조달이 충분히 이루어지지 않아서, 어쩔 수 없이 지리와 최후까지 경쟁하다가 결국 포기한다.

비록 당시 지리는 큰 희망을 안고 볼보를 인수했다. 그러나 볼보 노조의 입장은 중국인을 환영하지 않았다. 1800명의 엔지니어로 구성된 볼보 세단 엔지니어 노조는 여전히 볼보회사가 유럽인 지도자를 만나길 희망했다. 왜냐하면 그들은 유럽인은 다른 나라 사람보다 볼보의 문화를 훨씬 잘 이해할 것이라 생각했기 때문이다. 그렇다면 그들이 그토록 강조한 문화는 도대체 어떤 것일까? 볼보의 문화를 이해하려면, 스웨덴 심지어는 북유럽 전체 국가의 노조 전통과 정치경제 제도를 이해할 필요가 있다.

🚚 스웨덴의 노조 전통

스웨덴 노조제도는 노동자에 대한 정책과 복지정책의 영향은 1세기 넘도록 유지되어 왔다. 현재 스웨덴 노동자는 휴가, 의료와 고용주가 지속적으로 지불하는 교육과 취업보장 방면에서 복지제도가 체계적이다. 대략 70%의 스웨덴 고용인은 같은 노조에 속해있으며, 노조는 수백만 고용원을 위해 특별히 보조금을 지급하고, 훈련을 지원해주며, 계약협상과 법률 등을 책임진다. 이런 상황 하에서, 노조구성원들은 노조에 의존하여 그들의 노동권리를 지키고 개선하려고 한다. 고용원이 계약을 고민하거나 혹은 일자리를 잃었거나, 다른 기타상황에 처해있을 때 노조의 법률 전문지식과 협상특권을 이용해서 불합리한 조건이나 부당한 대우를 피할 수 있다. 노조조직은 고용원이 공정하고 합리적인 월급을 받을 수 있게 도와주고, 평등한 대우를 받게 해주며, 부가적으로 실버 보험과 실업 보험을 제공하며, 또 기타 광범위한 사회문제의 해결을 촉진시킨다. 또한 같은 권리를 비노조 구성원한테도 적용한다. 스웨덴 노동시장은 기업,노조와 정부간의 협상을 기초로 했기 때문에 이미 오랜 전통이 되어버렸다. 그리하여 이해관계인은 모두 보편적으로 기본 근무조건을 허가한다. 대다수 고용주들은 고용원을 위해 제공하는 좋은 근무조건 역시 경쟁에서 유리하다고 여긴다.

스웨덴에는 170만 정도의 블루칼라(blue collar) 고용인이 있다. 이런 고용인들은 체력과 신체를 필요로 하는 일이지, 사무실에서 일하는 사람이 아니다. 그들은 스웨덴 노조 연합회(LO)에 속한다. 스웨덴 노조연합회는 스웨덴 국영부문과 개인부문의 14개 노조로 구성된 협력조직이다. 스웨덴에는 2개의 큰 노조가 있는데, 대다수 화이트칼라 계층과 사무실에서 근무하는 사람들은 모두 이 노조에 속해있다. 그 중 스웨덴 전문 고용인 연합회(TCO)가 가장 크고, 약 130만 회원이 있다. 이것 역시 연합 조직으로 전국 및 국제에서 활동하고 있으며, 해결하는 문제는 근무만족도, 발전과 대우 및 기타 노동자와 관련된 것 들이다. 스웨덴 전문협회 연합회(SACO)는 약 60만 회원이 있으며, 이 60만 회원은 약 24개의 독립 단체(경제학자, 변호사, 건축가, 의사, 교사 및 기타 전문대졸 이상 학력의 직업을 포함)를 대표한다.

스웨덴의 노동운동은 19세기 50년대부터 시작되었다. 스웨덴에서 첫 번째로 조직적인 파업이 바로 이 시기에 발생했다. 얼마 지나지 않아 특정 업계 협회가 노조를 결성했고, 엄청난 전국적인 노동운동이 발생했다. 19세기 말 노조는 특정 직업을 중심으로 형성되었다. 단체규모와 수의 증가에 따라서 그들은 점점 발전을 거쳐 공업분야를 바탕으로 한 현재노조로 진화했다. 1898년 스웨덴 노조 연합회는 대다수 스웨덴 블루칼라 계층 노조의 전국 핵심조직이 되었다. 초기의 노조조직은 고용인이 누릴 수 있는 권리 측면에서 결정적인 작용을 했다. 이러한 권리는 보통 선거권, 양로수당 지급과 소년 노동자 고용금지를 포함한다. 이런 측면에서 말하면, 노조는 스웨덴 현재의 복지국가 기초를 확립하는데 큰 역할을 했다. 그리하여 스웨덴은 세계에서 노조 수준이 최고인 국가 중 하나가 되었다. 비록 스웨덴 노조연합회와 스웨덴 사회 민주당은 다른 조직이지만, 그들은 여전히 긴밀한 관계를 유지하고 있다. 스웨덴 노조연합회는 스웨덴 사회 민주당의 집행 위원회에 대표 한 명이 속해있다. 노동시장 심지어 스웨덴 사회의 법률 대책을 내 놓을 때, 항상 스웨덴 노조 연합회, 스웨덴 전문 고용연합회와 스웨덴 전문 협회연합 이 3개의 노조를 거쳐야 한다. 이와 같이 스웨덴은 노조에게 상당한 정치 영향력을 부여한 것이고, 많은 국가들이 실현하기 힘들다.

💬 문화는 일종의 생활 방식이다. 문화는 자신의 인생이 담겨 있고, 사람에 의해 시작하고 사람에 의해 끝난다. 나는 우리가 반드시 두 가지 문화를 존중해야 한다고 생각한다. 회사문화와 사회문화 혹은 국가문화 까지도 말이다. 볼보 직원

💬 만약 우리를 한 송이 연꽃에 비유한다면, 수면 위에 있기도 하고, 수면 아래 있기도 하다. 수면 아래가 바로 문화이다. 그것은 마치 연꽃의 수면 아래 부분과 같다. 보이지는 않지만, 수면 위의 여러 가지 행위에 모든 영향을 미친다. 볼보 자동차회사 세계 선임 총재 천 선

문화의 개념에 대해서는 항상 사람들의 의견이 분분하다. 미국 문화학자 크로버와 클럭혼의 1952년 통계에 따르면 세계 각국 학자의 문화에 대한 정의는 160여 종이라고 한다. 네덜란드의 유명한 학자

호프스 테드는 "문화는 개인의 특징이 아니라, 같은 교육과 생활 경험을 가진 무리들이 공유하는 심리적 질서다."라고 말한 바 있다.

7년 전, 리엔샹그룹은 '뱀이 코끼리를 삼키는' 방식으로 업계 창시자, 파란색 거인 IBM의 컴퓨터 사업을 인수했다. 리엔샹의 회장직을 맡은 양위엔칭은 미국으로 집을 옮기고, 비행기에서 내리는 그 순간부터 그는 두 가지 문화의 큰 차이를 느꼈다.

양위엔칭이 공항에서 걸어 나올 때, 플래카드를 들고 그를 기다리는 사람이 아무도 없다는 것을 발견했다. 그래서 그는 어쩔 수 없이 자기가 상대방에게 연락을 했다. 이러한 문화 차이를 해결하기 위해 2년의 시간이 흘렀다. 리엔샹은 미국에 전적으로 중국을 접대하는 조직을 결성하고, 미국에 온 중국측 고위관리자들의 전체 일정을 맡도록 했다.

양위엔칭은 두 나라의 문화 차이를 이렇게 말했다. "만약 IBM에서 베이징의 리엔샹을 방문한다고 하면, 우리는 일반적으로 차량, 숙소, 회의실 등의 사항을 고려한다. 그러나 IBM의 일을 처리하는 방식은 이렇지 않다."

문화적 차이는 차, 숙소, 회의실 등 접대 사항 중에만 있는 게 아니라 일상생활 중에서 사소한 것에서도 느낄 수 있다.

리엔샹 그룹의 수석 운영관 로리 리드는 "우리가 회의를 시작할 때, 미국 동료들은 큰 소리로 활발하게 토론을 하지만 중국 동료들은 보수적인 태도를 취하며 마치 조용한 청취자 같다."라고 말했다.

"중국 문화에서는 사장이 우리에게 발언 기회를 주면 우리는 그제야 이야기를 하고, 사장이 발언 기회를 주지 않으면, 이 회의 결과에 동의하지 않는다는 것이다. 그러나 서양문화는 완전히 다르다. 당신에게 발언 기회를 주지 않아도 능동적으로 내 의견을 말한다. 이 회의에서 만약 결론이 나왔고, 당신이 아무 말 하지 않으면, 당신은 이 회의 결의에 동의한다는 것을 나타낸다. 양위엔칭은 이렇게 중국과 서양 문화의 차이를 비교했다.

🚌 "뱀이 코끼리를 삼켰다." 리엔샹의 IBM합병

리엔샹그룹은 1984년에 설립한 회사로 중국에서 유명한 첨단기술 기업이다. 2004년 12월 8일 오전 9시에 리엔샹은 베이징에서 12.5억 달러로 업계 최고기업 IBM의 전세계 PC(퍼스널 컴퓨터)사업을 인수했다고 정식 선언한다. 2005년 1월 27일 리엔샹의 합병 심사가 통과되고, 리엔샹과 IBM은 리엔샹이 IBM의 퍼스널 컴퓨터 사업분야를 포함한 데스크톱 사업과 노트북사업을 인수한다. 인수된 자산은 IBM의 노트북,데스크톱 분야와 관련된 업무(고객,직접판매,위탁판매 경로를 포함)와 Think브랜드 및 관련된 특허,IBM 션쩐 합자회사(X시리즈의 생산라인은 미포함)및 야먀토(일본)과 롤리(미국 놀스캐롤라이나 주) 연구센터가 있다. 합병을 성사한 후, 전세계 PC 시장 점유율이 9위였던 리엔샹은 3위로 껑충 뛰어오른다. 델과 휴렛 패커드에 버금가는 새로운 회사를 설립한 이후, 본사를 뉴욕으로 옮긴다. 리엔샹의 '뱀이 코끼리를 삼키는' 형상의 합병은 당시 중국 기업들 중에서 가장 큰 건의 IT기업 해외합병이였고, 중국 업계에 엄청난 영향을 끼쳤다.

합병을 시작하는 과정에서, 리엔샹의 합병 대가는 리엔샹이 일정 기한 내에 IBM회사에게 현금 6.5억 달러와 6억 달러만큼의 주식을 지불하는 것이었다. 그리고 IBM의 PC사업 순부채 5억 원을 받아들이고, 그 중 지분의 지불방식은 리엔샹이 매 주 당 2.675 홍콩달러(12월 8일 거래중지 전의 가격)로 하며, IBM에게 신주 8.21억을 발행하고, 9.218억 주에 대한 의결권을 부여하는 것이다. 합병 전 리엔샹 그룹의 지분구조는 리엔샹이 57%를 가진 것과(일정량의 주식을 보유함으로써 해당 회사를 지배하는 지분), 대중 유통주식 43%였다. 합병 후 IBM측은 리엔샹그룹의 제2주주가 되었고, 리엔샹의 약 19%의 지분을 가지게 되었다. 리엔샹은 일정량의 주식을 보유함으로써 제1주주의 자리를 유지한다.

볼보 직원들의 마음속에는 볼보를 인수한 포드 사이에도 분명 차이가 존재했다. 가령 모두 신분이 대서양 양인이지만, 문화차이는 극복하기 힘들었다. "1킬로미터 차이만 나도 서로 다른데, 10킬로미터 차이가 나면 완전히 서로 변화되어야 한다."는 것이다. 사실상 문화 차이는 어디에도 존재한다. 한 번의 부주의한 행동은 오해를 일으킬 수 있고, 평범한 말 한마디가 충돌을 유발시킬 수 있다. 문화의 융합은 국제 합병을 진행한 회사에게 있어서 모두 피할 수 없는 위기였을 것이다.

❧ 미국회사 문화의 소극적인 측면은 타이트한 것을 억누르는 것이고, 스웨덴회사 문화가 강조하는 것은 모든 직원은 책임이 있고, 순서대로

하나씩 진행할 필요는 없다. 왜냐하면 당신이 의지해야 하는 것은 직원이기 때문이다. 볼보 자동차회사 엔지니어 노조 책임자 매그너스 상 데모

👻 다른 환경과 언어를 가진 회사와 합병을 할 때, 국가 문화 방면의 차이만 있을 뿐 아니라, 회사 문화 측면의 차이도 있다. 그래서 문화 융합에 있어서 더욱 어려움이 가중된다. 파리 고등경영대학원 국제전략과 교수 피에르 두쎄우거

👻 대부분 사람들은 기업 합병 중 문화 융합이 가장 큰 문제라고 여긴다. 문화 융합의 실질적인 문제는 무엇인가? 그것은 바로 다른 지역의 사람과 다른 기업 사람과 다른 배경의 사람이 함께 일 할 수 있느냐 없느냐이다. 리엔샹그룹 회장 리우촨즈

2009년 10월 28일 지리그룹의 리슈푸는 한바탕 문화 종합고사를 치렀다. 이날 포드가 지리와 볼보의 입찰 경쟁상대가 되었다는 결과가 발표된 후, 리슈푸는 포드의 고위 경영자들과 함께 벨기에의 볼보 겐트공장에서 노조 대표와 대화를 나눴다. 리슈푸는 노조가 만약 합병에 대해 의견이 너무 많을 경우 합병은 실현되기 어렵다는 것을 잘 알고 있었다.

특히 리슈푸가 가장 염려한 것은 서양 노조와 중국 노조가 달라서 서양 노조는 고용주와 협상이 가능하고, 상품조절이 가능해서 회사를 좌우할 수 있으며, 파업을 일으킬 수 있고, 심지어는 새로운 주인에게 'NO'라고 말할 수 있기 때문이다.

볼보 겐트공장에 위치한 회의실은 바로 '시험장'이었다. 겐트 공

리엔상그룹 회장
리우촨즈

지리그룹,
볼보 자동차그룹 회장 리슈푸

리슈푸의 시험장
볼보 겐트공장 회의실

장에서 온 노조 책임자 6명은 리슈푸에게 있어서 그날의 '시험 감독
관'이였다. 리슈푸는 당시 그 회의실에서 그의 동료와 함께 '시험'을
보기 시작했다.

볼보 자동차회사 노조 책임자 필립 모르티에는 그날의 '시험 감독
관' 중 한 명이었다. 필립은 '수험생' 리슈푸에게 한 문제를 출제했다.
"세 개의 단어를 이용해서 지리가 왜 볼보 회사 입찰에 합당한지 설명
할 수 있나요?" 리슈푸는 웃으며 대답했다. "세 글자 : 사,랑,해."

리슈푸는 영어에 별로 능통하지 못하다. 리슈푸의 '사랑해'는 심
지어 약간의 지역 사투리도 섞여 있었다. 그래서 리슈푸가 "사랑해"
라고 대답했을 때, 회의장 안에는 웃음소리가 끊이질 않았다. 그때
부터 회의에 참석한 쌍방은 긴장을 풀었고, 비로서 진정한 회의가
시작되었다.

회의에 참석한 볼보 자동차회사 노조 대표 브루노 베르메르는 리
슈푸와의 회담을 이렇게 평가했다. "이것은 볼보 직원과 중국인이
처음으로 대면하는 자리에서 '사랑해'라는 대답은 일종의 약속이다.

그들과 우리 사이에 끈이 생겼고, 마음의 벽을 허무는 계기가 되었으며, 서로 교류를 하는데 도움이 되었다." 볼보의 직원은 약간 엉뚱하다고 생각했지만, 리슈푸의 대답이 아주 마음에 들었다.

🐌 좋은 쇠는 칼날을 만드는 데 써야 한다. 소통은 마음으로부터 시작해야 하는 것이다. 생동감 없는 말을 할 필요는 없다. 지리그룹 회장, 볼보자동차회사 회장 리슈푸

2. "칠칠법칙"

글로벌합병의 70%는 기대하던 상업적 가치에 못 미친다. 그 중 실패 원인의 70%는 합병 후의 문화융합에 있다. 문화차이가 클수록 합병실패의 가능성도 커진다. 이 법칙을 사람들은 흔히 '칠칠법칙'이라 부른다.

1988년 당시 유럽에서 가장 큰 공업회사 다임러-벤츠회사와 미국 3대 자동차 제조기업 크라이슬러는 세계 자동차 업계 역사상 가장 큰 합병건을 만들어 세상 사람들을 놀라게 했다. 그러나 이 '하늘이 맺어준 인연'으로 불리는

벤츠와 크라이슬러

동맹은 결국 가장 실패한 합병이라고 불리게 된다. 매체에서는 이 합병을 이렇게 평가한다. "기업 문화의 가장 중요한 합병은 톨게이트다. 합병 중 문화 통합의 관문을 넘어서지 못하면, 다른 것은 모두 말할 것도 없다."

🐌 이것은 역사상 가장 큰 규모의 자동차공업 합병이다. 우리 쌍방은 모두 동의했고, 다임러-크라이슬러는 자동차 업계에서 가장 경쟁력을 가진 거인이 되었다. 다임러-크라이슬러 회장 위르겐 슈렘프

🐌 독일 기업은 이해관계자(Stakeholder)를 매우 중시하고, 미국은 주주(Shareholder)를 특히 중시한다. 상무부 국제무역 경제합작 연구원 왕즈러

문화의 차이는 쌍방의 경영이념과 사고방식에서 큰 차이가 있음으로 인해 비롯된다. 주주이익을 중시하는 크라이슬러 회사는 저렴한 가격으로 실용적인 신상품을 내놓는 것을 추구하고, 이해관계자를 중시하는 독일회사는 고품질을 추구하기 때문에 종종 신상품 출시가 늦어진다. 크라이슬러는 시장예측에 실패하고, 자본금 폭등 등의 문제가 발생했다. 합병 후 2년 동안 크라이슬러는 좋은 성과를 얻지 못했다. 오히려 미국시장 점유율이 20세기 90년대 이래 처음 14%까지 하락했다. 2000년 하반기 크라이슬러는 18억 달러의 큰 적자가 발생했다.

🚐 독일회사의 통치 : '공동 결정'제

독일의 '공동 결정'체제 하에 독일회사 법은 회사의 감사 위원회(국가 회사의 이사회와 비슷하며, 회사 경영진을 임명하고, 기타 중요 정책을 만들수 있음)와 관리계층이 나누어진다. 은행에서 제한하는 기업운영 방면에서 많은 작용을 발휘한다. 다른 주식시장의 운영은 대주주가 대표지만, 감사 위원회가 존재한다. 그러나 더 중요한 것은 2000명 이상의 독일회사는 직원과 노조대표의 투표권이 50%이고, 500명 이상의 작은 회사는 직원과 노조대표의 투표권이 1/3이다. 게다가 여러 정식적인 정책은 반드시 회사 노조위원회의 동의를 거쳐야 한다. '공동 결정'제는 회사정책을 결정은 직원과 노조대표의 법정 비율에 따라 결정되고, 독일회사의 노조위원회는 노동자의 권익을 보호하는 방면에서 중요한 작용을 발휘한다. 예를 들어 근무시간, 근무환경, 근무수당 및 기타 노동자 복지 등 이다. 독일 회사의 노조위원회도 회사의 중요 결책사항에 대해 알 권리, 자문권, 자치경영권을 행사할 수 있다. 게다가 석탄, 강철과 같은 특수업종은 독일회사법의 '공동 결정'에 관해서 더욱 엄격하게 노동자 측으로 편향된 규정을 만든다. 이상의 내용은 모두 독일회사 법 '공동 결정'제는 직원의 권익보호를 대표하는 강제규정이다. 이런 규정은 노동자들은 회사 결책층(감사 위원회)와 감독층(노조 위원회) 측에 자기의 목소리를 낼 수 있다.

독일회사의 '공동 결정'제는 전형적인 이해관계자 특징을 가지고 있다. 이해관계자 이론은 주주권, 정부기관, 채권자, 무역 파트너, 무역 단체, 지역사회, 미래의 고용원, 미래의 소비자, 심지어는 경쟁자의 이익 역시 고려되어야 한다고 여겨진다. 여러 연구자료 에서는 이해관계자를 대동한 관리는 사회 안정에 도움이 될 뿐만 아니라, 회사의 채무상황을 개선하는 데도 많은 이점이 있다고 밝혔다.

☻ 미국과 독일은 모두 서방국가이다. 그래서 문화가 같을 것이라 생각한다. 하지만 사실상 독일인은 미국인보다 더욱 신중하고, 완고하다. 미국인은 프리하고, 실속있다. 이렇게 성향이 다른 두 기업이 함께할 때, 빈번한 충돌은 당연한 것이다. 예일대 경영대학원교수 쳔즈우

☻ 미국회사 고위층 경영자들은 독일인 월급의 3~4배를 받는다. 미국은 관리자들에게 월급 이외에, 지분과 선물옵션을 주기 때문에 그들의 월급은 매우 많다. 그러나 다임러-벤츠는 세계 일류 브랜드이다. 그래서 다임러 회사 직원들은 스스로 크라이슬러 직원들보다 더 우월하다고 여긴다. 미국 로욜라대학교 경영대학원장 제프리 크루거

다른 임금제도는 회사 내부의 많은 독일인들의 불만을 가져왔다. 그리고 미국인들 역시 마음이 개운치 않았다. 이와 동시에 독일인들은 수익 향유와 해외 출장 시 1등석에 탑승하고, 고급호텔에 숙박하는 것에 익숙하고, 게다가 빈번한 회의와 허례의식이 있었다. 이 모든 점이 미국인들은 이해하기 힘들었다. 합병 2년 후, 라스베가스 억만장자 다임러-크라이슬러 회사의 3대 주주 커크 커코리언이 80억 달러의 거액 배상 소송을 제기했다. 다임러 회장 위르겐 슈렘프를 1988년에 체결한 '평등자 사이의 합병'은 터무니없는 거짓말이라고 고소했다.

커크 커코리언이 고소한
슈렘프의 거짓말

9년 후, 이 '최상의 통혼'은 막바지로 치닫는다. 2007년 다임러-크라이슬러 회사는 74억 달러를 미국 투자 거물 서버러스 캐피탈회사에 80.1%의 주식을 매도하고, '다임러회사'로 회사이름을 바꾼 독일 측에는 크라이슬러 회사의 19.9%의 주식만 보유하게 된다. 독일과 미국 양대 자동차 회사는 정식으로 이별을 선언한다. 382억 달러로 인수해서 74억 달러라는 헐값에 팔았다. 채 10년도 안돼서 크라이슬러의 몸값은 대폭 하락했고, 독일 다임러-벤츠 자동차의 미국 크라이슬러 합병은 업계에서 가장 손해가 막심한 합병 사례로 손꼽힌다. "데려오는 건 쉽지만, 기르는 건 어렵다."는 말처럼 국제 합병을 진행하는 기업들에게는 필연적으로 직면하는 문제이다. 자본의 강세도 결국 문화의 갭은 메우지 못했다.

스웨덴 사람들 마음속에서 '80살'의 볼보 자동차는 안전의 상징이다. 이 국민 브랜드는 스웨덴의 '국보'라고 불린다. 볼보는 많은 스웨덴 사람들 마음속에 영원한 자부심이자 애틋한 감정이 담겨있다. 이것은 볼보 문화의 중요 부분이다. 내재된 문화가치는 엄청나다. 중국의 젊은 민영기업 지리는 도대체 어떻게 볼보를 운영할까? 이 문제에 직면한 지리 그룹회장 리슈푸는 아래와 같은 대답을 했다. "볼보는 북유럽에서 왔고, 근간은 스웨덴에 있다. 이 땅을 떠나면 볼보는 볼보가 아니다.

볼보 자동차

지리는 지리이고, 볼보는 볼보이다. 지리
는 볼보를 생산하지 않고, 볼로는 지리를
생산하지 않는다. 우리는 형제관계이지,
부자관계가 아니다."

형제관계이지, 부자관계가 아니라는
이 관점은 많은 사람들을 놀라게 했다.
그들이 알고 있는 기업 합병은 형제관계
의 합작은 보기 드물기 때문이다. 리슈푸
는 왜 이렇게 말했을까? 이 질문에 리슈
푸는 이렇게 답변했다.

초기의 볼보 자동차

🐞 인류문명의 발전은 무의식 중에 감화되
는 과정이지, 강제적으로 강압적으로 융합되
는 게 아니다. 만약 두 기업이 강제적으로 융합했다면, 그 효과는 좋지
않을 것이고, 오히려 부정적인 그림자가 드리울 것이다. 그래서 이 문
제에 있어서 우리는 아주 간단한 방법을 선택했다. 문화융합을 연구하
는 것에 대해 아예 신경 쓰지 않거나 조급해 하지 않는 것이다. 지리그룹
회장, 볼보 자동차회사 회장 리슈푸

사람들이 어떻게 생각하던 '볼보는 볼보사람이 경영한다'는 사고
는 볼보인들의 근심을 없애주었다. 강력히 반대를 외치던 메그너스
상 데모 마저도 박수 치며 환호했다.

😊 나는 반드시 볼보의 가치관을 존중해야 한다고 생각한다. 합병 후에도 중국인들 역시 최대한 우리 볼보 방식에 맞춰서 근무해야 한다. 볼보 자동차회사 엔지니어 노조 책임자 메그너스 상 데모

😊 우리는 회사의 독립성을 유지해야 한다. 볼보는 볼보이고 지리는 지리이다. 이것은 리슈푸가 말한 것 중 가장 중요한 말이다. 우리는 영원히 이 점을 잊지 말자. 볼보 자동차회사 최고경영자 댄 아커슨

스티븐 제이콥스는 중국 네티즌들에게 비웃음을 산 CEO이다. 그의 눈 속에 지리와 볼보의 문화는 마치 중식의 젓가락과 양식의 포크와의 만남처럼 각각의 특징과 지혜가 있기 때문에 독립이 합병 후 최선의 선택이었다.

스웨덴 신문의 지리와
볼보 합병에 관한 보도

😊 포크와 젓가락의 차이는 간격을 유지하는 게 가장 좋다. 구태여 왜 둘을 함께 쓰려고 하는가? 만약 포크와 젓가락을 함께 사용하면 결과는 어떻겠는가? 둘은 각자 장점을 가지고 있어서, 식사를 할 때 서로 다른 음식을 집어 올릴 것이다. 볼보 자동차회사 전세계 회장 겸 수석집행관 스티븐 제이콥스

😊 중국기업과 외국기업 사이의 문화차이가 엄청 크다는 전제 하에, 합병 후 진정한 재통합을 하지 않는 것이 단기간의 가장 유리한 선택이다. 이렇게 하면 단기간에 발생하는 마찰과 기업 문화차이로 인해 생기는 충돌을 감소시킬 수 있다. 예일대 경영대학원 교수 천즈우

3. 통합의 길

세계에서 가장 유명한 관리 자문회사 맥킨지는 2010년 연구결과를 발표했다. 위험을 감소시키기 위해서 아시아 기업은 합병 후 즉시 통합을 진행하지 않는다는 것이다. 2009년 1,450억 달러에 달하는 1,900여 건의 합병거래가 이런 방식을 채택했다. 단기내 통합을 피하면 위험이 감소되기 때문이다. 그러나 이렇게 피하는 것이 영구적인 계획일까? 제너럴 일렉트릭 CEO 잭 웰치는 이와 다른 견해를 내놓았다. 지리의 볼보에 대한 통합 전략은 웰치에게 이런 의문점을 던져주었다. "만약 볼보를 한 쪽에만 내버려 두려면, 당초에 왜 볼보를 합병하려고 한 것인가? 만약 나라면, 나는 그렇게 하지 않았을 것이다."

○········ 🚐 잭 웰치

잭 웰치(Jack Welch)는 제너럴 일렉트릭에 들어가서, 20년이란 짧은 시간 동안 그는 관료주의로 가득한 회사를 진취적이고 생기 있는 기업으로 변화시켰다. 그는 제너럴 일렉트릭을 시가 130억 달러에서 5,000억 달러 이상으로 끌어올렸고, 세계 10위에서 1위로 상승시켰다. 그가 시행한 '6시그마' 표준과 국제적 전자 비즈니

잭 웰치

스는 현대 기업의 정의를 다시 썼다. 잭 웰치는 2001년 9월 퇴직했지만 그는 '가장 존중 받는 CEO', '전 세계 최고 CEO', '미국에서 가장 성공한 위대한 기업가' 등으로 칭송 받는다. 현재 제너럴 일렉트릭 수하의 12개 사업부문은 각

각 시장에서 선두를 달리고 있으며, 9개 사업부문은 《자산》 500강에 올랐다. 웰치가 이끄는 제너럴 일렉트릭은 제조업 거물에서 서비스업과 전자 비즈니스로 전환하여 지금은 기업 거인이 되었다. 100년 역사의 제너럴 일렉트릭은 진정한 업계 1인자가 되었다. 합병을 통해서 웰치가 CEO로 자리한 20년간 제너럴 일렉트릭은 993번의 합병을 성사되었고, 제너럴 일렉트릭의 시가는 원 시가보다 40배 상승했다.

'세계 최고 CEO'라 칭송 받는 잭 웰치는 그가 경영한 20년간 993번의 합병을 성사시키고, 시가 130억 달러에서 5,600억 달러(가장 높을 때)까지 상승시켰다. 매번 합병 전마다 웰치는 두 회사의 문화 융합 가능여부를 우선시했다. 만약 두 기업의 문화 차이가 심하면, 잭 웰치의 방법은 재빨리 포기하는 것이었다.

제너럴 일렉트릭의 허니웰 합병

🐌 우리는 두 가지 문화를 이용하려고 했다. 하지만 우리들은 재무 확보와 인력자원 체계를 효율적으로 운영해야 하기 때문에, 그들 역시 우리의 방식에 적응할 필요가 있다. 제너럴 일렉트릭 CEO 잭 웰치

🐌 모든 회사는 각자의 스타일이 있다. 아마 중국회사는 볼보의 브랜드를 유지시키는데 충분한 인재가 없다고 생각해서, 그들은 볼보에게 일을 하도록 결정했다. 하지만 이런 선택은 오히려 기술 합병에 큰 걸림돌이 되고, 두 회사의 수익에도 손해가 되며, 인재들의 발전 기회도 놓치게 된다. 제너럴 일렉트릭 CEO 잭 웰치

2주 마다 새로운 직원이 리엔샹 미국 본사에 들어온다. 바로 여기에서 리엔샹의 제1과 수업이 시작된다. 현재 리엔샹은 전 세계의 각각 지사에서, 서로 다른 국가에서 온 피부색이 다른 직원들을 어

리엔샹 미국 본사의 신입사원 교육

디서나 볼 수 있다. 올해 리엔샹과 IBM은 각자의 기업 문화차이 및 중국과 미국 사이의 문화차이에 직면했다. 리엔샹 그룹 회장 리우촨즈는 확고히 문화 융합의 길을 선택했다. 그러나 2008년 리엔샹은 큰 손실이 생겼다. 그래서 리우촨즈는 이렇게 해석했다. "2008년 금융위기는 불씨 때문에 생긴 것이지, 화약창고 때문에 생긴 게 아니다. 사실 경영 중의 문제, 문화중의 충돌은 정말 화약창고가 될 수도 있다."

리엔샹은 거액 손실과 문화 융합의 도전에 직면해서, 리우촨즈는 다시 산을 넘기로 결정했다. 우선 가장 먼저 손을 댄 것은 기업 문화 창조였다. 유럽에 날아와서 제일 첫 번째 관문은 리우촨즈와 유럽 고위 경영자의 대화에서 숨이 막힌 것이다.

리우촨즈 : "예전엔 회사에서 항상 CEO가 말하면 모두 동의했다." 나는 그에게 왜 그랬을까? 하고 물었다. 그 : "그것은 CEO에 대한 존중 일 것이다." 나는 또 물었다. 만약 못하겠다면 CEO는 왜 당신을 그냥 두는 것일까? 그 : "그건 아마 CEO의 우리에 대한 관용일 것이다."

기업에서 이러한 '말만 하고 실천이 안되면, 결국 유야무야'가 되

는 문화가 성행했다. 이런 상황에서 어찌 기업은 엉망진창이 안 될 수 있겠는가? 리 우촨즈는 그리하여 '언행일치'를 국제문화 의 핵심으로 삼아 실행했다.

리엔샹 기업문화 '언행일치'

현재 7년 동안의 힘든 훈련을 거쳐서, 리엔샹은 외래문화와 리엔샹의 핵심가치관을 결합하여, 더욱 개방적인 '新 리엔샹 문화'를 형성했다. 그 핵심은 바로 '언행일치, 몸과 마음을 다해서'이다.

리엔샹 그룹의 수석 운영관 느로 레테는 IBM에서 23년간 근무했다. 그리고 10년 동안 리엔샹에서 근무한 그의 눈에는 서양인과 동양인의 공통점은 영원한 서로 간의 차이점 보다 많았다.

😊 기업 문화의 길과 그 전략 정책을 함께 만들면서 우리는 더욱 가까워졌고, 많은 공통점이 있다고 느꼈다. 동양에서 왔던 서양에서 왔던 나는 차이를 느끼지 못했다. 우리는 어차피 같은 별에서 왔고, 같은 회사를 위해 일한다. 그래서 우리는 서로를 인정하고 존중하는 것이다. 리엔샹 그룹 수석 운영관 느로 레테

리엔샹 그룹 수석 운영관
느로 레테

가난뱅이 출신의 지리는 결혼 후, 서양 공주에게 충분한 자유를 주었다. 이것은 단기간의 행동이자, 장기간의 선택이었다. 그늘은 서로 사랑하며, 검은 머리가 파뿌리 되도록 함께 할 수 있을까? 지금 우리는 아직 알 수 없다. 그러나 동양문화는 이미 "볼보 사람이

볼보를 통치한다."는 전제 하에 있는 볼보인들에게 조금씩 영향을 미치기 시작했다. 올해 상해 자동차 전시회에서 '볼보 하늘과 땅 컨셉카'가 모습을 보였다. 이 차를 설계한 피터 디트리는 이 볼보 자동차는 스칸디나비아의 디자인 스타일과 중국문화가 결합된 첫 작품이라고 말했다.

볼보 하늘과 땅 컨셉카

> ☻ 이 차는 전형적인 스칸디나비아 스타일로써, 심플하고 매끈하며 과도한 장식이 없다. 하지만 차 자체는 매우 크다. 특히 차 뒷부분이 크다. 이것은 중국문화에 부합하는데, 즉 뒷좌석과 앞좌석이 똑같이 중요하기 때문이다. 심지어는 더욱 중요하기 때문이다. 볼보 자동차회사 설계부 총재 피터 디트리

> ☻ 우리의 미래목표는 글로벌한 기업 문화를 형성하는 것이다. 나는 볼보가 국가 배경, 지역 문화 개념 없이 세계 기업 문화가 되기를 희망한다. 이것은 나의 꿈이다. 지리 그룹 회장, 볼보 자동차회사 회장 리슈푸

국제 합병 중에서, 문화 충돌은 통합에 직면한 거대한 문제다. 융합이냐 독립이냐 기업은 어쨌든 고려해서 선택을 해야만 한다. 그러나 어찌 되었든 간에 모두 험난한 가시밭 길이다. 문화의 차이는 소통과 이해 외에 더욱 중요한 것은 합병 전에 미리 모든 것에 대해 철저히 준비 해야 한다.

\<잭 웰치 : 문화를 인정하지 않으면, 합병은 성공할 수 없다\>
《21세기 경제보도》

일반적으로 새로 합병한 회사는 동일한 재정 금융과 인력자원을 사용한다. 만약 새로 합병한 회사의 기술이 최고의 선진기술 이라면, 우리는 당연히 그 기술을 사용할 것이다.

9월 6일 GMC 제조 연맹으로부터 초청이 왔다. 前 제너럴 일렉트릭 CEO, 국제 기업 관리 실천계의 전설 잭 웰치는 개인 비행기를 타고 홍콩으로 가서, 상하이-홍콩-광저우 3곳에서 강연을 시작했다.

월트 디즈니회사 회장이자 CEO인 마이클 에스더는 잭 웰치를 이렇게 평가했다. "잭 웰치는 상업계의 거물일 뿐만 아니라, 영혼이 있고, 영리하고, 생각 있는 사람이다." 그래서 그가 매번 중국을 방문 할 때 마다 중국 기업계는 한 차례의 회오리바람이 분다.

세계 최고의 "기업대부"는 중국 기업가들에게 엄청난 환영을 받는다. 강연 현장은 항상 만원이고, 많은 기업가들은 4~5시간씩 운전해서 이곳에 온다. 1시간이 넘게 줄을 서서 안전검사를 거쳐 오직 잭 웰치를 보기 위해서 모든 것을 감수한다. 행운을 가진 자만이 잭 웰치와 직접 교류할 수 있다.

애국자 회장 펑쥔, 루저우 라오쟈오 회장 시에밍 등 기업가들과 웰치는 깊은 대화를 나눴다. 현재 급속도로 성장한 중국기업에 대해 웰치는 흥미를 느꼈다. 그래서 그는 자신의 관리경험에 근거하여, 중국이 만든 브랜드, 국제 경쟁력의 상승 및 전자 비즈니스 2.0을 어떻게 1.0으로 대체 할 것인가를 중국 기업가들에게 아주 세심하게 조언을 해줬다. 예를 들어 그는 세계 시장에 더 많은 자원을 GMC의 심사 자격 선상에 넣어서, 관문을 GMC 표준 심사로 제한하는 것이다. 이것은 일종의 신용 시스템이고, 회사의 핵심이다. "그래서 앞으로 GMC는 업종 기준에서부터 발전하여 하나의 브랜드가 될 것이다."라고 웰치는 말했다.

일주일 동안 웰치는 세 곳을 다녀갔다. 그는 세 차례 포럼에 참석했는데 주제는 주로 발언과 대화였다. 이렇게 고강도 일정에서 많은 젊은이들은 몹시 지쳤지만, 76세의 늙은이는 오히려 스케줄에 빈틈이 있다고 느껴졌다. 중국 직원들이 그에게 준 시간표에서 10분의 시간이 아무런 일정이 없는걸 확인하고 나서, 웰치는 "이 10분 동안 난 무슨 일을 하나요?"라고 물었다. 그래서 직원들은 그에게 한 회사의 기업가를 회견하는 일정을 안배해 주었다.

그러나 그는 개인시간에 그 어떤 사람도 자신의 숙소에 들어오는 것을 거절했다. 그 시간은 오직 웰치만의 시간이었다. 이것은 전형적인 미국인의 사고방식이다.

글로벌 시장 CEO 링펑은 "잭 웰치는 우리보다 앞당겨서 한 과목을 공부했다. 그는 열심히 할 때는 열심히 하고, 엄격해야 할 때는 엄격했지만, 현실과 동 떨어 지지 않고, 진실하고, 솔직하다. 이것은 그가 성공한 이유이자 많은 사람들이 존경하는 이유 중 하나이다."라고 말했다.

웰치의 이론에 대해서 중국 현지 기업계와 학계에서는 약간의 논쟁이 있었다. 2004년 리우야저우 라고 하는 작가가 '웰치의 공과 실'이라는 토론에서부터 시작되었다. 그러나 많은 중국기업가들은 자신의 기업이 같은 유전자를 갖고 있는지 없는지를 막론하고, 모두 깊이 고려하지 않고 뛰어난 합병 이론과 웰치의 다원화 주장을 믿었다.

웰치는 우리와 인터뷰할 때 솔직하게 우리에게 그의 경험과 교훈을 알려주었다. 그 중 근대 중국기업의 해외합병과 통합에 대한 논평을 했는데, 이런 것들은 우리가 충분히 경청할 만한 가치가 있었다.

합병 : 문화 통합이 키 포인트!

합병은 그냥 심플하게 기업 성과에만 치중할 수 없다. 만약 당신이 합병 대상의 문화와 자회사의 기업문화가 현저히 차이가 난다는 것을 발견했다. 그렇다면 이 합병은 성공할 수 없는 운명으로 정해진 것이다.

Q. 《21세기 경제보도》(이하 약칭《21세기》) : 당신은 기업이 합병을 할 때, 어떻게 기업 문화를 통합하느냐가 가장 중요하다고 말한 적 있다. 그런데 만약 합병 대상의 기업문화가 자신의 기업문화와 절대 융합될 수 없다면 어떻게 할 것인가?

A. 웰치 : 당장 돌아가서 합병을 중지해라 !
기업 합병은 단순히 기업 실적만을 중시할 수 없다. 기업간의 합병은 숫자처럼 단순하지 않다. 가장 중시해야 할 것은 문화 내부의 융합이다. 만약 당신이 합병 대상의 문화와 자신 회사의 기업문화가 차이가 극심하다면, 이 합병은 절대 성공할 수 없다. 아주 오랜 시간이 걸리더라도 이 합병은 성공하기 힘들다.

Q. 《21세기》 : 기업간의 문화융합 가능성은 어떻게 판단하는가?

A. 웰치 : 기업의 외적 조건을 판단의 근거로 삼지 말아라. 이 기업에는 몇 대의 기계가 있고, 몇 개의 사무실이 있는지는 모두 물건일 뿐이니 신경 쓰지 말고, 합병할 기업의 직원들과 많은 회의를 시도해보고, 대화를 나눠라. 합병을 하는 과정 중에서 직원들의 사상이 자신의 기업과 문화적으로 일치하는지를 느끼면 된다. 문화 융합에 더 많은 힘을 쏟으면, 숫자에는 덜 중시하게 된다.(기업 실적, 종합 능력) 이렇게 되면 합병 성공률은 높아질 것이다.

Q. 《21세기》 : 당신은 제너럴 일렉트릭에서 재임한 기간 동안 엄청 많은 기업의 합병, 인수를 성사시켰다. 그렇다면 매번 철저히 상술한 관념을 지켰는가?

A. 웰치 : 그렇다. 제너럴 일렉트릭에 근무하는 직원들은 모두 이것을 기본 원칙으로 삼는다. 합병이 성사되기 전에 이 회사의 리더는 누가 될 것인가를 분명히 해야 한다. 절대로 합병이 성사된 후 누가 이 회사의 사장과 회장이 될지를 결정해서는 안 된다. 반드시 직원들은 각자 자기의 위치에서 근무해야 하고, 합병이 성사되고 몇 년 후에 다시 누가 사장이 될지를 임명해서는 안 된다. 그리고 기업을 당신 개인의 것이라 생각하지 말고, 기업은 그들의 것이기도 하다는 것을 명심해야 한다. 또한 당신이 얻고자 했던 가장 가치 있는 물건, 특히 합병된 회사의 직원들의 천부적인 재능을 찾아내야 한다.

Q. 《21세기》 : 제너럴 일렉트릭에 합병된 회사들에게 당신은 그들로 하여금 GE의 기업문화에 적응하라고 하는가, 아니면 새로운 문화를 창조하

라고 하는가?

A. 웰치 : 우리는 결합된 새로운 문화를 창조해내려고 시도할 것이다. 그러나 우리는 잘 알고 있다. 일반적으로 새로 합병한 회사는 동일한 재정 금융과 인력자원을 사용한다. 만약 새로 합병한 회사의 기술이 최고의 선진기술 이라면, 우리는 당연히 그 기술을 사용할 것이다.

통합 : 새로운 인재의 발굴

합병 후의 통합과정 중에서, 발굴된 인재에게 좋은 일자리를 주고, 그들의 재능을 인정해주되, 그들에게 오로지 '나만의 일'이 아니라는 것만 일깨워 주면 된다.

Q. 《21세기》 : 지리그룹은 볼보와 합병한 후, 지리회장은 "지리는 지리이고, 볼보는 볼보이다. 그들은 각자 독립된 회사이고, 그들은 하나의 체계 하에 운영되지 않는다."라고 했다. 그리고 맥킨지의 보고에 의하면, 현재 많은 아시아 기업들은 이와 같은 방법을 채택하는데 당신은 어떻게 생각하는가?

A. 웰치 : 회사마다 모두 각자 처리하는 스타일이 있다. 중국회사는 아마 볼보를 관리할 능력이 안 된다고 생각했고, 볼보도 아마 그렇게 생각했을 것이다. 그러나 이런 상황에서 합병 측은 기술교류의 기회를 놓치게 되고, 재무부는 자본 이익을 상승시키는 기회를 잃게 되며, 인사관리부는 인재 개발의 기회를 놓치게 된다.

그러나 다르게 생각하면, 볼보를 직접적으로 관여하지 않는다면 아마 이것도 성공의 방법일 것이다. 왜냐하면 그들은 적은 인재로 모든 일은 해낼 수 없기 때문이다.

Q. 《21세기》 : 어떤 사람은 이것이 젓가락과 포크가 만나는 첫 번째 기회라고 생각한다. 이 두 회사는 각자 장점을 갖고 있다. 그러나 만약 그들의 합병이 좋은 성과를 내지 못한다면, 아마 적지 않은 문제들이 생겨날 것이다.

A. 웰치 : 그런데 어째서 볼보를 직접적으로 관여 안 하는 것인가? 이럴 거라면 왜 볼보와 합병을 한 건가? 어째서?? 당신이 나한테 알려줄 수 있겠는가? 볼보의 인재 때문인가, 아니면 기술? 혹은 시장 때문에?

Q. 《21세기》 : 합병 후, 각종 원인으로 인해 몇몇 직원들이 해고를 당했을 수도 있었을 텐데 당신은 이때 어떻게 했는가?

A. 웰치 : 만약 그 직원들이 우수하고, 충분히 인재로 성장시킬 수 있었다면 우리는 그들에게 알맞은 일자리를 주었을 것이다. 원인은 여기에 있다. 만약 당신이 우리 회사를 인수했는데 나에게 좋은 일자리를 주지 않는다면, 나는 몹시 화가 났을 것이다. 이런 상황에서 우리는 각 부서 마다 그 자리에 가장 적합한 사람을 선택했을 것이다. 우리가 합병 후 얻은 인재들은 거의 모두 자회사의 경영 관리층이 되었다.

Q. 《21세기》 : 당신은 기업 합병을 하면서, 어떻게 직원들의 천부적인 재능을 발굴했는가?

A. 웰치 : 그들에게 좋은 일자리를 주고, 그들의 재능을 믿었다. 그리고 그들에게 나를 위해 일하지 말고, 자신을 위해 일하라고 했다.

Q. 《21세기》 : 당신은 제너럴 일렉트릭에서 일한 것에 대해 스스로 어떻게 평가를 하는가?

A. 웰치 : 우리는 세계에서 시가가 가장 높은 기업을 만들었다. 그러나 이것은 내 개인의 성과가 아니다. 모든 제너럴 일렉트릭 직원들의 노력의 결실이다.

원문 출처 《21세기 경제보도》, 2011년 9월

🚙 리우챤즈 : 나는 웰치를 따라갈 수 없다

리우챤즈의 우상은 GE(제너럴 일렉트릭)의 잭 웰치이다. 리우챤즈가 리엔샹 그룹을 설립하고 지금까지 리엔샹은 크고 작은 합병을 했다. GE식의 방법을 이용해서 회사 확장을 실현시켰다. 웰치처럼 리우챤즈 역시 '위대한 기업'이 되기를 희망했다. 그리고 열심히 노력하여 리엔샹을 '위대한 유전자'로 만들었다.

"나는 웰치를 자세히 연구했었다."고 리우챤즈는 말했다. 다원화 전략은 제너럴 일렉트릭의 한 가지 '전통'이고, 웰치는 이런 전통을 전력시스템에서부터 항공엔진까지, 플라스틱에서부터 조명까지, 금융 서비스에서부터 전자비즈니스까지 남김없이 그 능력을 발휘했다. 웰치 시대의 제너럴 일렉트릭은 실력이 막강한 회사가 되었다. 웰치는 '크고 온전한 것'을 추구하고, 리우챤즈가 바라는 것은 업무를 정확하고 완벽하게 하는 것이다. 다원화에 대해서 우리가 희망하는 것은 수년간의 노력을 통해서 이 업종에서 최고가 되는 것이다. 만약 안 된다면, 우리는 이 사업을 매각해버릴 것이다.

까다로운 인사
Intractability of
Personnel Management

국제 합병 후, 인재 유실 비율은 평소보다 12배로 증가한다. 젊은 중국기업 과 노련한 유럽기업이 손을 잡으면, 한바탕 '인사 지진'이 일어난다. 과연 어떻게 해야 해결이 될까?

제4장

까다로운 인사
Intractability of Personnel Management

세계 최고 CEO라 불리는 제너럴 일렉트릭의 잭 웰치는 2001년 퇴직하기 전의 연봉은 1,670억 달러였다. 닛산 자동차 CEO 카를로스 곤의 2009년도 연봉은 980억 달러였다. 골드만삭스 CEO 로이드 블랭크페인의 2010년 연봉은 1,900억 달러에 달한다.

이러한 고액연봉은 사람들의 말문을 막히게 하고, 대기업의 영업 실적 또한 사람들을 놀라게 한다. 이 같은 주요 인물들은 기업에 영향을 미치고, 심지어 한 회사의 발전과 성패를 결정짓는다. 그들의 일거수일투족은 세계의 주목을 받는다. 하버드 대학교 에서는 한 가지 보고를 발표했다. "국제 합병을 하고 5년 후 58%의 고위 관리자들이 회사를 떠난다. 미국 미시간 대학교는 한가지 연구보도를 내놓았다: 합병 후 인재유실 비율은 평소보다 12배 가량 증가한다. 어떻게 선택하고, 육성하고, 핵심인재를 남게 하는지는 기업 합병 후 직면하는 또 다른 한 가지 난제가 되었다."

1. 아오요우 유업의 근심

네덜란드 Hyproca 기업의 래드포
드 공장은 세계에서 가장 오래된 분유
제조 공장 중 하나이다. 그리고 래드포
드 공장에 부속된 하이프로카는 명실
상부한 백 년 전통의 기업이다. 그 역

네덜란드 오베 레이 셀의 캄펜

사를 거슬러 올라가면 115년 전이다. 하이프로카는 네덜란드의 유
일한 유기분유를 생산하는 업체이고, 네덜란드에서 규모가 가장 큰
양분유를 생산하는 업체이다. 그리고 3대 버터 생산업체 이며, 4대
분유 가공업체이다. 2011년 3월 29일 중국 아오요우(澳优)는 네덜란
드 하이프로카 그룹의 주인이 되었다. 이것은 중국 유업이 해외 분
유회사를 합병한 첫 번째 사례가 되었다. 그러나 합병 후 두 달의 짧
은 시간 속에 중국 아오요우 유업 CEO천위엔롱(陈远荣)은 직접 네덜
란드로 건너갔다. 도대체 왜 천위엔롱은 급히 네덜란드로 향했을
까? 그는 이렇게 말했다. "나는 하이프로카의 많은 직원들이 이번
합병에 대해 걱정을 한다는 이야기를 듣고, 황급히 그들을 만나러
갔다. 나는 우리의 노력으로 그들의 마음을 붙잡고 싶었다."

🚚 중국 아오요우 유업의 네덜란드 하이프로카 합병

중국 아오요우 유업 주식회사는 호주의 아오요우 유제품회사와 중국 창샤 (長沙)의 신따신(新大新)그룹과 2003년 9월 공동으로 설립한 합작회사로써, 2009년 10월 8일 홍콩에서 성공적으로 런칭했다. 이 회사는 생산에서부터 판매까지 하는 고급 분유회사로 유명하다. 하이프로카 유업은 1987년 설립되었고, 세계에서 가장 큰 분유 제조업체 중 하나이다. 하이프로카 그룹은 네덜란드에서 유일하게 유기분유를 생산하는 업체이고, 네덜란드에서 가장 큰 규모로 양분유를 생산한다. 그리고 3대 버터 생산업체이자 4대 분유 가공업체이다.

2011년 3월 29일, 아오요우는 기자회견에서 1,600억 유로로 네덜란드 하이프로카 유업의 51% 지분을 인수했음을 발표했다. 그래서 이 회사는 세계 최고의 분유 OEM회사의 지분을 소유하게 되었다. 구체적인 인수방식은 현금을 가지고 아오요우 유업이 하이프로카의 원래 있던 주식을 아오요우 유업의 주식으로 발행했다. 하이프로카와의 합병은 아오요우 유업 설립 이후 가장 큰 기업합병 이었고, 네덜란드 하이프로카는 호주의 TATURA, 프랑스의 nutribio, 중국 아오요우 유업의 우수품질 우유 공급 업체가 되었다.

이 밖에도 하이프로카는 아오요우 유업의 조력으로 네덜란드 다른 유업의 분유가공 자산을 얻게 되었고, 그 자산에는 원유가공, 2.7만 톤을 생산할 수 있는 분무건조기, 상품 저장 및 매출채권 등을 포함한다.

우수한 관리팀을 꾸리는 것은 국제합병의 세례를 거친 후 가장 먼저 필요한 작업이다. 그러나 기업의 입장에서는 경영 통합, 관리 통합, 기술 통합 보다 인력자원의 통합이 더욱 어렵다. 왜냐하면 이 것은 개인 심리, 가치관념, 문화 풍습 및 법률 규정 등 다방면의 요

아오요우 유업CEO 천위엔롱   하이프로카에서 이직을 원하는 두명의 직원

소와 모두 관련되어 있기 때문이다.

천위엔롱의 이번 네덜란드 행은 하이프로카 그룹 수하의 래드포드 공장 직원들의 간담회에서부터 시작되었다. 천위엔롱을 놀라게 한 것은 그들이 간담회 현장에서 합병 후 이직을 생각하는 직원이 있으면 손을 들어보라고 했을 때, 두 명의 네덜란드 직원이 손을 들었다. 이 두 명은 네덜란드 직원 중에서 일반 직원이 아니라 하이프로카 그룹 수하의 래드포드 공장의 부공장장이었다. 중국식 사고방식과 경영방식이 습관된 천위엔롱은 두 사람이 이런 선택을 할 것이라고는 생각 조차 하지 못했다. 특히 공개적인 장소에서 바로 그의 앞에서 사직 의사를 표한 것에 놀랐다.

비록 천위엔롱은 이런 장면을 보고 싶지 않았지만 이직은 기업 합병 후에 겪어야 할 골치 아픈 문제다. 미국 뉴올리언스 로욜라 대학 경영대학원 교수 제프리 크루거는 15년 동안 473건의 합병을 당한 기업과 합병 당하지 않은 기업의 1만 2천여 명의 관리 인사들을 관찰조사 해왔다. 조사 결과 사람들은 합병 후 고위 관리계층의 이

직문제가 보편적인 견해라는 것을 입증했다.

> ☻ 만약 합병을 하지 않은 회사가 1년에 1명의 책임자를 잃는다면, 합
> 병을 당한 회사의 상황은 이와 전혀 다르다. 합병 1년 후 어떤 회사는
> 25%의 책임자를 잃게 되고, 이직률은 평소보다 3배 정도 상승한다.
> 합병 2년 후 그 회사는 15%~18%의 책임자를 잃게 된다. 그래서 합병
> 후 2년이란 시간 동안 회사는 40%~45%의 책임자를 잃게 되는 것이
> 다. 미국 뉴올리언스 로욜라대학 경영대학원 교수 제프리 크루거

한 쪽은 100년 전통의 명실상부한 기업이고, 한쪽은 이제 막 8살
이 된 우유회사이다. 이렇게 나이차가 현저히 나는 '노인과 아이'커
플은 하이프로카 직원의 승낙을 받을 수 있을까? 몇몇 직원들은 왜
떠나려고 하는가? 그들의 걱정과 우려는 대체 무엇일까? 천위엔롱
은 어서 빨리 답안을 찾고 싶었다.

네덜란드 하이프로카 그룹의 래드포드 공장 부공장장인 더크는
손을 든 사람 중 한 명이었다. 그는 말했다. "내 개인적인 걱정은 합
병 후 모든 것이 바뀌는 것이다. 왜냐하면 아시아 방식의 관리 방식
의 개입이 있을 것이기 때문이다. 우리는 영어로 보고 하는 것을 원
하는데 합병 후 중국어로 보고를 해야 한다면, 그것은 정말 너무 어
려운 문제다."

더크는 생산과 기술을 담당한다. 그
리고 더크와 동시에 손을 든 리차드는
하이프로카 그룹에 관련된 판매업무를
담당하는 책임자다. 그는 말했다. "네
덜란드와 유럽의 기타 국가의 TV 뉴스

합병 후 하이프로카의 작업복 마크

보도 중 중국에 관한 보도가 엄청 많다. 우리는 그들이 어떻게 일하
는지 뉴스를 통해 알게 되었다. 예를 들어 중국 직원은 사장에게 많
은 질문을 할 수 없는데 우리 유럽은 그렇지 않다. 나는 흑과 백을
가지고 그 차이를 설명할 수 있다."

만약 우리가 하이프로카 합병을 하나의 큰 기계라고 생각한다면,
가장 중요한 부분은 직원이고, 이것이 기계를 구성하는 부분이다.
천위엔롱은 이 두 명의 부공장장이 하이프로카란 기계에서 가장 중
요한 부속품 중 하나라고 생각되었다. 일단 그들이 떠나면 하이프
로카 기계는 정상으로 가동할 수가 없게 된다.

합병을 당하는 기업 직원의 마음은 복잡하고 걱정되는 것이 당연
하다. 이런 그들의 목소리는 천위엔롱을 일깨워 주었다. 먼저 지도
자를 안정 시켜야만, 다른 직원들을 붙잡을 수 있다. 그렇다면 천
위엔롱은 어떻게 그들 마음속의 먹구름을 거둘 수 있을까?

천위엔롱은 회의상에서 정중히 대답했다. 미래의 하이프로카는
세 명의 대주주의 의견 중심으로 경영될 것이고, 동시에 관리계층
의 의견 또한 존중 할 것이다. 그리고 하이프로카가 현재 시행하는

관리와 사업 방식을 따라 경영 할 것이다. 그렇지만 천위엔롱의 정중한 대답에 대해 네덜란드 직원들은 여전히 근심이 가득했다. 리차드는 말했다. "천위엔롱이 관리 방식을 그

오성홍기가 걸어져 있는 하이프로카 건물

대로 유지하겠다고 했으나, 우리는 다른 영역에서 분명 교체가 있을 거라 생각돼서 걱정이다. 예를 들어 중국 직원들이 점점 우리의 자리를 차지하는 것이다. 하지만 우리가 가장 우려하는 것은 우리의 기술을 중국에 가져가는 것이다. 그렇게 되면 우리는 정말 일자리를 잃게 된다."

네덜란드 직원의 마음을 붙잡기 위해서 천위엔롱은 확실한 세 가지 약속을 했다.

첫 번째, 현재의 관리 방식을 바꾸지 않겠다.

두 번째, 사람을 파견해서 현재의 관리 방식에 간섭하지 않겠다.

세 번째, 현재 운영되고 있는 공장을 닫게 하지 않겠다.

천위엔롱은 국제 합병 중에서 가장 까다로운 문제가 인사문제라는 것을 잘 알고 있었다. 작은 불씨 하나가 화재를 일으킬 수도 있는 것처럼 말이다. 하지만 이런 약속은 문제를 해결하는 최선책일까?

2. TCL그룹의 프랑스 진통

2004년 TCL그룹은 유럽의 톰슨브란트사의 컬러TV 사업을 인수했다. 그래서 단숨에 세계 최대 컬러TV 제조업체가 되었다. 그러나 기쁨도 잠시 TCL은 씹기 힘든 뼈 하나를 삼켰다. 국제화의 진통은 강렬하게 반응이 나타났다. 2006년 8월의 어느 날, 톰슨브란트사와 합병 2년 후, 까다로운 인사 문제를 해결하기 위해서 파리로 가게 된 리동성은 프랑스 공업부 부장의 사무실로 찾아간다.

2005년과 2006년에는 매년 20억 위엔에 달하는 손해가 생겼고, 리동성은 어쩔 수 없이 유럽사업을 재편성 한다. 개편 계획의 핵심 내용 중 하나는 구조조정이었다. 그러나 리동성이 예상한 것과 달리 프랑스에서의 인원감축은 생각만큼 그리 쉽지 않았다. 특히 리동성이 이해할 수 없는 것은 합병 전 자신이 알지 못했던 법규와 잠재된 규정이 있었기 때문이다. 그는 말했다. "이론적으로 말하면 우리는 대부분의 사람들을 해고 시키고, 그 해고된 사람들에게 보상을 해준다. 그리고 남겨진 일부의 사람들에게는 그 자리를 유지시킨다. 그러나 프랑스의 '잠재된 규정'은 우리가 이렇게 하는 것을 허락하지 않았다. 만약 우리가 그 중 일부의 사람을 채용하려면, 반드시 우선적으로 일자리를 찾기 어려운 사람부터 채용해야 한다. 이렇게 되면, 우리가 채용하는 사람들은 가장 경쟁력이 없는 사람이라는 것을 의미한다."

프랑스 정부가 요구하는 것은 약자의 보호이다. 그래서 늙고, 약하고, 병들고, 몸이 불편한 사람은 해고해서는 안되고, 젊고 가장 가치 높은 사람을 먼저 해고시켜야 한다. 과연 리동성의 프랑스행은 프랑스 부장으로부터 특별한 허락을 받을 수 있을까?

프랑스 부장은 리동성에게 충분히 당신의 마음을 이해하지만, TCL의 계획대로 하는 것은 무리가 있으며, 비록 법률상 기업의 감원 방법에 대한 금지조항은 없지만, 만약 TCL이 이렇게 할 경우 반드시 많은 어려움이 있을 것이라는 답변을 했다.

TCL 톰슨브란트사가 진정 필요로 하는 직원을 만류하기 위해서, 리동성은 대담한 결정을 내린다. 모든 사람들에게 해고에 대한 보상을 하고, 다시 새로운 회사를 설립하고, 다시 이 사업을 시작하는 것이다. 당시 TCL 톰슨브란트사의 유럽 판매 경영계통에는 450명의 직원이 있었다. 리동성의 결정은 우선 이 450명의 감원비용을 지불하고, 그들을 모두 해고시킨 후 다시 시작하는 것이다. 그리고 능력 있는 직원을 복직시키는 것이다.

당시 TCL이 선택한 방법은 450명 모두에게 해고비용을 지불하고, 그 중에서 30명을 복직시키는 것이다. 이렇게 한 것은 감원을 위한 정리해고가 아니라 새로운 방법으로 법적 제재를 받지 않고, 관리방식을 고수하려고 한 것이다. 왜냐하면 사업규모를 비슷하게 유지하려면, 이렇게 많은 사람들이 꼭 필요하기 때문이다.

❧ 이런 결정을 내리기까지 나는 무척 힘들었다. 당시 우리는 집안에 있는 숨겨둔 재산까지 모두 가지고 나와서 부족한 부분을 채웠다. TCL 그룹 회장 리동성

결국 TCL은 유럽사업의 재편성을 위해 2.7억 유로에 달하는 비용을 지불했다. 그 중 대부분은 직원을 배치시키는 비용이었다. 평균 해고비용은 개인당 10억 유로를 넘었다. 이 금액은 단순히 월급에 대한 보상이 아니라 해고된 직원들이 일자리를 찾을 수 있게 도와주는 것까지 포함한 비용이다. 만약 창업을 하려는 직원이 있으면, 일부분의 창업비용을 제공해주고, 취업을 위해 면접을 볼 때 지출하는 숙박비, 집세까지도 보조금을 제공했다.

○········🚚 **프랑스의 해고 보호제도**

해고보호는 노동권의 내용 중 하나로써, 사회법중의 생존권 보장원칙에서 근거한 것이다. 해고보호는 해고의 권리가 국가 법률의 제약을 받는 것을 가리키며, 이러한 제약은 고용주에게만 적용되며, 고용자는 적용이 안 된다. 대륙법계 국가로써 프랑스는 다른 해고보호 방식을 가지고 있다. 고용주의 해고권에 대한 제한 정도 역시 각각 다르다.

동바오화(董保华)등 학자들의 연구에 의하면, 프랑스는 정기 노동계약과 비정기 노동계약으로 나눠진다. 정기 노동계약 해지는 만약 계약 기간 만료가 되지 않았을 경우 고용주와 고용자는 절대 독단적으로 계약을 해지할 수 없다. 그렇지 않으면 계약위반의 책임을 져야 한다. 비정기 노동계약 해지는

고용주의 공상 경영자유와 자유관리의 이념을 기초로 한다. 프랑스는 1973년 이전의 노동법이 노동계약의 해지가 고용주의 특권이며, 이와 반대로 고용자는 단독으로 계약을 해지하는 권리가 없다고 판단했다. 그래서 1973년 7월 13일 이후 프랑스 법률은 노동계약 해지에 관한 개혁을 진행했고, 쌍방 당사자가 단독으로 계약의 관계를 해지할 수 있는 원칙을 만들었다. 계약해지의 실질적인 이유와 절차를 필요로 하는 고용자에게 유리한 원칙을 만들었다. 1982년, 1986년, 1989년에 프랑스는 재차 노동 계약해지 규정에 대해 구체적인 사항을 보완했다. 프랑스 대통령 미테랑의 집권 후, 1982년 고용주는 종교적인 이유로 고용자를 해고하는 것에 대한 금지를 입법화 했다. 프랑스 노동법은 노동계약의 해지를 크게 두 가지로 나누는데 개인적인 원인의 해지와 경제 원인의 해지이다.

1973년 7월 13일에 개정된 법률에 따라서 기업 규모가 크던 작던 개인적인 원인으로 해고하는 것은 반드시 '실질적인 엄격한 이유'가 있어야 했고, 그 이유가 해고하는 법적 사유가 되었다. 프랑스는 고용주의 해고권 행사에 대해 개괄적인 규정을 시행하고, 법관의 사후판결을 첨가시켜서 해고원인이 규정과 합당할 때 고용주는 해고권을 행사할 수 있다. 해고권을 남용 했을 시에는 기소되어 법관의 판결을 받게 될 수 있다. 프랑스 법관은 노동법률편 제112-14-3조에 따라 잘못 정도를 감독하고 판단한다. 이 점을 고려하면, 어떠한 노동계약, 단체계약 혹은 협의 심지어 기업 내부의 규정까지 모두 사전에 이런 종류의 잘못된 구성 '엄중한 과실'을 규정하고, 고용주는 고용자를 해고할 수 있다. 고용주와 고용자는 합법적인 해고 이유를 가지고 판례를 거친 후 각자 행동을 할 수 있다.

이 밖에도 프랑스는 1967년 7월 13일에 엄중한 잘못이 없고, 근무기간이 만 2년이 되는 직원이 해고당했을 때 최저 액수의 해고비용을 받을 수 있는 법령을 개정했다. 1978년 1월 19일에는 해고비용에 대한 액수를 늘렸고, 그 액수 크기는 고용자의 해고 전 임금수준에 따라 결정된다. 법정 해고비용의 지불은 고용자의 기업 근무 연한에 따라 계산된 액수보다 적어서는 안되고, 시간에 따라 계산된 임금은 20시간의 임금보다 적어서는 안되며, 개월 수에 따라 계산된 월급은 1/10보다 적어서는 안 된다. 해고비용 계산 임금은 고용 전 마지막 3달의 평균임금을 표준으로 한다.

홍치그룹 창시자 스펀롱

24년 전 이제 막 국제 합병의 발걸음을 내디딘 중국 대만 홍치(宏碁)그룹은 미국 카운터 포인트를 인수했다. 얼마 후 카운터 포인트는 심각한 인재위기가 생기고, 관리직원과 연구직원의 유실이 막대해진다. 그러나 홍치는 국제기업 관리인재가 부족해서, 이 구멍을 메울 수 없었다. 3년이 지난 후 5억 달러의 손실액이 발생했다. 1989년에 홍치는 어쩔 수 없이 투자를 취소하며, 이 합병의 실패를 선언한다.

🚚 홍치그룹의 합병의 우여곡절

홍치그룹(Acer)은 1976년에 중국 대만에서 설립된 회사로, 세계 500강 안에 드는 노트북 브랜드회사이다. 그러나 홍치의 합병으로 가는 길은 너무도 울퉁불퉁해서 차마 돌이키기 싫을 정도다. 홍치가 최근 진행한 합병은 2007년 7.1억 달러로 미국 4대 PC기업 Gateway를 인수한 것이다. 홍치는 20세기 90년대 여러 번 해외시장으로 진군했지만 모두 이상적인 합병 효과를 보진 못했다. 이전의 실패한 경험을 고려해서, 밍치가 지멘스 휴대폰 사업을 인수할 때, 홍치 내부 주요 관리자는 밍치사에 신중히 검토하도록 권고했다.

1987년 홍치는 적극적으로 미국시장에 진출했다. 700만 달러로 미국 (Counter Point)컴퓨터를 인수하고, 미니컴퓨터 영역에 진입하게 된다. 그리고 1998년에는 150만 달러로 SI회사를 인수한다.

1998년 홍치는 초대 회장 리우잉무(刘英武)가 출현한다. 그는 IBM출신으로 외국인의 기업 통치이념과 적극적인 정선을 강조하고, 1990년에는 9,400만 달러로 알토스(Altos Computer Systems)의 전체 지분을 매입한다. 재차 재통합을 추진하기 위해서 내부는 큰 충격을 받게 된다. 홍치와 알토스의 문화차이는 너무 컸다. 쌍방은 통합에 실패했고, 홍치는 1991년 해외사업의 중대한 손실을 입고, 리우잉무는 조용히 자리를 떠난다.

홍치는 합병에 성공하지 못했다. 1995년 미국이 출시한 Aspire 컴퓨터가 가진 서비스 일환이 미흡해서 백엔드(프로세스의 처음과 마지막 단계) 부분의 생산, 운송, 수리방면에서 완벽한 통합이 이루어지지 않았다. 그래서 창업이래 처음으로 6억 대만달러의 적자가 생겼고, 홍치는 씁쓸한 마음으로 미국시장에서 퇴장했다. 이 실패는 심지어 하버드대 경영대학원의 교재가 되었다고 한다. 노트북이 점점 떠오르는 추세일 때, 홍치는 1997년 미국 텍사스 인스트루먼트의 노트북 사업을 사들이고 더키(durkee)로 개명한다. 그리고 다음해 이 회사의 전체 주식을 모두 매입한다. 1998년 홍치는 원래 계획대로 6억 달러로 독일 지멘스의 노트북사업을 사들이지만, 쌍방의 합병 금액협상이 결렬되어 결국 인수를 하지 못한다.

여기에서는 한 가지 특이한 케이스를 소개하겠다. 1997년 BMW 사가 롤스로이스를 주머니 속에 넣으려고 했다. 그러나 양측 관리 방식 등의 충돌로 인해 많은 핵심 인재와 고위 관리자들이 회사를 떠났다. 결국에는 BMW는 54억 달러이라는 거액의 대가를 치르고, 롤스로이스를 매각하며, 이 뜨거운 '고구마'를 버려버린다.

바클레이 회사 건물 – 리먼 브라더스의 파산 후, 바클레이는 북미사업을 맡게 되었다

2008년 9월 월가에는 두려움이 급습했다. 유명한 투자은행 리먼브라더스가 파산된 후, 아시아와 유럽사업은 일본의 노무라증권의 주머니 속으로 들어가게 된다. 인재들을 만류하기 위해서, 노무라증권은 2년 내에 수백 명의 前리먼 직원들의 급여와 보너스를 지급하고, 금융위기 전의 가장 높은 수준을 유지한다. 고액의 보너스는 사람들을 놀라게 했다. 노무라가 선택한 방법은 비록 인재들을 남게 했지만, 자본금을 대폭 상승시켰다. 2009 재정연도에는 노무라증권의 급여가 이윤의 15.7%를 차지했고, 사업 평균수준보다 훨씬 높았다. 기업은 도대체 어떻게 인재들을 끌어들이고 붙잡을 수 있을까?

3. "격려"의 정의

1. 관리방식을 바꾸지 않는다.
2. 중국측 주재원을 파견하지 않겠다.

3. 공장문을 닫지 않겠다.

이것은 중국 아오요우 유업 CEO 천위엔룽이 네덜란드 직원들에게 내놓은 신중한 답변이었다. 천위엔룽은 직원들은 안심시켰다고 생각했지만, 이것은 겨우 한 발자국 내디딘 것이었다. 이런 대답 말고, 더욱 필요한 것은 제도를 공고히 하는 것이다. 그렇다면 어떤 제도를 확립해야 할까? 네덜란드 직원들과의 간담회가 끝나갈 무렵 천위엔룽은 처음으로 회사 고위 관리들에게 그의 선물옵션에 관한 계획을 이야기 한다. "여기 앉아있는 모든 직원들은 회사의 미래발전에 공헌을 위한 분들이기에, 회사는 선물옵션의 격려제도를 구상하고 있습니다."

○········🚙 선물옵션제란?

> 선물옵션제는 기업의 소유자가 경영자에게 격려의 의미로 제공하는 일종의 보수제도이다. 일반적으로 기업의 고위 관리자들에게 주는 일종의 권리이고, 그들이 특정 기한 내(일반 3년~5년) 예정된 가격으로 기업의 보통주를 구매하는 것이다. 이러한 권리는 양도할 수 없지만, 구매한 주식은 시장에서 팔 수 있다.

천위엔룽이 이야기 한 선물옵션제는 20세기 80년대 중후 반에 미국이 만든 일종의 기업 고급인재에게 주어지는 제도와 방식이다. 어떤 사람은 회사가 고급인재에게 주는 '금수갑'이라고도 한다. 그러나 일반적으로 주가가 상승할 때 비로서 스톡옵션이 관리자에게 이익이 발생하지만, 만약 주가가 하락하면 가지고 있는 주식은 가치가 없어지게 된다. 이것은 관리층의 이익과 지분의 이익이 결합되는 책략이다.

2004년 리엔샹은 12.5억 달러로 IBM의 개인 컴퓨터사업을 인수했다. 세계 3대 컴퓨터 업체가 중국에서 탄생되었다. 이와 동시에 1만 명의 IBM직원들은 리엔샹에 합류했

리엔샹이 인수한 IBM 컴퓨터 사업

다. 그렇다면 인수합병은 도대체 무엇을 인수한 것인가? 리엔샹의 답안은 "인수한 것은 기술, 상품, 세계시장이다. 그러나 더욱 중요한 것은 세계를 운용할 수 있는 관리팀을 인수한 것이다."였다.

🐞 만약 사람이 가버리면, 아무것도 소용이 없다. 당시 리엔샹이 IBM 관리팀을 보류한 계획은 정말 긴장감이 넘쳤다. 리엔샹 그룹 부총재 마쉐쩡

🚚 선물옵션제의 기원과 발전

스톡옵션의 기원은 미국이다. 20세기 80년대부터 지금까지 미국의 여러 회사들은 이 제도를 실행하고 있다. 사장들은 이런 방식을 통해 고위 관리인재의 이익과 회사의 이익 결합을 희망한다. 관리계층을 격려하는 방법은 매 회사마다 각기 다른 방법을 가지고 있다. 20년 전의 추세는 회사의 계급 구조 중에서 고위관리층을 격려하는 방안은 줄곧 하향 조정되었다. 중간관리자

들에 대한 격려포상은 항상 이 관리자들이 근무하는 부서의 운영상황에 따라 지급되었고, 또는 회사의 재무상황에 따라 결정되었다. 통계에 의하면, 미국 3%의 기업은 핵심층(회장, 수석집행관)과 경영관리자(부총재,재무관리자)들 에게만 격려 방안을 시행했다. 42%의 기업은 중상관리층에게 격려방안을 시행하고, 겨우 3%의 기업만이 모든 직원들에게 격려방안을 시행했다. 미국이 제도를 시행한 후, 세계 여러 국가의 기업들도 하나 둘씩 이 제도를 모방하기 시작했다. 어떤 자료에서는 전세계 500위권의 대기업 중에서 최소한 89%의 기업이 경영자에게 스톡옵션 제도를 시행한다고 밝혔다. 어떤 사람은 주식을 보유한 회사가 주식을 보유하지 않은 회사보다 생산력이 1/3 높다고 추산했다. 그리고 일본의 주식회사는 종업원 지주제도를 도입했다.

선물옵션제는 직원들을 위한 '금수갑'이라고 불리기도 한다. 그 이유는 직원들을 결속시키고 함께 중시하는 특징을 나타내기 때문이다. 만약 기업의 운영상태가 좋으면, 회사의 주가는 상승하고, 옵션보유자는 수중에 있는 주식의 차액으로 거금을 얻게 된다. 이것은 무의식 중에 관리자들을 심리적으로 회사 경영에 매진할 수 있는 원동력을 심어준다. 국유기업에서는 기업을 잘 운영하고 못하는 것과는 무관하게 관리자들과 기업 모두 발전과정 중에 이익을 얻을 수 있다. 그리고 매취청구권은 관리자들의 거액의 자금과 심지어는 가산 혹은 은행의 대출금까지도 점용할 수 있다. 만약 회사 실적이 급락하면, 옵션보유자는 덩달아 재난을 겪게 되기 때문에 관리자들로 하여금 자아의 결속을 강화시키고, 자신의 경영에 대한 책임감을 줄 수 있고, 부주의와 실수로 인해 발생된 회사의 손실을 감소시킬 수도 있다. 물론 주식보유는 반드시 자신의 재산으로 사는 것이고, 무상주나 단순한 격려가 아니다. 그리고 관리자들의 경영실패의 책임은 단지 더 많은 이익을 창출하지 못한 것에 대한 것이지 그들의 자산에는 어떠한 손실도 없기 때문에 그들의 결속력은 그다지 세지가 않다.

그렇다면 어떻게 해야 IBM의 인재를 남게 할 수 있을까? 합병을 성공시키기 위해서 IBM은 당시 3,500만 달러의 현금을 내 놓았다. 이 돈은 전적으로 직원을 격려하고, 고급인재들을 만류하기 위해서 였다. 이 3,500만 달러 외에도 IBM은 다시 한번 놀랄만한 결정을 했다. IBM은 기존의 3,500만 달러에 2,200만 현금을 더해서 고위 관리팀 중 가장 고위층의 열 몇 명을 회사에 남게 했다.

그러나 이러한 계획은 최후의 방법이고, 먼저 현금으로 장려한 후 리엔샹이 준비한 세계에서 통용되는 '금수갑'이 있었다. 그래서 손해의 원인은 IBM의 주가 하락으로 인해 고위 관리팀 수중의 선물옵션은 무용지물이 되었고, 가치 없는 종이 조각이 되어버렸다. 리엔샹은 3500만 정도의 리엔샹 주식으로 IBM 고위관리팀 수중의 IBM주식을 교환하기로 결정했다.

까다로운 인사 문제에 대해 기업은 모두 제각기 방법을 가지고 있다. '금수갑'은 확실히 좋은 선택이다. 하지만 중국 아오요우 유업 CEO 천위엔롱이 내놓은 선물옵션 계획은 세 명의 대주주의 반대를 받았다.

천위엔롱과 두 주주의 논쟁

🚐 케임브리지대학 경제과 교수 장하준이 말하는 '격려'

사실 비록 많은 회사들의 경영권과 소유권이 분리되어 있지만, 그 회사가 국유기업이던 사유기업이던 그들은 운영을 모두 잘한다. 기업의 관리가 잘 되는 것보다 개인에게 물질적인 격려를 해주는 것이 더욱 중요하다고 나타났다. 개인의 이익은 인류의 유일한 추구가 아니다. 회사에서 근무하는 사람들은 '자기에게 이익을 주는 것(급여,권력)'의 격려뿐만 아니라 기업에 대한 충성심, 동료에 대한 책임감, 프로정신, 성실, 존엄, 근무윤리와 기타 많은 도덕 이념을 모두 포함한다. 국유기업은 별도의 격려 외에도 애국주의, 공공서비스에 대한 헌신, 사회정의에 대한 관심, 최고기업에서 일하는 자부심 등을 고려해야 한다. 이러한 격려는 매우 중요하고, 우리는 오히려 이것에 대해 보고도 못 본 척 하고 있다.

네덜란드 하이프로카 기업의 수석운영관 벤 퍼셀은 하이프로카의 3대 주주 중 한 명이다. 합병 전 벤, 바터, 이즈는 공동으로 하이프로카 기업의 100%의 지분을 소유하고 있었다. 육안으로는 천위엔롱과 벤의 호흡이 잘 맞았다. 그러나 매번 회담 전에 벤과 천위엔롱은 단독으로 만나 소곤소곤 이야기했다. 회담을 할 때마다 구석에 앉은 벤은 항상 중요할 때만 나섰고, 제 때에 천위엔롱과 네덜란드 직원 간의 의견차이를 중재했다. 그러나 어째서 계속 한마음 한뜻으로 노력한 천위엔롱과 회의에 참석한 직원들은 선물옵션 문제에 관해서는 극과 극의 차이를 보이는 걸까? 회의상에서 천위엔롱과 두 명의 주주의 논쟁 중에서 재차 이 문제가 불거졌다.

☻ 나는 이미 우리가 유익한 격려제도를 가졌다고 생각한다. 그래서 나는 선물옵션에 대해서는 반대하는 입장이다. 네덜란드 하이프로카 기업 주주, 수석운영관 벤 퍼셀

☻ 선물옵션 격려는 글로벌 그룹에게 있어서 일반적인 방법이며, 직원을 관리하고, 격려하는데 가장 효과적인 방법 중 하나이다. 중국 아오요우 유업CEO 천위엔롱

☻ 만약 관리계층이 신주 우선권에 관심이 없다면, 돈을 버는 것에 관심이 있을 것이다. 네덜란드 하이프로카 기업 주주 이즈

양측이 여전히 각자 의견을 고집하고, 양보하지 않는다면, 다시 협상을 해도 아무 소용이 없다.

☻ 내 생각으로는 주주들이 우려하는 것은 통제권의 상실이다. 그 이유는 소유한 경영권과 관리권은 모두 관리층을 통해서 실시되기 때문이다. 중국 아오요우 유업CEO 천위엔롱

☻ 우리가 바라는 것은 확실히 누구에게 주식을 처분하는지, 또 누구에게 상여금을 주는지를 정확히 아는 것이다. 우리는 지나치게 간섭할 수 없으며, 우리 또한 이익충돌이 발생하는 것을 원하지 않는다. 네덜란드 하이프로카 그룹 주주 벤 퍼셀

천위엔롱이든 하이프로카의 기타 주주이든 그들은 모두 회사의 핵심인재가 남기를 희망한다. 그러나 그들은 자기의 관점을 고수할

수 있다. 그들은 어떻게 공통된 합의를 달성하고, 방금 손을 잡은 합작 파트너와 어떠한 방법으로 시련을 극복하는지가 가장 중요하다.

> ❧ 합병 진행 과정 중에서 인재를 남게 하려면, 급여는 단지 일부분의 문제이고, 이밖에 많은 일들을 해결해야 한다. 예를 들어 조직구성의 합리성, 관리방식의 적응과 조정, 알맞은 인사배치 등등이다. 끝까지 남기려는 사람은 종합적인 체계를 갖춘 직원이다. 타워스왓슨 자문회사 중국 회장 위엔링즈

> ❧ 고위 관리층을 통합하려면 금전적인 격려는 중요하다. 그러나 가장 중요한 것은 그들에게 회사에서 더욱 높고 좋은 자리를 주는 것이다. 그들로 하여금 예전과 같은 권리를 부여해서, 그들이 토론하고 결정하는 권리를 확보시켜 주는 것이다. 미국 뉴올리언스 로욜라대학 경영대학원 교수 제프리 크루거

어떤 사람은 "사람은 많은 이해를 필요로 하고, 또 정말 어렵게 이해한다."고 말했다. 확실히 사람은 세상에서 가장 복잡한 개체이고, 인사문제는 가장 복잡하고 미묘한 일이다.

국제의 속성은 합병 후의 인력자원의 통합을 더욱 복잡하고 어렵게 한다. 기업마다 직면하는 문제는 각각 다르고, 처리하는 방식과 방법도 자연적으로 다르다. 국제 합병이라는 길을 먼저 걸어간 선구자는 순탄한 길이든 굴곡진 길이든, 순조롭든 풍파를 겪었든 그

들이 남긴 경험과 교훈은 모두 소중하고 값지다.

☯ 만약 당신의 걸음걸이가 너무 빠르다면, 직원 관리능력이 따라가지 못할 것이고, 큰 위험이 따를 것이다. 만약 당신의 전략정책에 문제가 없지만, 당신이 충분한 인원을 안배하지 않고, 관리 적임자를 찾지 못한다면, 아무리 좋은 전략이더라도 좋은 결과를 얻을 수 없다. TCL그룹 회장 리동성

☯ 글로벌기업의 운영에 대해서 중국 관리자들이 배워야 할 과정이다. 우리의 현재 운영방식은 국제화, 글로벌기업의 운영경험이 풍부한 국제 인사에게 의존해야 한다. 이 과정에서 우리는 겸손한 자세로 배워야 한다. 리엔샹 그룹CEO 양위엔칭

최근 천위엔롱은 하이프로카 그룹 주주 바터로부터 이메일 한 통을 받았다. 이 이메일의 내용은 결국 천위엔롱이 '봄에 만발한 버드나무 꽃' 향기를 맡게 해주는 소식이었다. 하이프로카 그룹의 대주주 바터는 선물옵션 격려 방안에 대해 승낙했다. 하지만 격려 대상은 어떻게 선정할 것인가? 선정기준은 무엇일까? 미래로 가는 길에는 아직도 많은 난제가 있고, 어린 중국기업은 경험이 필요하다. 국제 합병의 길 위에서 탐구자가 되어 걸어 나가야 한다.

<"아메바 경영법"과 중국기업의 국제화>

이나모리 가즈오(일본 교세라기업 명예회장)

'경영의 신'이라 칭송 받는 이나모리 가즈오는 일본에서 가장 영향력 있는 경영 대가이다. 세계적인 기업 2개(교세라[1], KDDI)의 창립자로써, 그는 자신만의 독특한 경영철학이 있고, 50년의 시간 동안 그는 자신의 경영이념을 몸소 실천했다. 이 글은 이나모리 가즈오가 '2011 이나모리 가즈오 경영철학 광저우 강연회'에서 연설한 내용을 발췌한 것으로, 마침 이나모리 가즈오가 파산한 일본 항공회사(JAL)의 개편사항을 인계 받았을 시기다. 국제합병의 경영 통합문제에 직면한 일본 '경영의 신'의 '아메바 경영법'과 '경천애인'의 경영철학은 현재 세계로 진출하는 중국기업에게 의미를 시사한다.

작년부터 나는 일본 국가의 상징인 일본항공회사(JAL)의 재건에 힘쓰고 있다. 올해 봄 일항에 아메바 경영법 스타일[2]을 도입했다. 그 후 동일본 대

---

1   교세라그룹 수하에는 모두 189개의 회사가 있고, 사업영역은 도자기, 반도체 부품, 태양열 설비, 기계공구, 쥬얼리상품, 서비스 및 네트워크 등 여러 가지가 있다.

2   '아메바'(Amoeba)는 라틴어에서 단세포 원생동물의 뜻이며, 단세포 동물 변형충과에 속한다. 충체는 투명하고 부드러우며, 여러 방향으로 위족을 내밀 수 있어서 형체변화가 일정치 않기 때

지진이 발생했고, 이로 인해 여행객 수는 대폭 감소했으며, 항공업은 막대한 충격에 휩싸였다. 그럼에도 불구하고 일항은 여전히 수익을 올리고 있다. 아메바 경영은 교세라와 KDDI를 세계 500강 기업으로 발전시키는 원동력이 되었을 뿐만 아니라, 일항을 재건하는 과정 중에서 거대한 작용을 발휘하고 있다. 현재 나의 회사는 아메바 경영을 실행하고 있고, 게다가 많은 회사들도 아메바 경영을 도입하기를 희망한다.

아메바 경영은 아래의 세 가지 목적을 실행한다. 첫 번째, 시장과 직접적으로 체결한 정산제도를 확립한다. 두 번째, 경영자 의식을 가진 인재를 육성한다. 세 번째, 경영철학을 기초로 삼는 전직원을 경영에 참여시킨다. 우선 첫 번째 목적은 시장과 직접적으로 체결한 정산제도를 확립하는 것이다. 기업의 리더로서 나는 판매량증대, 비용감소의 원칙에 의해서 경영을 확대시킨다. 그러나 직원 수는 회사 절반의 제조부문을 차지하고, 그들은 판매액을 알지 못한다. 비록 비용 절감에는 많은 노력이 하지만 판매액을 증가시키는 데에는 그들은 관심이 없고, 책임감도 없다. 그런 까닭에 나는 모든 생산과정을 작게 분할한 제조공정 작업부서들로 하여금 제조공정의 수지계산 통해서 명확히 상황을 알도록 했다. 예를 들어 정밀 도자기의 제

문에 '변형충'이라는 이름을 얻게 되었다. 변형충의 가장 큰 특징은 외부환경에 따라 변화하고 또 변화하는 것이다. 계속 자신을 변형시켜서 생존환경에 적응한다. 이나모리 가즈오가 시행한 '아메바 경영'은 관리체제 편성의 셋트로써, 회사의 하나 하나의 '아메바' 소집단을 편성한다. 각각의 소집단은 마치 하나 하나의 중소기업이고, 활력을 유지하는 동시에 '단위시간 계산'이라는 독특한 경영지표를 기초로삼아 철저히 부가가치를 극대화 시킨다. 목적은 최대한으로 직원의 현장 창의력을 발휘시키고, 대기업의 규모와 소기업의 장점을 하나로 합체시키는 것이다.

조부문을 원자재공정, 성형공정, 가마에 굽는 공정과 정밀가공 이렇게 공정 4개의 작업 부서로 나눠서, 각각의 작업부서 간에 회사내부의 매매를 실행하도록 했다. 다시 말해 원자재부서는 성형부서에 원자재를 팔고, 만약 각 공정의 반제품을 다음 공정에 팔면 매매관계가 형성되고, 각 공정은 하나의 독립된 중소기업의 형태로써, 독립된 계산단위가 된다. 동시에 이러한 작업부서는 고정불변하기 때문에 사업의 발전에 따라 단세포 생물인 아메바처럼 분할이 가능해진다. 교세라에서는 이러한 작업부서를 아메바라고 부르며, 이것이 바로 아메바 경영의 유래이다.

판매량증대와 비용감소의 원칙에 따라 아메바 각각의 계산상황은 일목요연할 수 있다. 이것은 교세라의 독창적인 특징이다. 판매와 비용뿐만 아니라 부서들이 매 시간마다 일해서 생산된 부가가치를 계산하기 때문에 각 아메바들의 생산효율을 명확히 알 수 있다. 이런 경영관리 방식이 있기 때문에 가령 시장가격이 대폭 하락하더라도, 즉시 각 아메바들 사이의 매매 가격상에 신호를 통해 아메바들은 소문을 듣자마자 바로 행동에 옮겨서 비용을 절감하는 등의 조치를 취해 상황의 악화를 막는다. 아메바경영은 시장변화의 압력을 직접적으로 회사 내부의 각각의 아메바들에게 전달해주고, 이러한 시장 변동에 대해 회사 전체직원들은 모두 응대할 수 있게 된다. 이것이 소위 말하는 시장과 직접적으로 체결한 경영관리방식이다.

아메바경영의 두 번째 목표는 경영자 의식을 가진 인재를 육성하는 것이다. 교세라는 설립초기 연구개발, 생산, 판매, 관리 등의 모든 부문을 내가 직접 지휘했다. 만약 생산에서 문제가 생기면, 나는 즉시 현장으로 달려가고, 주문서를 받으려면 반드시 내가 직접 고객을 만나고, 고객이 불만이 있거나 혹은 변상을 요구할 때에도 내가 직접 나서서 해결을 해야만 했다. 다시 말해 한 사람이 동시에 여러 가지 역할을 해야만 하는데 그때 나는 정말 눈코 뜰새 없이 바빴다. 이 문제에 대해서 나는 골똘히 생각했다. 만약 나처럼 강한 사람이 나타난다면, 그들도 경영에 대해서 경영자의 자각성을 가졌고, 공동경영자의 책임감을 가졌고, 또 이런 사람들이 점점 많아질 수 있다면 나는 곧바로 이런 인재들을 육성하고 싶었다. 어떤 기업이나 가장 높은 자리의 지도자는 항상 고독하고, 때로는 혼자서 결정을 해야할 때가 있다. 그래서 항상 마음에 자신감이 없고, 특히 나는 당시 경영경험과 경영지식이 없어서 마음속 깊은 곳에서 나와 함께 공동경영자로 일할 파트너가 나타나서, 나와 함께 동고동락할 수 있고, 같이 경영의 책임을 분담할 수 있기를 갈망했다.

회사 규모가 확장됨에 따라 지도자 한 사람이 기업 전체를 관리하는 것이 점점 힘들어 졌다. 만약 기업을 작은 근무 단위로 나눈 뒤, 능력이 특출나지 않는 사람이나 아주 평범한 능력이 있는 사람도 경영을 할 수가 있게 된다. 동시에 회사조직을 작은 단위로 나누고, 그들을 독립된 중소기업의 형태로 만든다면 이러한 단위들의 지도자는 중소기업 경영자와 같은 경영의식을 갖게 된다. 그 결과 내가 예전부터 그토록 바랬던 공동경영자가 육성되었다. 아메바경영의 세 번째 목적은 경영철학을 기초로 삼는 전직원을 경영에 참여시키는 것이다. 교세라를 설립했을 때, 마침 제2차 세계대전 직후였고, 일본사회의 노동자와 자본가의 대립은 심각했다. 어째서 노사간에 이런 대립이 생기는 걸까? 한 가지는 노동자는 자기의 권리만 주장하고, 경영자의 고충을 이해하려고 하지 않는 것이다. 다른 한 가지는 경영자 역시 노동자의 고충을 이해하지 않으려 하고, 그들의 권리 보호에 주의를 기울이지 않는 것이다. 한마디로 말해 노사 양측은 자신의 이익추구에만 집착하고, 공감과 이해가 부족하다. 만약 노사대립을 없애려면 경영자는 노동자의 입장에 서서 그들의 권리를 존중하는 동시에 노동자의 의식을 경영자와 비슷한 수준으로 제고시켜야 한다. 만약 경영자와 노동자가 비슷한 사고방식과 관점을 가지게 되면, 노사대립의 문제는 반드시 사라질 것이다. 어떻게 하면 이 목적을 달성할 수 있을까? 대등한 입장에서 서로 도움을 줄 수 있는 인간관계의 본보기는 바로 가족이다. 이러한 사고를 기초로 나는 교세라 경영철학의 뼛속에 대가족 사상을 심었다. 전체직원이 가족처럼 서로 도와주고, 대립 없이 공동으로 경영하는 것이다. 경영자와 직원을 하나로 단결시키기 위해 나는 교세라 전체직원이 모두 인정한 기업 경영이념을 내세웠다. 전체직원의 물질적, 정신적인 행복을 추구하는 동시에 인류사회의 진보와 발전을 위해 공헌을 했다. 그리하여 직원들은 교세라를 자기의 회사처럼 여겨서 필사적으로 일하고, 경영자들도 온몸을 다 바쳐서 경영에 힘 솟았다. 그 결과 경영자와 직원은 동지이자 가족이 되었고, 한가지 목적을 위해 함께 분투했다.

아메경영에서는 어떻게 아메바를 만드느냐가 성공의 키 포인트다. 여기에도 역시 세 가지 요점이 있다. 첫 번째, 아메바는 독립체로써 단위의 계산을 할 수 있어야 하고, 매매관계를 명확히 알아야 하며, 수입과 지출을 분명히 해야 한다. 이것이 분할된 아메바의 첫 번째 조건이다. 두 번째, 분할된 아메바는 독립된 하나의 회사로써 반드시 기능을 갖추어야 한다. 아메바는 사업을 독립적으로 완성시킬 수 있어야 하며, 경영자로써 현실적으로 일의 가치를 판단할 수 있어야 한다. 그렇지 않으면 분할된 아메바는 의미가 없다. 세 번째, 회사의 전체목표를 관철시킬 수 있어야 한다. 만약 세분된 아메바가 조화를 이루지 않고 제 기능을 못하면 지리멸렬되어, 회사의 전체목표에 도달할 수 없게 되고, 이러한 아메바는 만들어지지 않게 해야 한다. 중요한 것은 아메바는 한번의 분할로 모든 일이 원만히 끝나는 것이 아니다. 아메바가 현재 환경에 적응할 수 있는지, 분할된 아메바가 다시 결합할 수 있는지를 상황에 따라서 살펴보고 조정을 해야 한다. 아메바 조직을 어떻게 분할할 것인지가 가장 중요한 문제이다. 여기에서 실패한다면 아메바는 의미를 잃게 된다. 그래서 아메바 조직의 분할문제가 바로 아메바경영의 시작이자 종결이다.

아메바경영을 실천할 때 중요한 점이 하나 더 있다. 그것은 아메바 사이의 정가이다. 각 제조공정의 아메바조직을 설정한 후에 각 아메바 간에는 매매가 진행되어야 한다. 각각의 아메바마다 모두 자기의 업적과 성과가 높아지길 희망한다. 그래서 아메바 사이의 정가는 아메바경영에 매우 중요하지만 매우 곤란하기도 하다. 물론 최종가격이 있지만 제조공정 간의 매매가격은 객관적인 기준이 없다. 그렇다면 어떻게 아메바 사이의 매매가격을 결정해야 할까? 어떤 상품의 주문을 결정한 후, 최종가격에서부터 앞쪽으로 거꾸로 계산해서 각 공정의 가격을 결정하는 것이다. 아메바 사이의 정가를 판단하는 사람은 반드시 공정해야 하고, 그 부문에서 발생할 수 있는 비용들을 정확히 알고, 얼만큼의 노동력이 필요하고, 상품, 기술의 난이도 등의 문제들을 파악해야 한다. 동시에 사회상식과 대조해서 관련된 공정을 정상적으로 이익을 창출해낼 수 있어야 한다. 아메바경영 중에서 회사는 여러 조직으로 나눠지고, 각자 독립된 계산과 경영을 하기 때문에 자기의 부서가 되도록 많은 이익을 창출해내려고 한다. 이러한 의식은 부서 사이에 논쟁을 쉽게 일으키고, 회사 전체의 화합을 깨트린다. 이러한 모순을 해결하기 위해서는 개체의 이익을 추구하는 동시에 서로가 처한 입장차이를 정확히 판단해야 한다. 다시 말해 각 아메바의 우두머리는 각 부서의 이익을 대표할 뿐만 아니라 교세라기업의 전체 이익을 대표해야 하며, 아메바 모두가 이러한 고차원적인 철학을 가져야 한다. 소위 고차원적인 철학이란 전체직원의 물질적 정신적인 행복을 실현하는 경영이념을 말한다. 이러한 이념을 갖추면 직원들은 자기 부서의 이익을 생각할 뿐만 아니라 파트너의 행복을 실현시키기 위해 우선적으로 회사 전체의 이익을 생각하게 된다.

교세라에서 나는 각종 행사를 이용했다. 모두에게 반복적으로 사람이면 응당 갖춰야 하는 사고방식을 이야기했다. 이러한 철학은 공평, 공정, 정의, 용기, 성실, 인내, 노력, 친절, 겸손, 박애 등 소박한 언어로 설명했다. 아버지, 어머니, 선생님이 알려주신 사람으로써의 기본적인 도덕은 '올바름'이라는 하나의 명제가 답안이다. 이러한 철학이 만약 기업 안에서 모두 공유한다면 아메바는 '이기적인 행위'를 배척할 수 있을 것이다. 이런 악의적인 마음은 착한 사고에 발붙이고 산다. 그들은 회사의 전체이익을 위해서 내가 무엇을 할 것인지 생각하기 시작한다. 그래서 아메바경영의 지도자는 반드시 고차원적인 철학이 있어야 한다. 여기에는 한 가지 이유가 있는데 지도자의 소양을 갖춘 사람은 종종 자기주장이 강한 사람이기도 하다. 그 이유는 자신의 이익을 추구하는 사람은 철학이념을 가지고 자기의 행위를 억제할 필요가 있다. 다시 말해, 제멋대로 판단하는 행위를 제어할 수 있어야 아메바경영이 정상적으로 기능을 발휘 할 수 있다. 그래서 지도자는 반드시 고차원적인 철학을 가진 인격이 아름다운 리더가 기업의 영원한 발전을 보장할 수 있다.

아메바의 운용 중에서 이러한 철학의 영향은 급여제도에 가장 깊게 침투한다. 교세라에서 가령 어떤 아메바가 매우 우수한 실적을 거두었다 하더라도 그것으로 인해 급여가 오르거나 보너스가 지급되지는 않는다. 물론 장기간 근무실적이 우수하다면 평가를 거쳐 급여가 오르거나 승진을 할 수 있지만 아메바의 이익이 많아진다고 해서 급여가 대폭 상승하지는 않는다. 우리는 이러한 급여제도를 채택하지 않았다. 만약 아메바의 실적이 직접적으로 개인의 수입과 직결된다면 직원들은 단기간의 실적은 소홀히 할 것이다. 그리고 불만과 질투 때문에 회사내부의 인간관계가 엉망이 될 것이다. 그래서 교세라는 만약 어떤 아메바가 우월한 실적을 달성했다면 이것은 회사전체에 큰 공헌을 한 것이기에 다른 아메바 파트너들의 칭찬과 감사표현을 받을 수 있게 했다.

다른 기업의 인사들은 이런 이야기를 들으면 믿을 수 없다며 이렇게 물어본다. "이렇게 하면 정말 가능할까요?" 하지만 앞에서 말한 것처럼 '사람으로서의 올바른 준칙을 관철하는 것'이라는 경영이념과 철학은 이미 교세라기업 전체직원의 인정을 받았다.

그래서 우리는 돈으로 직원의 마음을 조종할 필요가 없다. 실적이 우수한 아메바들은 회사에 탁월한 공헌을 했기에 모두에게 칭찬을 받고 최고의 명예를 얻게 된다. 이러한 관념은 이미 지도자와 전체직원의 공통적인 사상이 되었다. 그래서 아메바가 숭배하는 철학을 기초로 삼는 경영방식은 조금도 지나치지 않다. 대다수 유럽과 미국기업 경영은 실적을 명확히 대조하여 사람들의 물질적 욕망을 자극시킨다. 근무 성과에 따라 상응하는 보수를 주고, 심지어 고용 여부를 결정한다. 이것은 냉정한 사고이며, 인성이 결여된 방법이다. 아마 일시적으로 사람의 의욕을 자극시킬 수는 있 겠지만 장기적으로 계속 자극시키는 것은 매우 힘들다. 이와 반대로 아메 바경영은 전직원을 경영에 참여시키는, 사람의 마음을 소중히 여기는 경 영체제이다. 사실 많은 경영자들이 노동자들은 일만 하면 된다고 생각한 다. 그래서 엄격하게 할당량을 정해놓고, 그들을 일하도록 강요하거나 고 액의 성공보수로 그들의 욕망을 자극시켜 실적을 높여 회사목표를 달성시 킨다. 그러나 아메바경영은 형장에서 일하는 각각의 직원들이 모두 경영 자의 의식을 가지고 있어서, 유쾌하게 일하고, 자발적으로 노력한다. 아메 바경영은 철학을 뼈대로 인간적인 경영을 존중하고, 직원들로 하여금 자 기가 참여한 계획을 알게 하고, 모든 사람의 노동가치를 존중하게 한다.

중국기업은 지금도 끊임없이 세계화를 향해 진군한다, 세계 각지에서 경영활동을 할 때, 전세계에서 통용되는 상업 경영철학이 필요하다. 이와 동시에 이러한 철학을 기초로 삼아 투명하고 분명한 관리체제를 확립하 고, 이러한 제도를 실천하면서 자기 회사에 알맞게 변형시키고 응용해야 한다.

본문은 일본의 유명한 경영대가 이나모리 가즈오
'2011 이나모리 가즈오 경영철학 광저우 강연회'의 연설 내용을 발췌한 것이다.
출처《현대 국가기업 연구》, 2011년11월

자본의 동맹
The Capital Vehicle

국제합병의 길에는 가시로 가득하다. 국가의 문에 들어가려면 문화충돌, 인사 분쟁 등 여러가지 어려움이 많다. 진출하려는 기업들은 어떻게 믿을만한 합작 파트너를 찾을 수 있을까?

제5장

자본의 동맹
The Capital Vehicle

2007년 6월, 이탈리아의 공업도시 밀란에서 돌연 중대한 소식이 발표되었다. 이탈리아의 유명한 콘크리트기계 제조기업이 매각할 준비를 한다는 것이다! 치파(CIFA)는 1928년 설립되었고, 콘크리트기계 제조업계에서 유럽 1위이자 세계 3위이다. 치파의 매각 소식이 들리자 전세계 22개의 동종업계는 움직임이 빨라지기 시작했다. 그들 배후에는 줄줄이 이익동맹이 있었다. 국제합병 대전이 갑자기 일어났다. 이번 강자들의 합병전쟁에서 과연 누가 최후의 승자가 될까?

1. 중리엔중커의 합병동맹

2007년 6월 24일 창샤(長沙)로 부터 걸려온 한 통의 전화가 홍이(弘

毅)투자 자문회사 총재 짜오링환이 진행 중이던 중요한 회의를 취소시켰다. 그리고 가장 빠른 비행기를 타고 창샤로 향했다. 이 전화는 중리엔중커(中联重科) 주식회사 회장 짠춘신이 걸어온 전화였

이탈리아 치파그룹

다. 통화를 하면서 짠춘신은 짜오링환에게 중리엔중커가 지금 중대한 합병을 계획 중이고, 목표회사는 이탈리아의 치파(CIFA)라고 말했다. 그러나 합병경험이 없는 짠춘신은 가장 먼저 짜오링환을 떠올렸고, 다급하게 짜오링환을 자신의 참호로 들어오게 했다.

이 소식을 들은 후, 짜오링환의 첫 번째 반응은 '놀람'이었다. 그러나 한편으로는 걱정이 되었다. 치파를 합병하기 위해서 우리는 준비가 되었을까?

짜오링환은 예전에 미국 실리콘밸리에서 창업투자와 자본경영을 해 본적이 있었다. 2003년 리엔샹그룹 회장 리우촨즈의 초빙을 받아서, 짜오링환은 귀국해서 홍이투자그룹을 설립하고, 프라이빗에쿼티(Private Equity, PE)를 진행한다. 프라이빗에쿼티 투자회사는 일반적으로 자금을 투자하고 합병에 참여해서, 향후 매출지분으로 자기의 이익을 얻는다. 이것은 투자은행과 거래해서 얻는 중개 수수료와는 완전히 다르다. 그래서 짠춘신은 바로 이점을 중시했다. 짠춘신은 사모펀드 투자회사와 합자한 후, 이익공동체를 만들어서, 홍이투자가 국

제화 운영방면의 경험을 십분 발휘할 수 있기를 바랐다.

🚐 PE에 대해서

프라이빗에쿼티 PE(Private Equity)는 투자방식의 각도에서 보면, PE는 사모펀드 형식을 통하여 비상장기업에 권익성 투자를 진행하는 것으로, 거래과정에서 부가적으로 장래의 퇴출 메커니즘을 구축한다. 즉 시장을 통해서 합병이나 경영진 되사기 등의 방식으로 주식판매 이익을 얻는다. PE는 넓은 의미의 PE와 좁은 의미의 PE로 구분된다.

넓은 의미의 PE는 기업이 공개적으로 발행하기 전 단계의 권익투자를 포함한다. 즉 종자기, 초창기, 발전기, 확대기, 성숙기와 Pre-IPO 각 시기의 기업이 진행한 투자와 관련 자본은 투자단계에 따라 창업투자(Venture Capital), 발전자본(Development Capital), 합병기금(Buyout/buyin Fund), 이중자본(Mezzanine Capital), Pre-IPO자본(예를 들어 Bridge Financing) 및 기타 상장 후 사모펀드 투자(Private Investment in Public Equity, 즉 PIPE), 부실채권(Distressed Debt)와 부동산투자(Real Estate Investment) 등으로 구분된다.

좁은 의미의 PE는 이미 형성된 일정한 규모에서 머니 플로가 안정된 기업의 PE를 만든다. 주로 창업성 투자후기의 PE를 가리키며, 그 중 합병기금과 이중자본이 자금규모상 가장 큰 부분을 차지한다. 중국에서 PE는 주로 일종의 투자를 가리킨다.

짜오링환이 창샤에 도착했을 때, 이미 밤 12시였다. 그는 짠춘신이 투숙하는 호텔에서 새벽 5시까지 이야기를 나누었고, 중요한 부

홍이 투자자문회사　　　중리엔중커 주식회사　　　　이탈리아
　　총재 짜오링환　　　　　회장 짠춘신　　　　　　　밀란

분에 대해서 두 사람은 공통된 원칙을 달성했다.

　　😎 합병 동기는 반드시 순수해야 한다. 합병은 헛된 욕망이 아니라 기
　　업발전의 생사존망과 관련된다. 홍이 투자자문회사 총재 짜오링환
　　😎 우리의 경쟁상대는 콘크리트업계 각 방면에서 성장이 매우 빠르고,
　　우리보다 더 뛰어난 기업들이다. 경쟁의 각도로 보면 CIFA는 세계 3위
　　의 기업으로 엄청난 경쟁력을 가진 회사다.
　　전략적인 각도로 보면 우리는 CIFA를 무척 필요로 하고, 우리를 세계
　　적인 기업으로 만들도록 도와줄 수 있다. 이 조각을 가지는 회사는 더
　　욱 강력해 질 것이다. 중리엔중커 주식회사 회장 짠춘신

　　이처럼 중리엔중커와 홍이투자 두 자본은 끈끈하게 얽혀서 같
은 목표를 향해 나아갔다. 그들은 방향과 높이를 갖게 유지시킬 뿐
만 아니라 서로 협력까지 했다. 그러나 짠춘신과 짜오링환은 21개
의 경쟁상대와 맞붙어야 하고, 가장 중요한 것은 생소한 국가제도
의 체제, 법률과, 노조와 상대를 해야 했다. 이렇게 복잡한 영역 안

에서 어떻게 하면 날개를 펼칠 수 있을까? 하지만 짜오링환은 가의 팀을 밀란으로 오게 한 후 그들에게 확실히 말해주었다. "중리엔중커와 홍이투자가 동맹을 맺었지만, 결코 쉽지 않은 전쟁이다. 중국인은 중국에 대해서는 매우 익숙하지만, 국제에서의 일반적인 교역법칙은 익숙하지 않다. 그리고 이탈리아 밀란 현지의 특색과 풍습, 문화와 정부에 대해 익숙하지 않다."

그렇다면 어떻게 해야 강대한 이익동맹을 형성할 수 있을까? 짜오링환은 밀란에서 실력 있는 투자회사—만다린(Mandarin)기금을 떠올렸다. 그 이유는 만다린기금은 이탈리아의 많은 장비제조기업에 투자한 적이 있고, 시장비교를 통해서 치파의 수익상황을 알 수 있기 때문에 은행으로부터 현재 기업의 실제적인 운영상태를 알 수 있다.

하지만 아직도 불충분했다. 중리엔중커, 홍이투자와 만다린기금이 맺은 합병동맹은 앞으로 닥칠 위험과 어려움에 대처할 수 있는 더 실력 있는 구성원이 필요했다. 이때 골드만삭스 회사 부총재,이탈리아 중앙은행장을 역임했던 마리오 드라기가 이 합병 동맹에 가입하게 되었고, 합병은 순조롭게 진행되었다.

🚐 드라기 배후의 정치상업 보계

마리오 드라기는(이탈리아어 : Mario Draghi)는 이탈리아의 저명한 경제학자, 은행가, 미국 메사추세츠 공과대학원 경제학 박사이자 현재 유럽은행 은행장을 맡고 있다. 예전에는 하버드대에서 경제학교수로 재직했고,세계은행 집행장, 골드만삭스 부총재, 이탈리아 중앙은행 은행장 등의 직위에 있었다.

마리오 드라기

드라기는 1947년 이탈리아의 금융 명문세가에서 출생했지만, 열 몇 살 때 부모를 모두 여의였다. 로마에서 대학을 마친 후, 20세기 70년대에 미국 메사추세츠 이공대학원에서 경제학박사 학위를 취득하고, 하버드대에서 경제학 교수로 재직했다. 미국, 독일, 이스라엘 등 여러 국가에서 현직 재정부장들과 친밀한 관계를 쌓아왔다. 그 후 그는 세계은행에서 6년간 집행장을 역임했고, 1990년 이탈리아로 돌아와 재정부 고관들과 이탈리아 국유기업의 민영화를 지지한다. 2001년 베를루스코니가 정권을 잡은 후, 그는 이탈리아 재정부를 떠나 골드만삭스 부총재를 역임한다. 2005년 말 이탈리아 중앙은행은 파산위기에 직면하고, 베를루스코니는 그를 불러들여 이탈리아 중앙은행장 자리를 맡긴다. 2011년 6월 23일 유럽의회는 그가 유럽 중앙은행 은행장을 맡는 것에 동의했고, 같은 해 10월에 퇴직한 트리셰 후임으로 일하게 된다.

🚚 국제합병에서의 골드만삭스의 그림자

이탈리아 최고 국유기업 골드만삭스 수중의 노리개

금융업무를 운영하는 것 외에도 골드만삭스와 미국석유그룹의 관계는 매우 친밀하고, 여러 차례 국제 에너지시장에서 적을 섬멸하는 선봉자 역할을 맡는다. 20세기 90년대 골드만삭스는 이탈리아 최대의 국유기업 애니(ENI)그룹의 민영화 계획을 진행한다. 그리고 은밀한 주가 조작으로 이 미국 석유거물을 해만에 안착시키고, 자기 수중의 노

골드만삭스 본사

리개로 만들어 버린다.

1991년 설날을 맞이하는 기쁨이 채 끝나기도 전에 백악관은 이라크 공격을 명령하고, 해만에서 '사막폭풍'이 일어난다. 부시 대통령은 이라크를 훈계하기 위해서 미국석유회사의 해만지역의 이익을 확실히 보장한다. 동시에 이탈리아 애니그룹을 미국석유회사와 함께 해만에서 해치우며 골드만삭스의 노리개로 만든다.

전쟁의 연기가 가시기도 전에 골드만삭스는 유럽본부의 중량급 원로, 주식자본시장의 이사장 폴 샤피라를 은밀히 로마로 부른다. 그리고 이탈리아 재정부 총책임자 마리오 드라기와 애니그룹 민영화에 대한 구체적 사안을 논의한다.

드라기는 이탈리아 정부에서 지정한 국가기업 개혁을 책임자다. 그의 지휘하에 샤피라는 조심스럽게 이탈리아 각부문의 고관들에게 민영화된 애니그룹의 앞날이 얼마나 아름다울지 설명했다. 애니그룹은 규범된 국제표준에 따라서 운영될 것이고, 미국정부는 우리가 장악한 국유기업에 대해 보호를 구실삼아 괴롭히지 않을 것이다. 마지막에 샤피라는 가장 중요한 위치를 차지한 골드만삭스팀에게 애니그룹의 상장 방법을 고안했다. 애니그룹을 이탈리아, 뉴욕, 런던 이 세 곳에서 상장을 시키는 것이다. 이렇게 되면 월가는 한쪽 발을 집어넣은 애니그룹을 통해서 일정량의 주식을 보유해서 해당회사를 지배할 수 있게 된다.

골드만삭스는 미국 석유 거물을 도와서 이탈리아 정부와 민영화된 애니그룹의 영웅이 되었다. 그러나 골드만삭스는 여기서 멈추지 않고, 모든 적수를 완전히 없애버리고 최종목표인 애니그룹을 완전히 장악한다.

얼마 후 드라기는 갑자기 이탈리아 정부에서 사직하고, 골드만삭스의 아르바이트생이 된다. 그 동안 쌓은 정치인맥으로 많은 고객들이 그를 찾아왔고, 그는 빠른 속도로 골드만삭스 유럽회사의 부총재 직위에 앉는다. 드라기는 골드 만삭스와 협력해서 애니그룹을 민영화 시킨 후, 바로 관직을 그만두고, 골드만삭스에서 석유가격 폭등을 부추길 때 골드만삭스에 들어간다. 이 점은 사람을 궁금하게 만들었다. 그와 골드만삭스는 다른 사람에게 말할 수 없는 은밀한 거래를 한 게 아닐까?

골드만삭스의 다음 행보는 더욱 비밀스러웠다. 사람들은 민영화 후의 애니그룹의 10대 주주 중, 골드만삭스의 지분을 소유한 그룹은 뱅가드투자그룹(2.54%), 스테이트 스트리트 글로벌 투자회사(3.33%), 자본 수호신탁(2.22%), 리엔보 자산관리 투자회사(2.01%)이라는 것을 알게 되었다. 더욱 주의해야 할 것은 이 회사들이 중국의 석유계통에도 대량의 주식을 보유하고 있으며, 스테이트 스트리트 글로벌 투자회사는 중국사회보호기금의 해외투자 관리인이었다.

골드만삭스는 4곳의 대 주주들을 통해서 애니그룹의 20%의 지분에 대한 영향력을 갖게 되었지만, 생각한 것보다 일이 간단하지 않았다. 또 다른 기구에서 애니의 10%의 지분을 보유하고 있는 최대 주주가 바로 영국의 바클레이그룹이었다. 그 뒤에는 더욱 짙은 안개가 사람들의 눈을 흐릿하게 만들었다.

골드만삭스는 일본 미츠이 스미토모은행의 대주주이고, 바클레이의 융자를 빌어 그 기회에 5억 파운드의 주식을 사간다. 그래서 바클레이의 사장 중 하나가 된다. 이것뿐만 아니라 골드만삭스는 중국과 손을 잡고 바클레이를 지배한다. 2005년에는 중국 국가 개발은행에게 10억 달러의 채권을 발행한다. 2년 후, 중국 국가 개발은행은 예기치 않게 22억 유로를 빼낸다. 그리고 바클레이의 주식을 사들이고, 바클레이의 대주주 중 하나가 된다.

일이 여기까지 진척되자 세상사람들은 드디어 골드만삭스가 은밀히 애니그룹의 3중 선로를 컨트롤했다는 것을 알게 되었다. 바클레이가 보유한 애니그룹의 주식은 애니그룹의 대주주 중 하나가 되었고, 일본 미츠이 스미토은행과 중국 국가 개발은행이 보유한 바클레이 주식은 바클레이의 대주주이다. 결국 골드만삭스 스스로 일본 미츠이 스미토은행의 대주주이자 중국 국가 개발은행의 합작 파트너 인 것이다.

결국 골드만삭스는 총 30%의 애니지분을 보유하게 되었고, 이탈리아 정부가 가진 지분은 36%에 불과했다. 자본시대에서 이탈리아 정부는 미국 재정부의 재벌들을 주무르는 골드만삭스의 미움을 살 수 없었다.

미국인이 최후의 승자가 되었고, 애니그룹은 일련의 음모 중에서 세계 석유그룹으로 거듭날 기회를 잃게 되었다. 애니그룹을 이탈리아 정부의 통제로부터 벗어나게 하기 위해서, 월가의 장난감이 되어버렸고, 골드만삭스는 애니그룹의 민영화를 주도한 것이다. 그 후 미국 석유그룹과 협력해서 횡재를 한 골드만삭스는 애니그룹의 '보이지 않는 책임자'가 되었다.

출처 : 《모든 적수 제거-골드만삭스가 어떻게 세계를 이길까》,
완쥐엔 출판사, 2009년 11월 출판, 지은이 리더린

자본의 동맹은 4곳의 투자처를 끈끈하게 하나로 묶었다. 이탈리아의 만다린과 미국 골드만삭스는 합병 동맹에 충분한 자금확보와 글로벌 인맥을 동원했다. 치파를 목표로 한 그들은 손발이 척척 맞았다. 짜오링환은 합병 성패를 결정하는 강력한 힘을 찾았다.

🐌 만다린과 골드만삭스 동맹체가 있었기에, 모든 구매측 기관의 신용과 명성을 가지고 판매측과 회담했다. 그러자 판매측은 우리가 진실하고, 믿을만하고, 실력 있다고 판단했다. 그래서 협상 초기, 판매측이 이것저것 까다롭게 고를 때, 나는 우리의 합병 동맹체가 이미 중요한 작용을 하고 있다는 것을 느꼈다. 홍이 투자자문회사 총재 짜오링환

크로스보더 : 국제인수합병
CROSS-BORDER MERGER & ACQUISITION

공동으로 치파그룹을 인수하는 4곳의 동맹체 《Il Sole 24》중리엔중커의 치파합병 관련보도

2008년 9월 말, 짜오링환이 급히 밀란에 오고 11개월 후, 중리엔중커, 홍이투자, 골드만삭스와 만다린은 공동 투자자가 되어, 전부 2.5억 유로를 지불하고, 정식으로 치파그룹의 전체자금을 인수한다. 중리엔중커는 세계업계 5위에 위치에 오르며 세계 최대의 콘크리트 장비제조업체가 된다. 이탈리아의 유명 경제신문《일 솔레 벤티 꽈트로(Il Sole 24)》에서는 3쪽의 전면에 중리엔중커 회장 짠춘신에 대한 특집보도를 게재했다. 중리엔중커의 치파 합병 사례는 이미 하버드대의 고전적인 자료가 되었다.

🐌 투자자 동맹체를 결성하는 것은 쉽지 않은 일이다. 그러나 많은 효과를 가져온다. 확실히 이번 합병에서는 홍이투자의 공헌이 매우 컸다.
하버드대 경영대학원 교수 조쉬 러너

◦┄┄┄🚙 **중리엔중커의 치파합병 선언**

[로이터통신 상하이 6월25일]은 중국 기계설비 생산업체-창샤 중리엔중공과기발전주식유한공사가 홍이투자, 골드만삭스, 만다린과 손을 잡고 2.71

억 유로를 지불하여 세계 3위의 콘크리트기계 제조업체인 CIFA의 100%지분을 인수했다고 보도했다.

중리엔중커와 공동투자측은 합계 2.71억 유로를 출자하고, 그 중 2.515억 유로를 가지고 매각측의 지분 양도대금을 지불하고, 0.195억 유로를 거래비용으로 지불한다고 밝혔다. 이번 거래 중 CIFA의 전체 지분가격은 3.755억 유로이고, 상술한 지불대금 외에도 1.24억 유로의 차액은 결국 CIFA가 스스로 해결하기로 했다.

중리엔중커, 골드만삭스, 리엔샹 수하의 홍이투자와 PE만다린기금은 홍콩에 목표회사를 설립하고, 각각 매수를 책임진다. 그 중 중리엔중커가 60%, 골드만삭스는 12.92%, 홍이는 18.04%, 만다린은 9.04%의 지분을 점유한다.

이번 거래에서 중리엔중커는 목표회사의 60%지분을 확보했고, 1.626억 유로를 지불해야 했다. 그리고 중리엔중커가 홍콩에 설립한 자회사는 바클레이은행에서 2억 달러를 대출받았고, 중국 수출입은행에 담보를 제공하고, 변동이자율을 사용해서, 총 이율이 5%를 넘지 않았다. 나머지 5천만 달러는 자유기금으로 해결했다.

합병을 통해서 중리엔중커는 세계 콘크리트기계 업계의 경쟁구도를 변화시켰고, 확고히 중국 1위의 자리를 지키고 있으며, 세계 1위에 근접하고 있다. 중리엔중커는 세계적인 콘크리트기계 상품의 판매망과 서비스망을 구축해서, 상품제조와 기술 및 기업관리 수준도 제고시켰다고 통신은 보도했다.

2. 옌타이 완화의 부도장치 전술

중리엔중커의 합병동맹처럼 짠춘신
과 같은 생각을 가진 옌타이 완화(万华)
폴리우레탄회사 회장 띵지엔셩(丁建生)
역시 은밀한 동맹파트너를 다급히 찾
고 있었다. 2008년 5월 세계 8대 폴리

헝가리 보르소드 화학회사

우레탄 기업 중 하나인 헝가리 보르소드화학회사에 심각한 자금문
제의 발생으로 회사주식을 매각하기로 결정한다. 띵지엔셩이 보기
에 이것은 결코 쉽지 않은 합병기회였다. 게다가 국제합병 경험이
전무하기 때문에 그는 옌타이 완화의 주주 중 한곳에 시선이 고정된
다. 바로 홍콩에서 온 PE회사인 허청(合成)국제회사였다.

사실상 월가의 KKR, 블랙스톤, TPG 등의
국제PE 거물은 일찍이 이러한 투자방식으로
대규모 국제합병에 참여한 바 있다. 8년 전, 세
계의 이목을 집중시킨 합병 중, 리엔샹과 국제
PE회사인 TPG가 결성한 합병동맹이 그 중 하
나이다.

옌타이 완화폴리
우레탄회사 회장 띵지엔셩

☻ 가장 중요한 것은 경쟁상대의 이익 출처이다. 우리는 그것에 상응

하는 전략적인 능력이 필요하다. 이것이 바로 완화가 유럽에 진출하려는 이유이다. 옌타이 완화폴리우레탄회사 회장 띵지엔셩

☻ TPG는 우리가 IBM을 합병할 때 자신감을 심어주었다. 왜냐하면 그들은 국제정세에 대해 우리보다 훨씬 많이 알고 있기 때문이다. 리엔상그룹 회장 리우촨즈

☻ 특히 미국에서 여러 주요기업과 정부기관이 매각하는 대량의 컴퓨터 주요기업(예를 들어 IBM)이 중국회사에게 인수될 때, 엄청난 파문을 일으킨다. 그러나 TPG는 수백 개의 복잡한 국제합병을 했기 때문에 이런 복잡한 거래를 어떻게 성사시키는지 잘 알고 있다. 미국측의 합작 파트너를 통해서, 어

짐 콜터

려움들을 해결할 수 있다. TPG자산관리회사 연합설립자 짐 콜터

프랑크푸르트 국제공항은 유럽에서 가장 바쁜 곳 중 하나이다. 띵지엔셩은 매번 이곳을 경유할 때 공항 근처의 쉐라톤(SHERATON)호텔을 선택한다. 그는 이곳에 특별한 감정이 있다. 2008년 그날 밤에 옌타이 완화의 미래가 바로 이곳에서 다시 쓰였기 때문이다.

시간을 2년 전 그날로 되돌려보면, 띵지엔셩은 옌타이 완화와 허청 국제회사의 합병팀을 헝가리로 오게 했다. 그러나 띵지엔셩이 일행을 인솔하여 보르소드 화학회사 대주주 대표를 만날 때, 상황은 그들의 예상과 전혀 달랐다. 보르소드 화학회사의 대주주는 띵지엔셩 일행을 쳐다보지도 않았다. 띵지엔셩 일행과 이야기를 할 때도 그는 계속 건성으로 대했다. "우리들이 무엇을 이야기해도 그

는 우리 말을 마음속에 담지 않았다."라고 띵지엔성은 기억한다.

허청국제회사 상무이사 짜오삥(赵兵)은 이렇게 말했다. "보르소드 화학의 대주주는 우리에게 3개월 후에 다시 오라고 말하며 우리에게 그곳의 쿠키나 먹어보라고 했다. 그는 이렇게 우리를 내쫓아 버렸다."

이번 만남은 채 15분도 넘지 않았다. 상대측에게 내쫓긴 우리들 은 머리꼭대기까지 화가 나고 너무 분했다. 하지만 결국에는 문제 를 해결할 수 없었다.

> ☻ 우리의 수중에 카드가 필요했다. 그러나 지금 모든 카드는 다른 사 람 손안에 있고, 게다가 카드를 가진 사람은 우리와 이야기를 하려 하 지 않았다. 옌타이 완화폴리우레탄회사 총재 비서 띵 하오

옌타이 완화는 어떻게 이 카드를 찾 아올 수 있을까? 띵지엔성은 곤경에 처했다. 그와 함께 출격한 허청회사는 띵지엔성이 어떤 결정을 내리는 것을 도와줄 수 있을까?

미국 유명 PE회사 KKR

1976년 헨리 크레비스와 사촌형은 함께 KKR을 설립했고, PE업 계는 이렇게 탄생했다. 4년 후 KKR은 미국에서 가장 큰 PE회사로 발전한다. 미국의 가장 유명한 PE회사로써, KKR은 2011년《포춘 (FORTUNE)》미국 500강에 오르게 되고, 최고의 PE회사가 된다.

❧ 수년간 우리는 경쟁상대를 만난 적이 없다. 60년대, 70년대, 80년대를 모두 통틀어서 경쟁상대가 나타난 적이 없었다. 게다가 딱 2곳의 회사만 우리와 같은 이 영역에 속해있다. KKR그룹 총재 크레비스

20세기 80년대 후반에 블랙스톤, 칼라일, TPG 등 유명한 자산회사들이 연이어 설립되었다. 일순간 PE는 합병기업의 강력한 힘이 되었다. 미국에서 PE의 발전은 이미 40년의 역사가 흘렀다. 투자자가 자금을 PE회사에 맡기면, 수억 원의 자금이 쏟아져 나와 PE회사가 투자한 상승공간의 영역에 있게 되고, 이 자금이 몇 배 증가했을 때를 기다린다. 자본의 방향은 수시로 세계 어느 곳이나 기업으로 흘러 들어가 그들의 운명을 다시 쓴다.

❧ 가장 어려운 것, 하지만 가장 가치 있는 부분은 당신이 어떠한 부가가치를 가져올 수 있게 하느냐이다. 자본증식, 관리팀의 등귀, 회사의 가치상승을 포함한다. KKR그룹 총재 크레비스

미국에서 PE는 보편적으로 '차매입수'의 방식으로 합병을 진행한다. '차매입수'는 적은 현금을 사용하고, 많은 양의 부채를 통해서 목표회사의 지분을 인수하는 것이다. 그리고 기업이 지분을 매각한 후, PE는 원래 투자금액의 수십 배에서 수백 배가 넘는 보수를 얻게 된다. 이렇게 짧은 시간에 이익을 취하는 방식은 의문점을 사기

도 했다. 투자의 대가 워렌 버핏은 이렇게 PE를 묘사했다.

🐛 PE가 어느 정도상에서 기업을 사는 것은 다시 팔아버리기 위한 것이다. 그리고 우리가 산 기업은 소유하기 위한 것이다. 만약 우리가 회사와 '결혼'한다고 말한다면, PE는 곧 회사와의 '약혼'이고, 약혼 후 그들은 다른 회사와의 약혼을 계획한다. 이것은 결코 잘못된 것이 아니라, 단지 내가 이렇게 하지 못할 뿐이다. 나는 만약 어떤 사람이 한 회사를 팔려고 한다면, 그는 이 회사를 엄청 사랑하는 것이다.
그는 이 회사가 더 나은 귀착점을 찾기 위해서 반드시 선택해야 하는 것이다. 예를 들어 우리는 이러한 투자자이지, PE가 아니다. 저명투자가
워렌 버핏

°······· 🚐 워렌버핏의 "세 가지를 행하고, 세 가지를 행하지 말라." 투자이념

워렌버핏(Warren Buffett)은 1930년 8월 미국 네브래스카 주의 오마하에서 태어난 세계에서 저명한 투자가이다. 2008년 《포브스》지의 재벌 1위 빌 게이츠를 제치고 세계 최고 재벌이 되었다. 2006년 6월 25일 워렌 버핏은 뉴욕 공공도서관에서 기부 의향서에 서명하고, 정식으로 5개의 자선기금회에

짐 콜터

자산의 85%, 약 375억 달러를 기부한다. 이것은 미국과 세계 역사를 통틀어서 가장 많은 자선기부이다. 버핏이 준비한 기부금의 약 300억 달러는 세계적인 재벌 빌 게이츠와 아내가 건립한 '빌&멜린다 게이츠 재단'에 기부했다. 버핏의 후한 기부는 하룻밤 사이에 게이츠 재단의 자선기금을 600억 달러에 달하는 많은 금액으로 올려놓았고, 세계 2위 재단인 포드재단(110억 달러)

자금의 5배 정도였다.

■ 버핏이 추구하는 투자 법칙 "세 가지를 행하고 세 가지를 행하지 말라."
  의 투자이념

□ 항상 주주의 이익을 우선으로 하는 기업에 투자를 하라. 버핏은 늘 견실하게
  경영하고, 성실함을 중시하고, 이익배당률이 높은 기업을 선택해서 최대한
  으로 주가파동을 방지하고, 투자의 보호와 증식에 힘썼다. 그리고 항상 증자,
  증발 등의 방법을 이용해서 투자자가 피땀 흘린 기업이 흔들리지 않게 한다.

□ 자원을 독점하는 업종에 투자하라. 버핏의 투자구성에서 보면 도로,교량,
  석탄,전력 등 자원독점형 기업이 상당 부분을 차지한다. 이러한 기업들은
  일반적으로 외국 투자자들의 합병 우선순위이고, 독특한 업종은 수월하
  게 안정된 이익을 얻을 수 있다.

□ 자신이 잘 알고 있는, 미래가 밝은 기업에 투자하라. 버핏은 투자한 주식
  은 반드시 자기 손금 보듯 훤히 알고 있고, 전도유망한 기업이어야 한다고
  생각한다. 잘 알지 못하는, 전망을 예측할 수 없는 기업은 설령 말을 그럴
  듯하게 한다 하더라도 털끝만큼도 동요되지 않는다.

□ 욕심부리지 마라. 1969년 월가 전체는 투기의 어두운 늪에 들어선다. 주
  식시장의 새롭고 높은 충돌에 직면한 버핏은 오히려 수중의 주식이 20%
  상승했을 때, 아주 냉정하게 전부 팔아버렸다.

□ 줏대 없이 굴지 마라. 2000년 전세계 주식시장에서는 개념주(인터넷 관련
  주식)가 출현한다. 버핏은 자기는 첨단기술은 잘 알지 못해서 투자를 할
  수 없다고 스스럼없이 말했다. 1년 후 전세계에 출현한 인터넷주식은 주
  가폭락으로 인해 중대한 손실을 입는다.

□ 투기하지 마라. 버핏은 항상 입버릇처럼 하는 말이 있다. "주식을 가지고
  있다 해서, 그 주식이 다음날 아침에 오르기를 기대하는 건 정말 바보 같
  은 짓이다."

사실 40년의 발전을 거친 오늘날의 PE는 전통적으로 이익을 얻는 패턴에 차이가 있다. 이제 더 이상 재빠르게 왼쪽 손으로 사서 오른쪽 손으로 팔지 않고, 장기적인 투자이념을 추구한다.

🙂 우리 투자회사는 고객에게 조언할 수 있다. 그리고 종종 우리는 그들에게 투자를 하지 말라고 알려주고, 모 회사를 인수하지 말라고 알려줄 것이다. 나는 이것을 매우 중요시한다. 블랙스톤그룹 최고경영자 존 스트젠스키

🙂 어떠한 회사라도 모두 멀리 생각한다. 어쩌면 당신은 빠르게 투자하고, 끊임없이 반복하고, 게다가 운까지 좋을 수 있을 거라 생각한다. 하지만 당신은 장기적이고 지속 가능한 사업은 이룰 수 없다. KKR그룹 총재 크레비스

일단 PE와 기업의 공동투자를 결정하면, 그들은 끈끈한 사이로 발전하고, 손해도, 영예도 함께하게 된다. 현재 전세계 PE 영역의 총 액수는 이미 1.5억 원 달러에 육박한다. 그리고 중국에서 PE는 겨우 성장

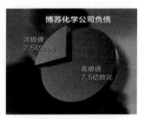

보르소드회사의 부채

한지 10년도 안된 어린아이와 같다. 중리엔중커에서 맺은 합병동맹에서 PE는 치파그룹을 성공적으로 합병하는데 중요한 작용을 했다. 옌타이 완화의 보르소드화학을 합병하는 과정 중에서, PE의 역할을 무시할 수 없다.

보르소드화학의 합병을 거절당한 후, 옌타이 완화의 일행 네 명은 쉐라톤 호텔에 돌아와서, 다음날 귀국할 준비를 했다. 비록 실망이 매우 컸지만, 옌타이 완화 회장 띵지엔셩은 체념하며 귀국했다. 그러나 그는 행운의 카드가 어디에 있는지 알 수 없었다. 바로 이때 합병에 한줄기 빛을 주

홍콩 허청국제투자
관리회사 총재 무신민

는 합병 파트너 허청국제회사가 등장한다. 허청은 자세한 연구를 통해 보르소드 화학회사가 총 10억 유로의 부채가 있다는 것을 알게 되었다. 그 중 선순위 채무가 7.5억 유로이고, 다른 일부분의 후순위 채무는 총 2.5억 유로였다. 당시 시장은 불황이었고, 후순위 채무가격은 공개시장에서도 바닥세였고, 2.5억 유로의 후순위 채무가격은 겨우 5천만 유로의 가치가 있었다. 만약 완화가 후순위 채무의 2/3을 맡는다면, 3천만 유로 정도만 지불하면 되는 것이다.

😊 만약 후순위 채무 소지자가 대주주가 원래 계획했던 개편방법에 동의하지 않는다면, 보르소드 화학회사의 개편을 진행하는데 위험이 따르게 된다. 홍콩 허청국제투자관리회사 총재 무신민

허청회사는 드디어 그토록 찾고 싶었던 카드를 찾게 된다. 그날 저녁 호텔방에서 걸려온 한 통의 전화가 일의 결과를 바꾸기 시작했다. 허청은 자신들의 해외 각지의 금융네트워크를 통해서 하룻밤 사이에 빠르게 3천만 유로를 빌릴 수 있게 되었고, 홍콩기관을 통해

서 공개시장의 보르소드화학 후순위 채무를 인수한다.

허청회사 회장 짜오삥은 말했다. "나는 거래원에게 얼만큼의 후순위 채무가 있는지 알아보라고 했다. 거래원은 흥분한 상태로 내게 전화를 해서 대략 40%의 보르소드회사 후순위 채무를 인수할 수 있다고 말했다. 우리는 이것을 사기로 결정했다." 상대방이 알기 전에 허청회사는 그날 밤 보르소드화학의 2/3의 후순위 채무를 사들인다. 다음날 귀국행 비행기가 도착했다. 보르소드화학의 전화가 곧바로 걸려왔고, 옌타이 완화가 다시 돌아와 협상하기를 요구했다.

😩 그는 화가 난다 하더라도, 우리와 협상하지 않으면 안 된다. 그는 우리를 멀리할 수 없다. 옌타이 완화 폴리우레탄회사 회장 띵지엔성

😩 내가 가장 인상 깊었던 것은 완화팀이 들인 시간, 노력 및 그들이 목표에 도달하지 못해도 포기하지 않는 정신이다. 보르소드 화학회사CEO 울프갱

영국 《파이낸셜 타임즈지》에서 당시 발표한 한편의 글에서는 이렇게 쓰여져 있다. 항상 온화했던 중국인이 아주 강력한 서양의 전법을 사용했다. 그리고 9개월 간의 접전 중 저울이 점점 옌타이 완

해외 매체의 관련보도

화 쪽으로 기울기 시작했다. 보르소드화학의 대주주는 시간을 지연해서 회사가 파산하는 위험을 감당할 수 없었다. 그래서 결국 보르소드화학은 회사 지분의 100%를 옌타이 완화에게 양도하기로 결정했다.

3. 합병 그 후

중리엔중커의 치파 합병이 끝나자마자 유럽경제의 한파가 갑자기 휘몰아쳤다. 2008년 12월 어느 날, 회사로 가는 도중 중리엔중커 회장 짠춘신은 전화 한 통을 받는다. 치파가 이례에 없던 막대한 손실이 생겼다는 내용의 전화였다. 전화를 받은 짠춘신은 충격을 받고, 운전 중이던 그는 주차장에 차를 세워놓고 2시간 동안 멍하니 앉아있었다. 그는 도무지 이해가 가지 않았다. 지금 막 이렇게 우수한 회사를 합병했는데 어떻게 바로 금융위기가 온단 말인가?

그 시각 홍이그룹 총재 짜오링환의 걱정은 짠춘신보다 더욱 심각했다. 이번 합병에서 홍이그룹은 4천만 유로를 투자했고, 치파의 18.4%의 지분이었다. 향후 5년에서 10년이 되면 홍이그룹은 반드시 홍이의 자금투자자에게 두둑한 보상을 해줘야만 한다.

🕭 거래의 성공뿐 아니라, 내가 더욱 중시하는 것은 합병 후의 통합성공 여부이다. 만약 통합이 실패하면 우리는 많은 금액의 돈을 써가면서 회사를 샀지만, 이것은 마치 돈을 주고 한 무더기의 짐을 산 것과 같다. 홍이투자자문주식회사 총재 짜오링환

🕭 충분한 자금을 지불하기만 해도 된다면, 어떤 사람도 투자 할 수 있다. 이것은 아주 쉽다. 그러나 어려운 것은 어떻게 올바른 투자를 하고, 어떻게 회사를 개선시키고, 어떻게 회사의 이익을 창출하고, 어떻게 회사의 장기적인 가치를 만드느냐이다. KKR그룹 총재 크레비스

🐸 만약 현재 TPG의 투자방식(KKR도 같음)을 본다면, 돈의 액수 증가뿐만 아니라, 현재 경영가치의 증가도 있다. TPG자산관리회사 공동설립자 짐 콜터

기업을 사는 것은 겨우 머나먼 여정의 첫걸음일 뿐이다. 합병이 끝난 후, 기업도 PE도 다음차례로 해결해야 할 것은 완전히 다른 두 기업을 어떻게 1+1〉2를 할 것인가다. 치파그룹이 갑자기 곤경에 처했을 때, 짜오링환은 무엇을 할 수 있었을까? 그때 짠춘신은 항상 중요한 시기마다 치파의 CEO페라리가 보이지 않는 것을 알게 되었다. 거액의 손해가 발생한 중요한 시각에도 페라리는 세계 각국의 오페라극장을 떠나지 못하고 있었다. 페라리는 1년 동안 세계 각지의 오페라극장 공연일정에 맞춰서 하나하나 보고 다녔다. 페라리는 심지어 이탈리아 밀란 오페라극장에는 전용 특별석까지 있었다.

일이 지체되어서는 안 된다. 중리엔중커측은 필시 새로운 CEO를 임명해야만 했다. 하지만 어떻게 페라리에게 받아들일 수 있게 할 것인가? 짠춘신은 이러지도 저러지도 못했다. 왜냐하면 치파의 관리팀원들에게 그 영향을 끼칠까 봐 걱정되었기 때문이다. 짠춘신과 짜오링환은 반복적인 상의 후, 한가지 방법을 생각해냈다. 짜오링환은 이 일의 진행을 위해 이탈리아로 날아왔다. 그리고 페라레의 집에 들어가기 전까지 계속 발생할 수 있는 여러 가지 상황을 추측했다.

🐸 더 어려운 일 일수록, 더 직접적으로 맞서야 한다. 나는 페라리에게

그의 눈을 보면서 딱 한마디를 건내었다. "페라리씨, 우리는 당신의 역할을 바꿔야겠습니다." 그리고 나는 몇 초간 말을 멈췄다. 홍이투자자문주식회사 총재 짜오링환

🖌 나는 조금도 불쾌하지 않았다. 그들의 결정은 회사에 있어서는 논리에 부합하는 해결방식이었다. CIFA그룹 前CEO 페라리

중리엔중커는 즉시 새로운 CEO를 임명하고, 페라리를 중리엔중커 국제합병을 총괄하는 부총재 직위에 초빙하기로 결정했다. 그리고 페라리도 흔쾌히 이 제안을 받아들였다. 중리엔중커와 치파는 융합의 발걸음이 빨라졌다. 중리엔중커와 치파의 순조로운 융합은 치파에 불어 닥친 금융위기 덕분이었다.

🖌 홍이투자는회사는 중리엔중커의 2대 주주가 된 후, 2005년부터 2010년까지 수입이 10배나 증가했다. 중리엔중커 회장 짠춘신

중리엔중커는 이탈리아측의 인정을 받았다. 짠춘신의 이탈리아 경제교류 발전에 이바지한 공헌을 표창하기 위해, 이탈리아 대통령 나폴리타누는 직접 짠춘신에게 '이탈리아 레오나르도 국제 금상'을 수여했다. 이 상은 이탈리아에서 가장 권위 있는 경제인물 대상으로, 18년의 역사상 처음으로 중국 기업에게 수여했다. 같은 해 5월 옌타이 완화와 헝가리 보르소드화학의 합병과 인수방어 전쟁은 세계적

으로 유명한 투자전문성 잡지《국제금융리뷰》의 2010년도 유럽, 중동, 아프리카지역에서 최고의 거래상으로 선발되었다.

《국제금융리뷰》 최고의 거래상

❦ 중국인은 어떤 일을 하고자 맘먹으면, 그들은 각종 방법을 동원해서 사력을 다한다. 그리고 절대 목표를 포기하지 않는다. 보르소드 화학 CEO 울프갱

짠춘신에게 상을 수여하는
이탈리아 대통령

현재 중리엔중커의 진열장 안에는 사람 두 명이 나란히 서있는 사진을 볼 수 있다. 여기서 다른 점은 사진 속의 인물은 이미 20년의 역경을 지나왔다. 그들의 표정과 그들 뒤의 중리엔중커는 똑같이 역사의 무게를 간직하고 있다. 이 모든 것을 변화시킨 건 시간뿐만이 아니라 그들이 만난 사람들과 그들이 선택한 파트너들이다.

오늘날 합병의 조류 속에 시장은 자연스레 각양각색의 역할을 만들어내고, 자본의 동맹은 그들에게 이익을 가져다 주며, 서로 충돌하며 발전한다. 만약 다같이 이익을 얻고자 하는 마음만 있다면, 이익을 얻는 길은 반드시 열려 있을 것이다.

<PE투자의 "양면성">

리우챤즈(리엔샹 투자회사 회장)

　　나는 PE가 중국산업에 대한 촉진작용과 중국에서의 발전가능성을 높게 평가한다. 동시에 나는 PE에게 묻고 싶다. 가장 묻고 싶은 것은 PE의 재무투자 성질이다.

　　나는 2007년의 '화남 호랑이 사건'이 매우 기억에 남는다! 2007년 10월 12일 샨시(陝西)성 임업청은 사냥꾼 쪼우쩡롱이 디지털카메라와 필름카메라로 촬영한 화남 호랑이사진을 공개했다. 그 후 사진의 진정성은 일부 네티즌, 화남 호랑이 전문가와 중국과학원 등의 의심을 샀고, 전국적인 이슈가 되었다. 화남 호랑이와 PE는 육안으로 보기엔 실제적으로 너무 차이가 나는 두 가지 사물이지만, 자세히 생각해보면 비슷한 점이 많다.

　　당신이 PE를 보면 "후퇴하지 않으면 들어가지 않는다."(상장 철회 되야 투자가 가능함을 비유), "하나로 열 개를 얻는다."는 특징이 있고, 순리적 목적성과 공격형 방면에서는 호랑이와 매우 유사하다. 그래서 PE는 '진짜 호랑이'이라 해도 손색이 없다. 그러나 PE를 어떻게 대할 것인지는 국내에서 한동안 '화남 호랑이사건'과 같이 두 가지의 분명한 의견으로 갈라졌다. '호랑이 공격파'는 PE는 빠른 시간 내에 현재목표를 실현시키기 때문에 중국산업에 수탈성 파괴를 진행시켜서, 정부가 철상자로 그것을 가둬서 그것의

활동을 제한시켜야 한다고 주장한다. 그러나 '호랑이 보호파'는 PE가 중국 산업 향상을 촉진시키는 특별한 작용을 가진다고 생각하기 때문에, 호랑이를 산에 방생하거나 혹은 길들여서 그것을 '우리를 위한 용도'로 써야 한다고 주장한다.

생각해보면, 사업을 일으켜 세우는 회사 중에서, 리엔샹투자회사는 비교적 빨리 PE의 가치를 알게 된 기업 중 하나다. 2001년 리엔샹이 스핀오프(모회사로부터 분리 독립한 자회사의 주식을 모회사의 주주 등 관계인이 취득함으로써 지배권의 구조에 변경을 가져오지 않는 주식회사 조직의 재편성 방식을 말한다) 후, 우리가 설립한 새로운 첫 번째 회사가 바로 리엔샹 투자주식회사이다. 현지 투자기금 중, 제일 첫 번째로 금융투자관리 사업의 일환으로 사모펀드 형식을 선택했다. 2003년 창립한 홍이투자는 전형적인 국제PE의 중국현지 합병투자 기구와 더욱 비슷하다. 지금까지 시장에서 4년 넘게 힘들게 일했고, 업적을 세웠으며, 시장의 평판도 얻었다.

나는 PE가 중국산업에 대한 촉진작용과 중국에서의 발전가능성을 높게 평가한다. 그 이유는 국제시장과 비교했을 때, 중국의 시장환경 특징은 PE에 매우 적합하다. 첫 번째는 VC(창투자금)와 초기에 선호했던 사업과 다르다. PE의 가장 큰 장점은 전통산업 기업이 발전과정 중에서 가치를 발현하고 창조할 수 있는 것이다. 해외의 전통산업은 이미 매우 발달되었기 때문에 발전에 제한이 있다. 그러나 중국의 전통산업은 다르다. 예를 들어 건축재료, 의류, 식품음료 등의 영역에서 소비가 상승한다고 했을 때, 한편으로는 산업의 위험성을 걸러내고, 다른 한편으로는 성장속도를 빠르게 할 수 있어서 PE 투자와 매우 적합하다. 두 번째는 국내 민영기업의 자원이 장기적으로는 부족하다. 마치 물을 주는 것처럼, 새싹 자체의 생명력은 비교적 길지만, PE의 진입은 '점적관수'와도 같다. 자금, 체제, 관리 그리고 기타 자원은 일단 침투하기만 하면 기업의 질적 변화를 가져온다. 세 번째는 국유기업의 산권개혁과 격려제도에 대한 것이다. PE는 아주 좋은 공구를 제공한다. 산권개혁을 진행하거나 관리계층을 합병할 때, 아주 쉽게 국유 자산유실의 불가 영역을 저축한다. PE의 출현은 시장화의 가격으로 말하면 기업과 관리계층의 정가이고, 표준에 맞게 국가기업의 개혁을 추진할 수 있다.

그럼에도 불구하고, 나는 가끔 PE가 궁금하다. 가장 궁금한 것은 PE의 재무투자 성질의 문제상에서 어떻게 다뤄야 하는 지다. 확실히 PE투자는 금융반환의 각도에서 고려해본다면, 산업자본처럼 그렇게 짙은 산업 특징을 가지고 있지 않다. 금융자본 혹은 재무투자로써 PE의 가장 큰 특징은 '나오지 않으면, 들어가지 않는 것'이다. 그래서 이러한 특성은 결코 PE가 산업에 대해 모른다고 단정지을 수 없고, 짧은 시간에 약탈만 일삼는 행위라고도 할 수 없다. 홍이그룹이 했던 유리사업을 예로 들면, 짜오링환과 그의 팀원들은 비록 유리전문가가 아니지만, 몇몇의 국내외 PE전문 인재들이 대표해서, 그들이 잘 알고 있는 그룹의 운영방법을 기업이 이해할 수 있는 전략적인 계획을 세웠다. 우리는 중국 유리사업이 비교적 분명한 경기주기곡선이 존재한다는 것을 알았다. 그리고 국외의 유리사업 파동은 비교적 적었기 때문에, 우리는 '중뽀어(中玻)'의 수출 전략을 택했다. '중뽀어'는 고급유리를 만들고 싶었지만 기술이 없었다. 그래서 우리는 필킹턴(Pilkington)을 가지고 와서, '중뽀어'를 따라 란싱(蓝星)그룹을 합병하는 것이다. 그러나 '중뽀어'의 쪼우청(周诚 : 중뽀어 회장)은 능력자이고, '란싱'의 짱짜오형(张昭珩 : 란싱 회장) 역시 역량 있는 사람이다. 이 둘은 어떻게 합병할까? 내 경험상으로는 두 지도자는 우선 친구가 되어야 한다. 그리고 누가 회장자리를 맡고, 누가 CEO가 되어서 각자의 부하를 어떻게 융합하고, 어떻게 순조롭게 합병을 해서 두 지도자 사이가 조화를 이룰지 생각해야 한다. 이런 방법은 우리가 긴 시간 모색한 것이다. 왜냐하면 우리는 다른 기업과 합병 한 적이 있고, 합병을 하면서 있었던 문제들을 경험해 보았기 때문에 이러한 조언을 할 수 있는 것이다.

국유기업은 PE의 작용이 매우 크다. 국유기업을 체제의 철상자로부터 해방시키는 것과 같다. 만약 진짜 호랑이가 밖으로 나온다고 한다면, 거기에다가 날개를 달아주는 것과 같은 격이다. 민영기업도 마찬가지다. 모두 PE와 멍니우(蒙牛)가 체결한 '평가조정협의'를 보았을 것이다. 항상 PE가 타인의 편의를 차지한다고 생각했었는데, 나와 니우껀셩(牛根生 : 멍니우 회장)과 단독으로 만났을 때, 그는 오히려 3곳의 PE가 멍니우의 실제적인 도움을 준다고 이야기했다. 멍니우가 어려울 때, 대출이 힘들 때, 그의 산업자본을 이야기 할 때, 지배적 지분을 내놓으려 했으나 니우껀셩은 3곳의 PE를 찾았다. 우리는 현재 PE가 많은 수익을 얻은 것을 보았다. 하지만 니우껀셩은 그들은 당연히 수익을 얻어야 하며, 자신보다 그들의 수익이 더 많아야 한다고 말한다. '평가조정'의 결과는 멍니우가 예상했던 금액을 초과해서 실적목표를 달성했고, 거액의 상금까지 얻었다. 이런 포부와 체제로 일을 한다면, 기업은 쉽게 발전 할 것이다.

산업자본의 투자에 대해서 그것을 환영하기도 하고, 방비하기도 한다. 그것에게 잡아 먹히는 것을 방지하기 위해서, 사전에 조항을 반드시 분명히 해둬야 한다. 그렇지 않으면 몇몇의 기업들처럼 피동적인 국면에 처할 수 있고, 그때가 되면 서로 잘못을 인정하지 않고, 더욱 난감한 상황으로 치달아 모두 유쾌하지 않을 것이다.

원문 출처 《IT타임스》, 2008년 제Z1기

<중국은 어떤 PE를 원하는가?>

왕오우(중국 증권감독관리위원회 연구센터 연구원)

중국경제 발전의 특징은 혁신형경제의 건설이다. 많은 PE기관과 그것을 위해 일하는 직업투자자들의 노력이 고스란히 담겨있다. 하지만 만약 국내 PE사업이 앞으로도 여전히 현재의 발전방식 상태로 계속된다면, 국민경제발전의 수요는 갈수록 점점 멀어질 것이고, 중국경제의 변화와 혁신형경제 건설의 거시적 환경은 갈수록 대립할 것이다.

2009년 우리나라 연간 GDP 증가폭은 8.7%에 달하고, 세계에서 단연 눈에 띄었다. 그러나 앞으로의 우리나라 경제발전은 여전히 매우 막중한 임무를 띠고 있다. 한편으로는 개혁개방 이래로 우리나라 국민경제 발전은 오랫동안 높은 수출에 의존해왔는데 이것은 반드시 조정이 필요하다. 다른 한편으로는 2009년에 국가에서 정식으로 시행한 일련의 투자 촉진 정책이 경제의 미친 작용은 매우 선명했다. 정부의 대규모 투자는 지난 1년의 경제성장을 촉진시킨 주요 요소라 할 수 있지만, 이런 방식을 계속 유지할 수는 없다.

1. 혁신은 경제변화의 유일한 출구다.

상관된 연구에 의하면, 중국의 자본증가량 산출률(매 1%씩 증가할 때마다의 GDP가 필요로 하는 투입자본)은 6이다. 그러나 1991년부터 2003년까지의 평균치는 4였다. 바꿔 말하면, 근래 우리나라는 1%의 경제성장을 하기 위해 사용해야 할 자본량이 대폭 상승했고, 경제발전 효율은 해마다 하락하는 것이다.

이것으로 말미암아 우리나라 경제발전형식의 변화는 이미 피할 수 없는 상황이고, 금융위기는 이러한 형태의 시급성을 더욱 촉진한 것을 볼 수 있다.

20세기 80년대 중반 이래로 미국이 앞서 시작한 경제기구 대조정은 이미 세계 각국에 퍼졌고, 자본과 기술의 촉진하에 첨단기술산업은 비약적으로 발전했다. 혁신형 기술, 혁신형 상품과 혁신형기업은 이미 미국, 일본, 유럽 등 선진국가와 지역을 필두로 경제기구의 조정과 경제발전형식의 변화를 가장 먼저 했고, 우리나라 미래의 경제변화의 길에 있어서 본보기를 제공해 주었다. 혁신은 산업기구의 조정과 경제발전 형식변화의 유일한 출구다. 금융위기 후, 저탄소 경제와 새로운 에너지 자원은 미래의 세계경제기구 조정의 핵심이 되었다.

경제혁신의 본질은 반드시 시장이 가진 힘에 의해서 결정된다. 2009년 11월 우리나라는 오랫동안 준비해온 차스닥(우리나라의 코스닥과 마찬가지인 장외시장을 말함)을 성공적으로 내놓았고, 혁신형경제를 위해 비교적 이상적인 자본운용 공간을 제공했다. 2009년 연말까지 이미 42개의 기업이 성공적으로 차스닥에 등록했다. 비록 긴 시간이 걸리더라도 우리나라의 차스닥 공간이 중국경제변화와 첨단기술산업 발전을 이끄는 선두기업이 탄생하기를 희망한다.

2. PE시장은 시장선별체제의 중요부분이다.

넓은 의미의 PE(private equity)는 창업투자와 주식투자를 포함한다. 이러한 전문적인 투자기관은 한편으로는 기업을 연결하고, 한편으로는 자본시장을 연결해서 가장 우수하고, 잠재력이 큰 기업을 선택해서, 큰 발전을 할 수 있게 전문투자기관을 돕는다. PE의 투자를 통해서 소기업, 특히 혁신형 중소기업의 융자경색을 어느 정도상에서 완화시키고, 우리나라가 자주혁신 국가전략의 구체화를 촉진시켰다. 그리고 동시에 이러한 기업은 자본시장공간을 통해 더욱 막강해져서 그들이 업계의 선두기업이 되도록 도와준다. 통계에 의하면, 현재 션쩐(深圳)거래소에 상장된 270여 개의 기업 중에서 80여 개는 상장 전에 사모펀드의 투자와 지지를 받았고, 우시(无锡 : 중국지명) 샹더(尚德 : 기업이름)와 찐펑(金风 : 기업이름)과기 등 대체에너지 자원과 관련된 기업의 고속발전은 사모펀드의 지지와 밀접한 관련이 있다.

다른 방면으로는, PE기관이 기업에 진입한 후 어느 정도 상에서 투자를 받은 기업의 관리조직을 개선시키고, 기업자금,기술,관리 등 시장요소를 효과적으로 편성해서 합병개편과 업계의 재조직 및 산업향상을 촉진시켜서, 경제구조의 조정을 추진했다. 예를 들어 홍이투자그룹은 중리엔중커를 도와 세계 3위의 이탈리아 콘크리트기계 제조기업을 성공적으로 합병시켜서, 강자와의 연합을 실현하여 이 기업이 더욱 막강해 지는데 큰 힘을 실어주었다.

오늘날 PE시장은 이미 우리나라 자본시장의 중요한 구성요소가 되었다.

우리나라의 혁신형경제 건설에 필요한 시장 선별체제의 중요한 부분이고, PE기금 또한 우리나라 자본시장에서 가장 활기 있고, 혁신성을 가진 전문투자 집단이 되었다.

3. 중국은 어떤 PE를 필요로 하는가

중국경제의 발전에 따라, 국내 PE시장은 최초의 십 수 년을 지나왔다. 최근 차스닥 출시에 따라 PE기금은 다시 한번 공중매체가 주목하는 초점이 되었다. 통계에 의하면, 2009년 연말까지 차스닥에서 공개 발행해서 상장된 42개의 회사 중에서, 32개 회사의 주주 중 PE의 그림자가 활약했고, 그 비율도 높았기 때문에 사회의 주목을 끌었다. 사람들은 묻지 않을 수 없었다. 이러한 기업들이 발행상장 과정 중에서 이윤이 대단히 많은 PE기관은 도대체 어떤 작용을 한 것일까? 진정 기업 발전의 촉진인가 혹은 단지 '차를 얻어 탄 것'일 뿐인가, 아니면 기업 발행상장을 빌미로 횡재한 것인가? 통계수치에 따르면, 상술한 차스닥에 상장된 32개의 기업 의 PE주주 중에서 절반에 가까운 기업이 정식으로 상장자료를 보고하기 전의 1년 내에 진입했다. 그 중 진입시간이 가장 짧은 것은 기업이 신고한지 한 달도 되지 않은 짧은 시간 이었다. 이렇게 짧디 짧은 시간 안에 돈 이외에도 이러한 PE기관은 기업에게 어떠한 가치를 가져다 줄 수 있을까? 도대체 PE가 기업을 돕는 것인가, 아니면 기업이 PE로 하여금 차를 얻어 타게 하는 것인가? 그도 그럴 것이, 시장이 이러한 기관의 행위에 대한 비난의 소리가 나날이 증가한다. 심지어는 그들을 중고시장의 조작행위로 취급한다.

일은 생각보다 간단하지 않았다. 2009년 국내 PE시장의 번영에 따라, 잇따라 몇 건의 PE의 명의를 이용해 법규를 위반한 사례가 발생되었다. 먼저는 상하이 후이러(汇乐 : 회사이름)는 최저보수를 가정해서, 불법으로 저금을 유입한 이유로 인해 조사를 거쳐 사업이 바로 중지되었다. 그 다음은 쩌지앙(浙江 : 지명) 홍딩(红鼎 : 회사이름)창업투자가 불법으로 자금을 모아 자금줄의 유지가 불가능하게 되자 설립자가 스스로 자수했다. 비록 이 2가지 사례는 특수하지만, 현재 국내 PE업계의 발전이 직면한 중요한 문제를 보여준다. 합법과 불법의 경계는 도대체 어디란 말인가?

한편으로는 일부 PE기관이 지분투자의 이름을 빙자하여, 단기적인 조작을 통해 고액의 보수를 챙기거나, 심지어 폭리를 취한다. 다른 한편으로는 소수 불법인이 PE의 이름을 도용해서 불법자금을 모으고, 사기를 쳐서 실정을 모르는 다른 투자자들에게 거액의 손해를 입히는 등 사회에 악영향을 끼친다. 이러한 기관은 업계명예에 먹칠을 하고, 심지어는 평판이 좋은 PE기관의 영향력에 까지 피해를 준다. 그래서 업계 내에서는 악화가 양화를 구축한다며 걱정하기 시작했다.

물론 중국경제의 발전, 특히 혁신형경제를 건설은 많은 PE기관과 그것을 위해 일하는 직업투자자들의 노력이 고스란히 담겨있다. 하지만 만약 국내 PE사업이 앞으로도 여전히 현재의 발전방식 상태로 계속된다면, 국민경제발전의 수요는 갈수록 점점 멀어질 것이고, 중국경제의 변화와 혁신형경제 건설의 거시적 환경은 갈수록 대립할 것이다. 이로부터 PE시장의 자연적인 발전과 자아조절이 중요하다는 것을 알 수 있다. 하지만 현재 중국경제발전의 사회환경과 분위기는 좋다고 말할 수 없다. 적절한 관리체제의 건립은 업계 규범을 세우는데 큰 도움이 되고, PE시장이 건강한 방향으로 발전할 수 있게 이끌어 준다.

4. 사모펀드 입법-미국의 계시

현재 국내의 사모펀드와 관련된 법률은 《증권투자기금법》뿐이다. 하지만 이 법은 공모(광범위하게 일반투자자를 응모대상으로 해 채권을 발행하는 것)의 증권투자기금을 포함하지만, 사모펀드(사모펀드 투자기금&PE기금)에는 영향을 미치지 않는다. 시장의 발전은 이미 법률을 제정한 사람을 향하여 도전장을 내밀었고, 현행 법률은 이미 기금업계의 발전 수요를 만족시킬 수 없기 때문에 《증권투자기금법》은 정비가 필요한 단계에 와있다. 그렇다면 이번 법 개정은 사모펀드업계의 대처방안, 특히 PE업계의 고속발전이 가져오는 도전에 어떻게 해결하느냐가 관건이다. 이 방면에서 미국시장의 발전 및 시장과 관리감독체제 사이의 상호작용은 우리에게 유익한 본보기가 될 수 있다.

미국에서는 PE기금과 국제단기자본 등 사모펀드에 관한 관리감독을 업계의 자율적인 기초상에서 재정했다. 가장 중요한 특징은 자율감독을 위주로 하고, 정부는 감독 보조역할을 할 뿐이다. 1993년 미국《증권법》의 Section4-(2)는 비공개의 방식으로 발행된 증권은 Section 5 등록심사 요구 면책 규정을 정했다. 이에 따라 조건에 부합된 미국의 사모발행은 규정에 따라 SEC등록을 할 필요가 없고, 번거로운 신청,조사,대조,회계사 허가 및 공개 매도청구 등의 순서절차를 면할 수 있다. 하지만 사모발행은 허위진술, 사기 등에 관련된 조항이 미비하기 때문에 적당한 규범이 필요하다. 사모펀드에 관한 주요 등록면제 감독원칙의 확립이 필요했다. 그래서 Section4(2) 규정의 구체적인 면에 부족한 것을 발견하고, 미국은 1940년에 또 한번《투자회사법》중의 제3(c)(1)(A)와 3(7)조를 사모펀드에 대한 정의를 더욱 확실시하고, 사모펀드 관리인에 대한 법규는 1940년《투자자문법》중에 개정되었다. 미국의 사모펀드에 대한 감독은《증권법》을 기초로 했다는 것을 쉽게 알 수 있다. 사모펀드 감독의 전체 원칙을 확립했고, 또《투자회사법》,《투자자문법》및 미국 증권감독관리 위원회의 일련의 원칙을 통해서, 사모펀드를 둘러싼 정의 및 알맞은 운영규칙을 체계적이고, 구체적인 규범을 시행했다. 비록 전체적으로 미국의 사모펀드와 관리인에 대한 등록면제 이념을 채택했지만, 업계의 규범적인 발전을 촉진시키고 업계의 자율조직 책임을 부여했다. 하지만 법률규정이 엄격하고, 관리체계가 복잡해서 우리는 분별하여 본보기로 삼아야 한다. 설령 이렇다고 해도 이번 금융위기 후, 사모펀드 관리감독에 관한 문제상에는 각각 그 정의가 다르다. 대다수는 업계의 자율성이 업계의 규범적인 발전을 유지하기에 불충분하기 때문에, 이것을 기초로 삼는 제도에는 더욱 엄격한 정부관리 감독체제가 필요하다고 여긴다. 2009년 12월 11일 미국 하원은 223대 202표로 새로운 금융감독 개혁방안이 통과되어 아래와 같은 내용을 확실히 규정했다. 비록 이러한 쟁론은 단기내에 미국 사모펀드 시장, 특히 PE시장의 발전에 대해 퇴보가 있을 것이라 예측했지만, 한층 강화된 관리감독은 대세의 흐름에 알맞다.

반대로 국내상황을 보면, 현재 시장은 《증권투자기금법》의 수정을 할 때, 사모펀드(주로 PE기금과 사모펀드 투자기금을 포함)를 그 범주에 포함시켜야 하는지에 관한 사항에는 아직도 많은 이견이 존재한다. 이 문제를 해결하지 않으면 미래 국내 PE시장의 발전은 오랫동안 '무법지대'의 공간에 처할 것이고, 안정적인 발전도 보장할 수 없다.

통일된 법률제정을 해야 하는지(사모펀드와 사모펀드 같이 포함 《증권투자기금법》시킨다는 뜻)는 우선 반드시 양자간의 본질이 같은가, "펀드"범주 안에 속하느냐를 고려해야 한다. 개념상에서 보면, 사모펀드(Privately Offered Fund)는 공개적인 선전을 하지 않고, 소수의 부유층이나 전문투자 경험이 있는 특정투자자들로부터 자금을 모집하고, 펀드운용방식 운영의 집합투자방식을 가리킨다. 그래서 사모펀드와 공모펀드를 비교했을 때 둘 사이에는 본질적인 차이가 존재하지 않는다. 단지 모집방식과 모집대상이 다를 뿐이다. 이로 인해 두 종류의 펀드는 당연히 《증권투자기금법》통일되게 조정을 진행해야 한다.

우선 일부의 같은 법률에 있어서는 두 종류의 펀드에 대한 구분을 확실히 해야 하고, 대중들이 이해하는데 도움을 줘야 하며, 둘 사이의 관계를 알고, 정확한 판별로 투자자의 이익을 보호해야 한다. 그 다음은 공모펀드와 사모펀드는 펀드의 모집방식에 있어서 비록 큰 차이가 존재하지만, 동시에 많은 공통점을 가진다. 예를 들어 둘 의 투자 속성,모집자금 속성들이다. 일부 법 중에서는 상술한 두 펀드에 대한 정의를 내렸고, 규칙을 명확히 통일시키는데 도움이 된다.(예를 들면 세금문제)

예전에 《증권법》, 《신탁법》과 《증권투자기금법》 3부 법률을 조직에 참여한 왕리엔조우(王连洲)씨의 말과 같이, "사모펀드의 발전은 시장이 객관적으로 내재된 요구이고, 원래는 반드시 막힘 없이 잘 통하게 하고 엄격함을 금해야 한다. 사모펀드와 공모펀드는 똑같이 자본시장에 없어서는 안 되고, 당연히 그것을 발전시켜야 한다. 이것은 시장규율과 요구에 대한 존중이다. 《증권투자기금법》은 이 부분의 내용에 대한 규정이 없고, 유감이라고 할 수 있다." 그래서 이 기금법의 수정은 반드시 입법자에게 보완할 수 있는 기회를 주어야 한다.

원문출처 《현대금융가》, 2010년 제3기

CROSS-BORDER
MERGER & ACQUISITION

거쳐야 할 길
An Essential Road

일본경제 전성기의 리더 소니부터 중국 글로벌그룹의 선두주자 리엔샹까지, 30년 이래 국제합병은 세계기업 경쟁의 판도를 다시 썼다. 국제합병은 왜 이와 같이 거대한 힘을 가지는 것일까? 국제합병은 앞으로 세계경제를 어떻게 글로벌시대로 진격시킬까?

제6장

거쳐야 할 길
An Essential Road

2003년 할리우드 대작 《스파이더맨》은 세계 각지의 영화관에서 상영되었다. 거미줄에 의지해서 고층건물을 옮겨 다니는 모습은 빠른 속도로 관중들의 사랑을 받았다. 영화 《스파이더맨》은 전세계에서 유행되었고, 영화 배후의 스파이더맨도 생생하게 나타났다. 그것은 바로 일본의 유명전자기업 소니였다. 20세기 80년대 미국 콜롬비아 영화회사의 합병은 소니를 미국이란 나라에 성공적으로 진출시켰고, 소니의 상품 역시 미국시장을 전면적으로 점유하기 시작했다. 미국의 가장 큰 전자제품 체인점 베스트바이에서 소니 상품이 한동안 독보적인 위치를 차지했다. 그러나 2011년을 시작으로 소니는 베스트바이와 손잡은 강력한 라이벌 리엔샹이 등장한다. 그의 뒤에는 전세계적인 국제합병, 바로 중국리엔샹의 미국 IT업계 거물 IBM의 퍼스널 컴퓨터사업이다.

1. 합병 후 소니의 변화

소니 역사자료관은 소니의 찬란한
역사가 담긴 곳이다. 이곳에는 세계최
초의 트렌지스터라디오, 컬러브라운관
TV, 워크맨, 가정용 소형 비디오카메
라 등이 보존되어 있다. 소니의 전자산
업 하나하나가 세계 1위를 창조한 것
은 틀림없는 사실이다. 많은 우수한 일
본기업 중에서도 소니의 기술실력을
뛰어넘기는 매우 어려웠다.

세계최초 트렌지스터라디오

세계최초 컬러브라운관TV

하지만 1989년 9월 27일 이 회사의
운명에 갑자기 변화가 생겼다. 소니는
46억 달러를 지불해서 미국 콜롬비아
영화회사를 합병한다는 놀라운 소식을
선포했다. 이러한 중대한 결정은 바로
소니회사 설립자 모리타 아키오가 내
린 것이었다.

세계 최초 워크맨

세계최초 가정용
소형비디오 카메라

🖝 소니는 반드시 일본기업이 세계로 진
출하는 본보기가 되어야 한다. 일본 소니회
사 설립자 모리타 아키오

모리타 아키오

소니는 세계적으로 유명한 전자제품 제조업체이고, 콜롬비아 영화회사는 할리우드 8개의 대형 영화사 중 하나이다. 두 회사는 아무런 상관없는 기업이 하나로 된 듯이 보였다. 해외에서도 소니 내부에서도 모두 큰 파문을 일으켰다. 일본 경제작가 야스노리 테이는 이렇게 말했다. "소니는 결국 하드웨어를 생산한 회사이다. 사람들은 '만약 소니가 음악영역에 손을 뻗었으면 이해할 수 있겠지만, 할리우드의 회사를 인수했다. 대체 뭐 하는 것일까?'라고 말할 수 있다."

일본에서 모리타 아키오는 '경영의 신'이라 불린다. 그는 40여 년의 시간 동안 녹음테이프를 제조하던 작은 공장 소니를 일본에서 가장 눈부신 기업으로 만들었다. 모리타 아키오같은 경영대가가 그의 나이 68세에 왜 이런 논쟁이 끊이질 않는 선택을 한 것일까? 이것은 소니 회사의 생사를 결정하는 중요한 일임에 틀림없다.

소니 역사자료관은 1975년 최초로 생산된 BETAMAX SL6300 가정용 비디오레코더(VTR)의 1호기가 전시되어 있다. 이 가정용 비디오레코더의 가장 큰 특징은 TV 프로그램을 녹화 한 뒤 반복적으로 볼 수 있다는 것이다. 이것은 비록 지금 보면 그다지 신기한 가정용 VTR이 아니지만, 전세계를 가정용 VTR 시대로 이끈 의미 있는 기계다. 그러나 확실히 해야 할 점은 가정용 VTR시장은 소니에 속해있지 않았다는 것이다. 가정용 VTR의 탄생 1년 후, 마쯔시다 그룹의 JVC가 곧바로 출시되어 VHS 녹화시스템 시대를 열었다. 소니의 BETA 비디오레코더는 제품품질이 매우 우수했다. 그러나 많은 영상제작회사가 마쯔시다에 속해있어서, VHS 비디오레코더는 BEAT 비디오레코더보다 3배 더 빠르게 시장에서 확산되었다. 그래서 1988년 소니의 BEAT 비디오레코더는 설 자리를 잃는다. 14년의 상업대전을 치르면서 소니는 결국 패배의 고배를 마셨다.

소니의 이번 참패는 모리타 아키오에게는 큰 충격이었다. 그는 확실히 알게 되었다. 앞으로 벌어질 경쟁에서 쓰러지지 않기 위해서는 절대로 기술의 선두주자의 위치에만 국한되어서는 안 되고, 좋은 제품을 생산하는 것 만이 회사를 경영하는 해답이 아니라는 것을 말이다.

🐢 우리는 회사를 경영하고 있다. 회사 경영의 개념은 만약 우리가 더 좋은 제품을 생산하더라도, 사는 사람이 없으면 이익이 발생하지 않고, 의미가 없게 된다. 우리는 하드웨어와 소프트웨어가 자동차의 앞뒤 바

퀴와 같아서, 반드시 속도를 맞춰 함께 나아가야 한다고 믿는다. 일본 소
니회사 설립자 모리타 아키오

76세의 쿠라하시는 소니의 결책층의 주요 구
성원이었다. 그는 회고하며 이렇게 소니의 콜롬
비아 영화회사 합병의 진상을 밝혔다. "어쨌든
소니는 첫발을 내디뎌야 했다. 합병을 통해서
소니의 실력을 발전시키고, 아울러 소니를 더욱

쿠라하시

강대하게 만들어야 했다. 모리타 아키오는 계속 이러한 시도를 하
려 했고, 미국에서 제작한 영화는 전세계로 팔려나갔다. 소니가 미
국에 진출한 후 미국 현지에서의 사업은 훨씬 편해졌고, 동시에 TV
와 라디오 등 기타 소니 제품의 판매를 촉진시켰다."

모리타 아키오는 국제 합병을 통해서 큰 변화가 생기기를 바랐
다. 소니를 전자제품 제조업체에서 영상물 제작업체로 변모시켰다.
세계 경제계에서 모리타 아키오의 합병을 통해 기업발전을 가속시
킨 방식에 대한 목소리는 각각 다르다.

🚐 리엔샹의 "무역, 일, 기술"과 "기술, 일, 무역" 논쟁

모리타 아키오는 소니회사 발전전략뿐만 아니라 소니와 일본기업이 직면
한 문제에 관해서 상세히 분석했다. 중국에서, 심지어 리엔샹의 역사에서도
이런 비슷한 논쟁이 있었다. 몇 년이 지난 후, 리엔샹그룹 회장 리우촨즈와
최초의 수석엔지니어 니꽝난원사는 리엔샹의 "무역, 일, 기술"과 "기술, 일,

무역"에 대해 다른 견해가 있었다. 예전부터 이어 내려오는 우리기업 성장방식의 복잡성과 "무역, 일, 기술"이 기업경쟁과 발전을 지속함에 있어 동등하게 중요하다는 것을 일깨웠다. 이에 따른 평론 한편이 있다. 사실 리엔샹은 "무역, 일, 기술"의 길을 따라 내려오지 않았다. 리우촨즈는 1991년 리엔샹그룹 최종표창회에서 6년간의 험난한 창업경험에 대해 이야기할 때, 리엔샹의 생산구조를 "기술, 일, 무역"으로 일체화시켰다. 리우촨즈는 최근 오늘날의 리엔샹은 여태껏 "기술, 일, 무역"의 길을 걷지 않았다고 밝혔고, 모든 IT기업이 "무역, 일, 기술"의 길을 걷지 않았다고 말했다.

☙ 역사적으로 보면, 합병은 단 기간에 합병측에게 많은 번거로움을 만든다. 비록 몇몇 회사는 잘 넘어갈 수도 있다. 그러나 내 생각은 다른 회사를 사려고 하지 말고, 자기의 회사를 일으켜서, 성장할 기회를 주는 게 맞다고 생각한다. 만약 당신이 어떤 업계에 발을 들여놓고 싶다면, 차라리 당신의 회사를 세워라. 국제 유명투자가 짐 로저스

🚐 로저스의 합병에 관한 다른 견해

짐 로저스(Jim Rogers)는 세계에서 유명한 투자자이자 금융학 교수이다. 국제적인 금융투기상 조지 소로스도 놀랄만한 퀀텀펀드의 창립과 거만함이 넘쳐흐르는 로저스 국제상품지수(RICI)는 《현대금융대가》, 《시장천재》등 유명한 세계투자 연감에 두 번 수록되어서, 투자자들의 탄성을 자아냈다. 그러나 합병에 관해서 로저스는 자신만의 독특한 견해가 있었다. 중국

짐 로저스

에서 처음으로 공개강연을 할 때, 로저스는 이렇게 말했다. "어떤 사람은 해

외합병을 진행하면서 아주 좋은 제품을 살 수 있지만, 또 어떤 사람은 재난과 같은 엄청난 실수를 할 수도 있다. 미국의 많은 연구 결과는 대부분의 상황에서 회사를 파는 사람이 회사를 사는 사람보다 똑똑하다고 밝혔다. 예를 들면 수년간 줄곧 성공한 회사를 해외에 팔고 싶었지만, 구매측은 판매측보다 회사에 대해 알지 못한다. 중국인뿐만 아니라 회사를 팔려고 하는 기업주는 반드시 조심해야 한다. 나는 자신의 회사를 세워서 천천히 크고, 강대하게 만들라고 조언해주고 싶다. 다른 사람의 회사를 사는 것은 더 간단한 방법일수 있지만 엄청난 문제들이 존재할 수 있다. 내가 알고 있는 것처럼 대부분 사는 사람은 파는 사람보다 똑똑하지 않다."

비록 줄곧 로저스와 같은 다른 관념이 존재했지만, 세계경제사를 되돌아보면 기업합병은 여전히 끊임없이 상연되고 있다. 최초로 전세계에 합병가치를 알게 해 준 사람은 모건이라는 미국인이다. 1901년 2월 이 금융 거물은 4억 원 달러로 강철대왕 카네기의 자산을 인수하고, 세계 최고 자산을 초월한 10억 달러의 주식회사를 세우고, 한번에 미국 철강생산량의 65%를 장악했다. 미국 상업계에는 이런 속담이 있다. "비록 하느님이 이 세상을 창조했지만, 1901년 모건에 의해 다시 재창조 되었다."

모건의 이야기는 기업성장의 또 다른 길이라는 것을 사람들에게 알려준다. 20세기 초반의 횡적합병은 현재 대공업의 형성을 촉진시켰고, 20세기 20년대부터 대규모의 종적합병이 과두독점하기 시작해서 20세기 50~60년대까지 다원화 합병은 또 한 무리의 초대형

기업을 육성시켰다.

🚐 모건의 이야기

1837년 4월 17일 존 피어폰 모건은 미국 코네티컷 주 하트퍼트의 한 부유한 상인 집안에서 태어났다. 모건은 어렸을 때부터 장사에 남다른 재능을 보였다. 특히 투기방면에 보통을 뛰어넘는 판단력이 있었고, 그는 투기능력으로 출세했다고 말할 수 있다.

존 피어폰 모건

1857년 갓 대학을 졸업한 모건은 뉴 올리언즈로 여행을 갔다가 커피장사로 큰 돈을 벌었다. 이 때문에 모건 아버지는 아들의 능력에 대해 칭찬을 아끼지 않았고, 아들을 위해 월가에 모건 상점을 열었다. 이곳에서 모건의 성공적인 생애가 시작되었다.

19세기 80년대부터 모건은 정식으로 모건 재단을 집권하고 본사를 뉴욕으로 옮긴다.

1892년 그는 에디슨 전기회사와 톰슨 휴스턴 전기회사를 하나로 합병시켜 제너럴일렉트릭(GE)회사로 만들었다.

19세기 후반 철도의 발전속도는 매우 빨랐다. 그래서 그는 몇 개의 큰 철도운영회사에 대해 새로운 계획을 진행한다.

1990년이 되었을 때, 그는 직접적으로, 간접적으로 철도 길이 8만 킬로미터를 장악한다. 이 길이는 당시 미국 철도의 2/3을 차지하는 수준이다. 이런 구상은 석유대왕 록펠러 역시 시도했었지만 성공은 하지 못했다. 그러나 모건은 록펠러처럼 엄청난 재력이 있는 건 아니었지만 결국 완성했다. 그 이유는 그가 관리할 수 있는 자금은 몇 십 배 심지어는 백 배까지 되었기 때문이다.

1901년 4월 1일 만우절 날 미국 철강회사 D.S.S Steel의 설립을 정식 선언하고, 성대한 기자회견을 열어 새로운 회사의 자금은 5억 달러 임을 알렸다. 모건의 소원이 이루어진 것이다. 이런 강철대연합은 아메리카합중국 역사상 보기 드문 성대한 일이고, 모건이 바로 이 성대한 사업의 주인공이다. 그가 인수한 카네기사업으로 이 철강회사를 설립한 것이다.

모건은 우선 제 1차 보어전쟁의 공채에 손을 쓰기 시작해서 총1500만 달러 상당의 공채를 사들인다. 이후에도 반복적으로 추가 구매한다. 실제적으로 모두 8억 달러 상당의 영국정부 공채를 구매한 것이다. 이렇게 많은 전쟁 부채와 공채사업은 모건의 입장에서는 무궁한 이익이었다.

1912년 모건 재단은 53개의 큰 회사를 장악하고, 총자산이 127억 달러에 달했다. 이 자산 중에서 금융기관 13곳이 4억 달러, 광공업회사 14곳이 6억 달러, 철도회사 19곳이 6억 달러, 공익사업회사 7곳이 4억 달러였다. 모건은 이후에 계속 확장시켜서 재단의 위풍은 사그라들 기미가 전혀 없었고, 오히려 명성이 더욱 높아졌다. 모건은 대단한 가족을 남겼으니, 이것은 가장 먼저 설립한 '국채 구매를 담당하는' 월가의 관례이다. 미국 근대 금융역사상 가장 유명한 금융거물로써, 모건 아버지는 일생에서 많은 거대한 영향을 가진 일을 달성했다. 그러나 가장 화려하게 그 실력을 보여준 것은 그가 퇴직할 때쯤 거의 혼자서 1907년의 미국 금융위기를 구해냈다.

모건의 노년은 처참했다. 1912년 모건 재단의 기함 타이타닉호가 바닷속으로 침몰했다. 같은 해 국회는 조사에 착수하기 시작했고, 모건 재단은 미국 정부의 통제에 운명을 맡겼다. 75세의 모건은 국회위원회에 끌려가 심문을 당하고, 정신적 충격으로 2개월 후 세상을 떠난다.

모건은 1912년 당시 가장 큰 유람선 타이타닉호 처녀항의 1등 선실을 예매했을 때, 사정이 있어서 배에 오르지 못해서, 사고를 피할 수 있었다.(타이타닉호는 출항 4일 후 빙산에 부딪혀 침몰하여 1500명이 사망한 역사상 가장 큰 해난 중 하나이다) 이 방은 운행 중 아무도 들어가지 않았다. 1997년 영화《타이타닉》에서 여주인공이 묵었던 1등실은 이 방을 본떠서 제작한 것이다.

(원문출처http://renwu.hexun.com/figure_1596.shtml)

이로부터 합병은 점점 빈번한 활동이 되었다. 20세기 70~80년대 기업합병은 새로운 단계에 들어섰다. 인력은 세계 여러 곳에서 대규모로 유동했고, 시장은 국경선을 뛰어 넘었으며, 통신기술과 금융시스템은 세계를 하나로 연결시켰다. 기업은 점점 세계자원을 장악했고, 능동적인 자세로 쟁취했다. 이때, 국제합병은 지리적 한계를 극복하기 시작했고, 세계무역과 국제자본은 같이 인류를 경제 세계화 시대로 데려다 놓았다.

😀 나는 이것이 매우 바람직하고 건강한 현상이라고 생각한다. 세계화는 경제를 더욱 종합화 시켰다. 외자는 취업기회를 만들어낼 수 있고, 새로운 기술은 세계 범주 안에서 함께 누릴 수 있게 되었으며, 전세계의 상업표준 역시 하나로 통일될 수 있기 때문이다. 미국 국무부차관 로버트 호마츠

2. 리엔샹의 합병성과

2004년 설날 전, 리엔샹그룹의 내부회의는 분위기가 매우 엄숙했다. 이때 리엔샹은 이미 지명도가 높지 않은 기업에서 중국 최고

의 컴퓨터 업체가 되어있었고, 연매출은 수백억 런민삐(人民币)가 넘었다. 하지만 리엔샹그룹 대표이사 리우촨즈가 걱정한 것은 리엔샹 컴퓨터의 국내시장 점유율은 3년 동안 계속 오르락내리락했고, 어느새 시장의 천장은 리엔샹의 머리 위에 닿으려 했다.

리엔샹 그룹

당시 리엔샹은 중국시장에서 이미 30%의 시장점유율을 차지했다. 이 상황하에 점유율의 지속적인 증가와 투자, 생산을 비교해보면 리엔샹의 입장에서는 결코 최고의 선택이 아니었다. 리엔샹은 진출을 결정했고, 국제시장에서 실력을 뽐내고 싶었다. 진출은 아마도 하늘에 도전하는 경험이 될 수도 있다. 하지만 리우촨즈와 리엔샹 경영계층의 눈앞에 '진출'의 길은 별로 선명하지 않았다.

> ☻ 우리도 자주적으로 진출을 시도했다. 0을 시작으로 발전하는 것이다. 하지만 우리는 많은 어려움에 부딪혔고, 새로운 시장에 진출할 때마다 리엔샹은 아무런 영향력도 없었다. 리엔샹 그룹CEO 양위엔칭
>
> ☻ 당시 우리가 시장을 개척하는 것은 마치 만두가게처럼 한 국가 한 국가씩 가게를 열었다. 이 만두 체인점은 언제쯤 백여 개의 국가에 열 수 있을까? 리엔샹그룹 부총재 마쉬에펑

리엔샹그룹은 국내시장에서는 저해를 받고, 국제시장으로는 나아갈 수 없었다. 이때 세계 3위 그룹 IBM에서 해마다 손해를 보는

퍼스널컴퓨터 사업을 양도할 생각이
있다는 소식이 흘러나온다. 이 천재일
우의 기회를 놓고, 리엔샹의 경영진들
마음이 근질근질했다. 그러나 이때 리
엔샹 그룹 대표이사 리우촨즈는 망설

리엔샹그룹의 작업현장

였다. 그리고 신중히 결정을 내렸다. 왜냐하면 이것은 리엔샹 기업
전체의 생사존망이 걸린 문제이기 때문이다. 리우촨즈는 심지어 매
우 엄숙하게 당시 리엔샹그룹 부총재였던 마쉬에쩡에게 그와 마쉬
에쩡의 의견이 완전히 일치되지 않는다고 말했다. 몇 년간 모두 같
은 배를 타고, 같은 곳을 향해 왔다. 몇 년이 흐른 뒤에도 마쉬에쩡
은 아직도 기억이 생생했다.

골프치는 리우촨즈

골프장에서 홀인원의 확률은 겨우 십 몇
만 분의 일이다. 연매출액 30억 달러의 리
엔샹이 연매출액 100억 달러가 넘는 IBM
의 퍼스널컴퓨터 사업을 성공적으로 합병
하는 것은 두말 할 것 없이 어려운 일이다.
이것은 마치 골프장에서 홀인원을 시키는 것과 같다.

☻ 리엔샹의 IBM합병 위험은 50%가 훨씬 넘는다. 만약 합병에 어떠한
실수라도 발생한다면, 리엔샹 전체를 전복시키는 심한 타격을 입게 된
다. 리엔샹그룹 대표이사 리우촨즈

그렇다면 리엔샹의 IBM 컴퓨터사업 합병은 필연적인 선택일까? 만약 그렇다면, 합병의 길은 어떻게 걸어가야 할까? 리우촨즈는 이사회를 통해 리엔샹 경영진들을 합병진행에 대해 반복적으

리엔샹의 IBM 합병

로 검토시켰다. 이런 검토를 통해서 리우촨즈는 리엔샹이 도대체 합병 역량을 가지고 있는지 없는지를 알고 싶었다. 그래서 리엔샹팀은 IBM의 생산라인을 자세한 연구를 진행했다. 리엔샹은 1년의 시간을 들여서 자세히 컴퓨터 한대를 생산하는데 필요한 단위원가를 조사했고, 원가를 줄일 수 있는 가능성이 있는지, 가장 능률적으로 생산할 수 있을지를 판단했다. 목적에 도달하기 위해서 리우촨즈는 심지어 외부 전문가를 초빙해서 이번 합병에 대해 상세한 평가를 진행한다.

2004년 12월 8일 10개월 동안의 반복적인 비교와 협상을 거쳐서, 리엔샹은 12.5억 달러로 IBM의 컴퓨터사업 합병을 대외에 알렸다. 신중히 내디딘 합병의 첫 발걸음은 리엔샹에게 어떤 변화를 가져다 줄까?

리우촨즈와 모리타아키오는 비록 다른 시대에서 한 명은 중국기업의 리엔샹의 IBM 합병 선두주자로, 한 명은 일본의 경영의 신으로 살았지만, 그들의 행동은 신중했고, 결연했다. 둘은 차이가 있어 보일 수 있지만, 같은 상업논리를 가지고 있었다. 바로 그것은 국제합병을 끊임없이 상연시키는 진실한 힘이었다.

🙂 기업이 성장을 원한다면, 가치가 증가해야 한다. 그러려면 단 2가지 방식뿐이다. 한 가지는 기업의 유기적 성장에 의지하고, 기업 현재의 구조를 가지고 한 걸음씩 발전시켜서, 미래를 강하고 크게 만드는 것이다. 다른 한가지는 합병을 통해서 비약적인 발전을 실현하는 것이다. 춘화 자본기업 대표이사 후주리우

새로운 시대는 새로운 경쟁규칙을 가져왔다. 세계적인 회사가 되고 싶고, 세계시장에서 불패의 자리에 서길 바라는 점점 많은 기업들은 국제합병 이라는 지렛대의 힘을 빌린다. 금융위기가 오기전인 2007년, 세계적인 국제합병 거래액은 1만6천억 달러라는 역사상 최고에 달했고, 이것은 매일 300억의 런민삐의 거래액이 발생되는 것과 같다. 경제 세계화의 진행 중에서 점점 많은 기업은 합병의 길을 걸어가고 있다.

🙂 국제합병은 과거 20~30년대의 영향을 많이 받았다. 심지어 혁명적인 변화라고 말하기도 한다. 나는 만약 한 기업이 영원히 합병과 대립된다면, 잘못이 있을 거라고 생각한다. 기업은 매 순간 주시하고, 관찰하고, 합병할 수 있는 적기를 찾아야 한다. 하버드 경영대학원교수 타룬 칸나

2004년 리엔샹이 IBM의 퍼스널컴퓨터 사업을 인수할 때에도 이러한 합병규율을 따랐다. 그러나 이때의 리엔샹은 겨우 국내시장을 이끄는 중국회사일 뿐인데 IBM과 같은 세계적인 컴퓨터 거물을 컨

트롤 할 수 있을까? 이 문제는 리엔샹 외부뿐 아니라, 그룹 내 경영진들도 근심이 가득했다.

🙂 리엔샹은 IBM이라는 '고기'를 먹는 것도 매우 힘들지만, 잘못하면 목에 걸릴 수도 있다. **리엔샹그룹 부총재 마쉬에썽**

🙂 사실 리엔샹의 IBM합병의 가장 큰 위험은 퍼스널컴퓨터 사업이 IBM회사에서 돈이 안 된다는 것이었다. 리엔샹이 산 IBM 컴퓨터사업은 전년도 2억 원 달러의 손해를 봤다. 그리고 이 손해는 리엔샹이 짊어질 수 없었다. **리엔샹 그룹CEO 양위엔칭**

3. 위기와 출구

감당할 수 없는 적자는 2008년에 나타났다. 그 해에는 국제금융위기가 불어 닥쳤고, 리엔샹 컴퓨터의 시장 판매액은 15억 달러로 하락했다. 리엔샹그룹은 10년 이래 첫 번째 적자를 봤고, 그 액수는 2.26억 달러였다. 중국과 외국기업은 관리,문화화 발전이념상의 차이가 리엔샹 내부에서도 점점 나타나기 시작했다. 이번 합병은 시작한 것부터가 잘못인 걸까? 양위엔칭은 아래와 같은 해석을 했다.

🐾 금융위기는 리엔샹이 합병 분야에서는 부족하다는 것을 여실히 드러냈다. 이 부족함은 리엔샹이 전략방향을 분명히 하지 않고, 새로운 사업을 성장시키는 기회로 여겼기 때문이다. 그리고 전략방향에 대해서도 단호하고, 결단력 있게 실현시키지 못했다. 리엔샹 그룹CEO 양위엔칭

사실 같은 위기가 소니회사의 역사에서도 출현했었다. 소니회사가 콜롬비아 영화회사를 합병한 후, 부적절한 직원임용과 관리 통제력을 잃어서, 소니는 27억 달러의 손실액이 발생했고, 일본기업의 적자 역사에 기록을 남겼다. 만약 소니회사 내부에서도 합병을 하지 못하게 했다면 다시 시도했을지 의문이다.

🚍 합병 후 소니의 거액손실

1989년 9월 25일 소니는 32억 달러를 지불하고, 16억 달러의 대출을 받아 콜롬비아 영화회사, 콜롬비아 방송국, 삼성영화회사와 전국에 있는 삼성의 180곳의 820개 영화관을 합병을 진행한다고 발표했다. 콜롬비아는 주당 시장가격은 연초 12달러였고, 합병할 때는 21달러,소니가 입찰 할 때는 27달러였다. 그야말로 배가 된 것이다! 1994년 11월 17일 소니는 분기 재무보고를 하는 중에 소니의 콜롬비아 영화회사 투자 자산액은 27억 달러 감소했다고 밝혔다. 이 손해액은 당시 일본회사 역사상 가장 거액의 적자였다.

🐾 소니 경영진은 합병된 회사에 대한 잠재력은 진정 질의와 불만의 목소리가 아닌가 싶었다. 이때, 소니회사의 본사직원은 이렇게 답변했

다. "노력은 좋지만, 사람들 도와주는 방향이 엇나간 게 아닐까요?"
일본 경제작가 야스노리 테이

    행운인 것은 1997년 TV회사 CEO출신의 하워드 스트링거가 소니에 들어오면서 희망을 가져왔다. 그의 노력 하에 소니의 기술은 마침내 영화제작 방면에서 두각을 나타내기 시작했다. 할리우드의 별빛 같은 길에는 매일 세계 각지에서 온 여행객들이 이곳에서 미국 영화 속 인물을 볼 수 있다. 2003년 3분기에 영화《스파이더맨》은 이곳에서 세계로 수출되어 소니 영화회사는 순이익 1254억 엔을 벌었고, 소니 전체회사의 1년 이윤총액을 넘었다. 모리타 아키오의 합병 정책은 처음으로 결실을 맺는다. 이 영화는 미국문화의 상징일 뿐만 아니라 소니의 가장 사랑 받는 상품이 되었다.

    2005년 소니는 다시 할리우드로 출격하고, MGM영화회사를 매입하고, 동시에 수천만 편의 영화판권을 인수한다. 합병 3년 후, 소니의 주력상품 블루레이 디스크는 한바탕 치열한 전쟁에서 승리를 거둔다.

  🐛 이러한 전략은 모리타 아키오의 머리 속에서 열심히 생각한 결과다. 현재 일본,중국과 다른 여러 국가들도 모두 전자제품을 생산 할 수 있다. 이 업계의 전이과정 중, 소니는 TV에만 국한되지 않고, 이와 동시에 제작사업까지 할 수 있게 되어, 국제에서 소니의 경쟁력을 높였다. 소니회사 전략본부 부장 쿠라하시

🚚 2011 재정연도 : 소니의 또 한번의 손실

[중신왕2012년5월11일자] 보도에 따르면 일본전자업계의 거물인 소니가 전년도 57.4억 달러의 적자가 생겼다고 발표했다. 그리고 TV사업은 2080억엔(26억 달러)의 영업손실액이 발생했다. 소니의 TV사업도 8년 연속 적자가 생겼고, 회사 전체 실적 하향과 연관된 중요한 요소 중 하나가 되었다. 소니는 일본 동경증권거래소에 상장된 주식가격은 나날이 하락하고, 현재 5.11%폭의 내림새를 보이고 있으며, 가격은 1151엔이라고 보도했다. 이번 주 주가는 시가 155억 달러로 떨어졌으며, 오늘 주가가 또 하락세를 보이며 소니 주가는 창립 32년 이래 최저점을 갱신했다.

로이터 통신은 소니의 워크맨과 플레이 스테이션 제조업체는 이미 창의성을 잃고, 경쟁상대인 애플과 한국 삼성전자 밑으로 떨어졌다. 그러나 소니는 이번 년도 회복을 예측했고, 플레이 스테이션의 전망이 좋기 때문에, TV사업의 적자 감소 등으로 호전적인 추세가 될 것이며, 소니는 내년 3월까지의 영업이익이 1800억엔 정도 될 것이라 추산했다. 새로운 CEO 히라이 가즈오의 경영하에 소니는 비용과 직원을 줄였고, 각고의 노력으로 TV사업을 바로잡았다.

🚚 재도전 : 소니의 적극적인 MGM합병

MGM회사(Metro-Goldwyn-Mayer, Inc.)는 1924년 설립되어, 1981년 미국과 합병한 유명한 미국영화 배급제조업체로써, 할리우드에 막대한 영향이 있는 회사다. 하지만 19세기 50년대 MGM회사는 점점 쇠퇴의 길에 접어들었고, 2010년 파산 위탁관리를 선언했다. MGM은 동양계 회사들에 의해 마치 무력한 어린아이처럼 여기저기 팔려 나간다. 소니회사도 그 동양계회사 중 하나일 뿐이었다. 2005년 4월 8일 미국시장감독부와 주주의 동의를 거쳐 소니(미국)회사 재단에서 48억 달러를 투자해서 MGM회사를 인수하고, 아직 미포함된 MGM의 상환금액 20억 달러의 부채가 있었다. 이것은 소니회사가 1989

MGM회사

년 30억 달러를 지급해서 콜롬비아영화회라를 합병한 후 두 번째로 큰 거래였다. 일각에서는 소니는 이번 합병의 대 주주가 아니라, 투자재단이 소니의 MGM에 대해 중요한 관리임무를 부여한 것이고, MGM회사의 거대한 영화 데이터뱅크의 배급과 시장경영을 책임지게 한 것이라고 말했다. 설령 합병 초기에 소니의 MGM합병에 대해 이견을 가지고, 소니가 MGM의 거대한 영화 데이터뱅크 등의 자산을 중요하게 생각했다면 결과는 달랐을지 모른다. MGM의 영화 데이터뱅크의 규모는 세계 3위이고, 4100편의 영화를 가지고 있다.(타임워너 : 세계1위, 영화 6500편 보유/ 소니엔터테인먼트 : 세계4위, 영화 3500편 보유) 합병 후 소니는 7600편의 영화를 보유하게 되었고, 타임워너를 제치고 세계 1위를 차지했다.

그렇지만 소니의 호사스러움은 근본적으로 MGM의 퇴세를 변화시킬 수는 없었다. 합병 후 빚은 산더미 같았고, 영화 관람객도 적었고, DVD 판매량 감소 등의 원인으로 MGM의 채무는 갈수록 늘어만 갔다. 위기의 순간에도 MGM은 소니와 같은 동양계 회사에게 주주의 동의를 얻어 등록한 자본을 늘리지 못했다. 2010년 초 MGM은 어쩔 수 없이 공개적으로 인수해갈 회사를 찾았지만 관심이 부족했다. 유감스럽게도 MGM은 2010년 11월 3일 아침 파산위탁관리를 선언했다.

리엔샹을 곤경에서 벗어나게 한 것과 같이 합병은 리엔샹에게 자원을 가져다 주었다. 리엔샹의 합병은 위기에 부딪혔지만, 합병이 가져온 변화는 리엔샹을 금융위기의 그늘에서 빠르게 벗어나도록 해주었다. 위기가 생긴지 1년 후인 2009년 리엔샹은 166억 달러의 판매액이 발생했다. 이 숫자는 리엔샹이 IBM의 퍼스널 컴퓨터 사업을 인수하기 전의 5배이다. 2011년 리엔샹의 연간매출액은 292억 달러에 도달했으며, 이 숫자는 무려 리엔샹이 IBM의 퍼스널 컴퓨터 사업 합병 전의 10배이다.

🚚 리엔샹그룹 2011/ 2012 연간실적 창조신화

리엔샹그룹은 2012년 5월 23일 날 2011년 사분기부터 2012년 3월 31일 까지의 연간실적을 발표했다. 리엔샹은 연간 매출액, 시장점유율과 세전 이익 평균이 창립이래 역사상 최고를 경신했다. 리엔샹의 연간매출액은 매년 37%에 달하는 296억 달러가 상승했으며, 리엔샹은 세계 2대 컴퓨터업체로 일약 상승한다. 연간 시장점유율은 12.9%에 달했다. 지난해 리엔샹은 성숙 시장과 신흥시장에서 끊임없이 '보호와 공격'이라는 전략을 진행해서, 모든 지역,고객시장과 제품류 별로 균형적인 성장을 했고, 그룹의 연간 세전이익 은 전년대비 6.3%상승한 5.82억 달러이다.

2011/ 2012년 리엔샹의 퍼스널컴퓨터 판매액은 전년대비 34.9%상승했 고, 전체사업은 3%의 상승폭을 보였다. 그룹의 연간 매출 총이익은 전년대 비 46% 상승한 34억 달러이고, 매출 총이익률은 11.7%이다. 연간 영업이익 은 5.84억 달러로 전년대비 53%나 상승했다. 리엔샹의 주식은 놀랄 만큼 상 승하여, 전년대비 7.3% 상승한 4.73억 달러이다.

리엔샹은 합병을 이용해서 얻은 THINKPAD브랜드와 IBM의 우수한 기술력을 통해서 시장의 입지를 굳혔으며, 러시아와 브라질 등 신흥시장에 진출하여 리엔샹 컴퓨터는 진정한 글로벌 상품이 되었다.

😊 시장이 큰만큼 경쟁도 치열하다. 중국에서 완만하게 하든지, 아니면 세계속으로 침투하든지 세계적인 기업이 되기 위해서는 시장도 넓혀야만 한다. 리엔샹그룹 대표이사 리우촨즈

베스트바이는 미국에서 가장 큰 전자 제품 소매 판매회사이다. 얼마 전 리엔샹의 노트북이 이곳의 진열대에 올랐다. 리엔샹그룹 부총재 치아오지엔(乔健)은 리엔샹이 성공적으로 미국 주류시장에 진입한 중요한 상징이라고 여겼다.

베스트바이에서 판매중인
리엔샹컴퓨터

😊 만약 합병을 안 했다면, 리엔샹은 아마 진출하기 매우 힘들었을 것이다. 미국 베스트바이와 같은 큰 쇼핑센터는 꿈도 못 꾸고, 아마 중국의 작은 시장도 진출하기 힘들었을 것이다. 리엔샹그룹 부총재 치아오 지엔

21세기에 진입하면서 리엔샹같은 점점 많은 중국기업이 국제합병 행렬에 출현했다. 2004~2010년 중국기업의 국제합병 금액 누계는 877억 달러에 달한다. 중국은 이미 세계 5대 대외투자국으로

부상했다. 국제합병은 조용히 중국기업의 성장방식과 중국의 경제 구조를 변화시키고 있다.

〈중국의 해외 직접투자와 국제합병 그래프(1980~2010년)〉

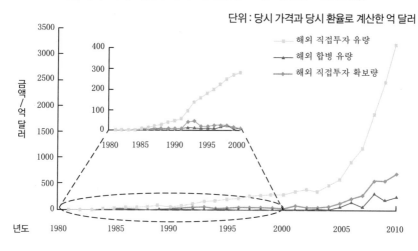

❤ 기술,브랜드와 특허는 해외합병의 방식을 통해서 얻을 수 있다. 합병은 산업구조의 변화와 조정을 촉진시키는데 매우 중요하다. 춘화 자본 기업회장 후주리우

❤ 인도에서 브라질까지 이러한 국가의 회사는 모두 해외시장을 개척하고, 다른 회사를 인수하는 것을 볼 수 있다. 이러한 추세는 피해갈 수 없으며, 특히 세계 경제의 시대로 유입되고 있다. 영국 《파이낸셜 타임즈》 부편집장 마틴 울프

만약 중국기업의 해외자산 합병 추세가 10년 동안 지속될 수 있다면, 이것은 매우 좋은 전략이다. 하지만 중국기업의 해외의 투자전략 및

관련기관의 합작과 국제합병 가능성에 대한 평가를 내린다면 그들은 아직 배워가는 과정 중에 있다. 미국 워싱턴경영대학원 교수 마이클 유심

리엔샹의 독일회사 합병에 관한 소식은 세계에서 가장 영향력 있는 경제매체《월스트리트저널》의 관심을 끌었다. 이번에 리엔샹이 합병하는 독일회사는 이미 중국 리엔샹은 2011년의 두 번째 시도였다. 그리고 몇 번의 국제합병을 경험을 한 리엔샹은 2011년 최신판《포춘》에 출현하여 세계 500강 명단에 올랐다.

〈리엔샹의《포춘》세계 500강 중의 순위〉

445		콜롬비아 국가석유회사(Ecopetrol)
446		허난 매업화공 그룹(Henan Coal & Chemical)
447	473	고베 제철(Kobe Steel)
448	430	하이네켄(Heineken Holding)
449		제록스사(Xerox)
450		리엔샹그룹(Lenovo Group)
451	346	스페인ACS그룹(ACS)
452	470	에보니크 산업(Evonik Industries)
453		고마쓰(Komatsu)
454	235	덴마크 단스케뱅크(Danske Bank Group)
455	390	라파즈 그룹(Lafarge)

《포춘》지를 토대로 중원왕(中文网)에서 발표한 2011년 세계 500강

기업 최신순위 중에서,《포춘》세계 500강 기업에 오른 중국회사의 수는 69개나 되었고, 작년보다 16개 증가했으며, 전체 수는 일본을 넘어섰고, 미국 다음으로 많았다. 아래는 2011년《포춘》지의 세계 500강 중국회사의 순위상황이다.

〈리엔샹의《포춘》세계 500강 중의 순위〉

2011 순위	2010 순위	회사명칭(영문)	영업수익 (백만 달러)	이윤 (백만 달러)
5	7	중국 석유화학공업회사(SINOPEC GROUP)	273,421.9	7,628.7
6	10	중국 석유천연가스회사(CHINA NATIONAL PETROLEUM)	240,192.4	14,366.9
7	8	국가전력망 공사(STATE GRID)	226,294.0	4,556.1
60	112	훙하이 정밀공업 그룹(HON HAI PRECISION INDUSTRY)	80,501.3	95,190.5
77	87	중국 공상은행(INDUSTRIAL & COMMERCIAL BANK OF CHINA)	76,673.3	24,398.2
87	77	차이나 모바일(CHINA MOBILE COMMUNICATIONS)	69,973.3	9,733.1
95	137	중국 철도 공사(CHINA RAILWAY GROUP)	67,414.1	1,106.3
105	133	중국 철도 건설 공사(CHINA RAILWAY CONSTRUCTION)	67,080.4	627.3
108	116	중국 건설은행(CHINA CONSTRUCTION BANK)	64,634.5	19,920.3
113	118	차이나 생명보험(CHINA LIFE INSURANCE)	60,535.6	3,505.4
127	141	중국 농업은행(AGRICULTURAL BANK OF CHINA)	59,212.4	14,015.4
132	143	중국은행(BANK OF CHINA)	56,696.1	15,425.5
139	242	노블 그룹(NOBLE GROUP)	55,748.2	605.6
145	182	동펑 자동차(DONGFENG MOTOR)	54,448.7	2,479.7
147	187	중국 건축공정 총공사(CHINA STATE CONSTRUCTION ENGINEERING)	54,257.2	1,364.6
149	156	중국 남방 전력망(CHINA SOUTHERN POWER GRID)	52,408.3	1,025.3
151	223	상하이 자동차 그룹(SHANGHAI AUTOMOTIVE)	49,537.2	1,914

162	252	중국 해양석유 총공사(CHINA NATIONAL OFFSHORE OIL)	52,408.3	7,238.7
168	203	증국 중화그룹(SINOCHEM GROUP)	49,537.2	797.5
197	258	중국 제일 자동차 그룹(CHINA FAW GROUP)	43,434.4	2,125.5
210	224	중국 교통건설(CHINA COMMUNICATIONS CONSTRUCTION)	40,414.2	1,394.1
211	276	상하이 보강그룹(BAOSTEEL GROUP)	40,327.4	2,230.4
220	254	중국 중신그룹(CITIC GROUP)	38,984.5	4,926.8
221	204	차이나 텔레콤(CHINA TELECOMMUNICATIONS)	38,469.3	443.5
226	275	중국 남방 공업그룹(CHINA SOUTH INDUSTRIES GROUP)	37,996.4	224.7
228	332	차이나 민메탈(CHINA MINMETALS)	37,555.1	523.1
246	327	콴타 컴퓨터(QUANTA COMPUTER)	35,721.1	590.5
249	348	중국 북방 공업그룹(CHINA NORTH INDUSTRIES GROUP)	35,629.4	533.6
258	281	(대만)국태인수보험(CATHAY LIFE INSURANCE)	34,795.5	-206.9
275	313	중국 화넝 그룹(CHINA HUANENG GROUP)	33,681.2	28.6
278	314	허베이 강철 그룹(HEBEI IRON & STEEL GROUP)	33,548.6	167.7
288	371	중국 인민보험공사(PEOPLE'S INSURANCE CO. OF CHINA)	32,579.4	573.5
292	356	션화그룹(SHENHUA GROUP)	32,446.1	4,256.4
296	315	중국 야금과공그룹, 중국MCC(CHINA METALLURGICAL GROUP)	32,076.3	296.9
310	330	중국 항공공업그룹(AVIATION INDUSTRY CORP. OF CHINA)	31,006.4	704.2
319	382	자딘 매디슨(JARDINE MATHESON)	30,053	3,084
325		쇼우강 그룹(SHOUGANG GROUP)	29,181.4	238.2
327	383	핑안 보험(PING AN INSURANCE)	28,927.2	2,557.3
330	436	중국 알루미늄 주식회사(ALUMINUM CORP. OF CHINA)	28,871	-41.1
339	431	콤팔 일렉트로닉스(COMPAL ELECTRONICS)	28,171	739.1
340	428	우한 철강(WUHAN IRON & STEEL)	28,170.4	227.8
342		중국 우정그룹(CHINA POST GROUP)	28,093.6	1,306.9
345	395	중국 화룬그룹(CHINA RESOURCES)	27,820.4	1,620.5

349	434	대만 국영 정유업체(CPC)	27,570.3	507.6
351	397	화웨이(HUAWEI TECHNOLOGIES)	27,355.7	3,509.1
353	352	중국 중강그룹(SINOSTEEL)	27,265.6	-216.7
361	302	허치슨 왐포아 그룹(HUTCHISON WHAMPOA)	26,925.9	2,579.3
365	312	중량 그룹(COFCO)	26,468.8	800.3
366	415	장쑤 샤강 그룹(JIANGSU SHAGANG GROUP)	26,387.8	396.5
370	368	차이나 유니콤(CHINA UNITED NETWORK COMMUNICATIONS)	26,025	181.4
374	412	차이나 다탕(CHINA DATANG)	25,915.4	-447.3
397	440	교통은행(BANK OF COMMUNICATIONS)	24,264.3	5,767.6
398		중국 위엔양 그룹(CHINA OCEAN SHIPPING)	24,249.7	1,161.3
404	477	차이나 궈뎬(CHINA GUODIAN)	24,016.4	114
407		중국 CEC(CHINA ELECTRONICS)	23,761.3	133.9
409	452	포모사 석유화학(FORMOSA PETROCHEMICAL)	23,734.3	1,299.7
429		중국 철로물자 총공사(CHINA RAILWAY MATERIALS COMMERCIAL)	22,630.7	107.3
430		중국 항공유료 그룹(CHINA NATIONAL AVIATION FUEL GROUP)	22,630.1	143.3
434		중국 기계공업(SINOMACH)	22,486.9	546.1
445		허난 매업화공 그룹(HENAN COAL & CHEMICAL)	21,714.7	325.6
499		리엔샹 그룹(LENOVO GROUP)	21,594.4	273.2
457		지중 에너지 그룹(JIZHONG ENERGY GROUP)	21,255.2	136.8
462		중국 선박중공업 그룹(CHINA SHIPBUILDING INDUSTRY)	21,054.9	762.4
466		중국 태평양 보험(CHINA PACIFIC INSURANCE(GROUP))	20,878	1,264.1
474		켐 차이나(CHEMCHINA)	20,715	15.9
483		저장 물산(ZHEJIANG MATERIALS INDUSTRY GROUP)	20,001.4	91.7
484		중국 건축재료 그룹(CHINA NATIONAL BUILDING MATERIALS GROUP)	19,995.8	313.2
486	487	에이서(ACER)	19,978.7	480.1
499		위스트론(WISTRON)	19,538.1	382.1

국제합병은 기업의 상업에 대한 꿈을 실현시키고, 기업가의 직업에 대한 이상을 실현시켜준다. "자유를 위한, 생각이 트인 세계적인 그룹" 이것은 소니 창시자가 1946년 썼던 선언문이다. 모리타 아키오가 없었고, 22년 전 그 국제합병이 업었다면, 오늘의 소니도 없었다. 비록 모리타 아키오는 1999년 10월 3일 세상을 떠났지만, 그는 세계적인 그룹을 남기고 갔다.

2011년 6월 New 《스파이더맨》은 뉴욕에서 촬영 중에 있다. 신기한 스파이더맨은 여전히 거미줄에 의지해서 고층 건물을 건너 다닌다. 그리고 현실의 상업세계 안에서 점점 많은 글로벌

New 《스파이더맨》로케이션

기업은 합병에 의지해서 발전의 길에 있는 장애물을 하나하나 건너며, 세계화 시대의 경제지구 위를 날아다닌다. 그렇지만 주의해야 할 점은 세계화와 국제합병의 길은 결코 순탄하지 않고, 향기 나는 꽃도 있지만 독초도 있다. 그리고 그것들은 희생을 무릅쓰고 용감하게 나아가는 사람들을 계속 기다리고 있다.

<대외투자: 중국경제발전의 디딤돌>

야오즈중(중국사회과학원 세계경제와 정치연구소 연구원)

중국의 대외직접투자의 가장 중요한 함의는 이러한 투자기회는 중국이 기회를 이용해서 장기적인 성장 원동력을 얻는 것을 의미한다. 현재 낮은 부가가치의 발전방식을 바꾸고, 국내 산업구조의 향상을 촉진시킬 수 있다.

미국 금융위기 후 국제자본의 움직임이 둔화되기 시작했고, 해외직접투자와 합병활동 역시 급격히 줄어들었다. 최근 몇 년 중국의 대외직업투자가 대폭 증가했고, 2010년과 2011년의 중국의 대외직접투자 총금액은 600억 달러를 초과했다. 중국의 이와 같은 상황은 일본의 20세기 80년대 엔화 가치상승 후의 대규모 대외투자 활동을 생각나게 한다. 따라서 중국의 빠른 대외투자 발걸음에 대한 의문이 존재하기도 한다. 이 질문에 포함되는 것은 첫 번째, 중국은 아직 발전중인 국가이고, 기업은 여전히 낮은 부가가치의 생산단계에 처해있으며, 규모 또한 크지 않고, 국제화 정도가 비교적 낮으며, 아직 선진국가 기업 합병에 대한 역량이 부족하기 때문에 오히려 빠른 대외투자는 '소화불량'을 유발해서 얻는 것보다 잃는 것이 더 많을 수 있다. 두 번째, 중국은 해외자원과 자원그룹의 대규모투자와 합병활동에 대해 다른 나라의 정치압력과 적대시하는 행위를 유발할 수 있다. 세 번째, 중국의 대외투자는 자본유출을 가속시키고, 국내투자를 감소시켜서 수요가 왕성하지 못한다면 중국경제 회생에 불리하다. 만약 상술한 질문이 모두 정확하고 중요하다면, 중국정부와 중국기업은 모두 더욱 신중하게 대외투자를 해야 하고, 심지어 대외투자의 발걸음을 늦춰야 한다. 그리고 지금처럼 대외직접투자와 합병활동을 증가시키면 안 된다. 그래서 상술한 질문의 대답은 현재의 대외투자 형세의 판단을 결정하고, 중국정부와 기업은 현재의 대외직접투자와 합병활동의 태도를 결정하기도 하며, 심지어 중국미래의 경제발전 방식을 결정하기도 한다. 그래서 본문은 상술한 질문에 대한 초보적인 이해를 제공하려고 한다.

1. 만약 금융위기가 없었다면

만약 미국금융위기가 없었다면, 중국의 대외직접투자는 어떤 상황이었을까? 이 문제는 미국금융위기 발생 전에 중국의 대외직접투자가 어떤 상태와 추세였는지 알 수 있다. 미국금융위기는 2007년 8월에 일어난 서브프라임 모기지론 위기다. 그래서 반드시 2007년 전의 중국 대외직접투자 상황을 눈 여겨 보아야 한다. 2006년 중국 대외직접투자 총액은 221.6억 달러로, 세계 17위를 차지했으며, 일본과 (중국)홍콩 다음으로 이미 한국과 싱가포르 등 신흥시장 경제국가를 초월했다. 중국의 이 투자규모는 당시 전세계 1.3만역달러의 대외직접투자금액 중에서는 별거 아니었지만, 성장속도는 놀라울 정도로 빨랐다. 중국의 대외직접투자 총액은 2003년 겨우 28.5억 달러였다. 그렇지만 2003년 이후 성장속도가 빨라지기 시작해서 2003년~2006년에는 연평균 95%가 상승했고, 같은 시기 전세계 대외직접투자 총액 성장률의 3배였다. 또 다른 세계 대외직접투자 연평균 22%가 상승한 고속상승기(1991~2000년)에는 중국의 대외직접투자 유량이 같은 시기 내 거의 0% 상승했다. 어째서 장기 정체되었던 대외직접투자가 2003년 이후 갑자기 폭발적으로 상승하게 된 것일까?

우선 개혁개방 20년 후 중국의 제조업은 이미 많은 발전을 했다. 특히 제조업의 최종생산단계는 충분한 발전을 했고, 앞선 발전방향으로 나아가는 내재적인 원동력이 생겼다. 중국은 세계 생산시스템에 폭넓게 참여하고 있다. 중국은 우세하고 선진적인 생산활동을 국외에 보유하고 있지 않지만, 공급처의 안정을 찾기 위해 노력한다. 외부충격을 공급처와 전체 생산활동에 피해를 주지 않고, 전체 생산과정 중에서 더 큰 증가치를 얻기 위하여 중국기업은 국외의 부속품, 에너지, 자원 심지어는 연구개발등의 가치증가활동에 대해 투자의 전략적 수요를 진행한다. 이런 종류의 투자 역시 현재 중국 대외직접투자 중 가장 주요한 구성부분이다. 2006년 중국이 에너지와 자원사업에 대한 대외투자는 한해 비금융업 대외직접투자의 48%를 차지한다.

다음은 중국의 제조업과 수출기업은 주로 OEM생산과 홍콩 등 무역중간상의 주문으로 인해 발전된 것이고, 막상 중국은 외부시장의 판매루트와 판매서비스 시스템을 구축하지 못했다. 이처럼 대외시장에 전격 의지하는 것은 오히려 대외판매 방식을 장악할 수 없게 되고, 기업이 대외판매 중에서 큰 이익을 얻는 데에도 불리하다. 또한 진일보한 투자와 생산확대의 위험을 증가시킨다. 다시 말해 이런 방식은 수출기업의 국내투자 위험을 증가시키고, 투자 수익을 하락시키는 것이다. 수출기업의 발전 상태와 투자규모가 확대됨에 따라서 이러한 기업은 투자에 대한 위험방지와 점점 높아지는 수익요구에 따라 점점 대외투자 방면에 자기만의 판매루트와 판매서비스 시스템을 구축하는 필요성이 생겼다. 이런 종류의 투자 역시 현재 중국 대외직접투자에서 중요한 구성부분 중 하나이다.

그 밖에 국내생산 원가상승도 기업으로 하여금 해외이동 생산능력과 기술향상의 필요성이 점차 생기게 되었다. 중국경제의 장기적 고속발전은 국민 생활수준을 큰 폭으로 상승시켰고, 농촌의 노동과잉 현상도 점점 감소시켰다. '루이스 전환점'시기는 빠르게 도래했고, 중국의 노동임금, 특히 해안지역의 농민공 임금이 2002년 이후 대폭 상승하기 시작했다. 그리고 2005년 런민삐의 가치까지 상승하기 시작해서, 국내 생산원가가 예측한 것보다 더욱 빠르게 상승했다. 많은 노동밀집형 생산활동은 중국에서 이미 우세한 생산방식이 아니다. 이러한 기업들도 이미 전이생산능력과 기술향상의 필요성이 생기기 시작했다. 동시에 중국은 2003년부터 환경보호와 에너지소모문제 관리에 대해 중시하기 시작했고, 기업은 점점 오염문제를 책임져야하고, 에너지 다소비와 오염기업도 해외전이 생산능력에 대한 필요성이 생기기 시작했다. 이런 투자는 비록 점점 증가하기 시작했지만, 아직 중국 대외직접투자의 주요 구성부분은 아니다. 2006년 중국 전체 제조업의 대외직접투자는 그 해 비금융업 대외직접투자의 겨우 5%정도 였다.

종종 계정 과목(計定科目:수입 지출의 명세)은 대외투자 순액이 증가하고 있음을 의미한다. 중국에서는 비교적 특수한 경우가 있는데, 종종 계정 과목이 기업의 대외투자를 나타내지 않고, 국가의 외화보유액 증가를 전환한다. 외화보유액 증가 역시 대외투자의 방식이지만, 단지 국가가 주도한 자본유출과 대외투자일 뿐이고, 국가가 보유한 국외자산의 증가를 나타낸다. 이런 국가는 기업 대외무역의 방식을 대체하고 위기 전에 생긴 심각한 문제, 즉 자원배분상의 효율손실 및 화폐가지 상승과 외화보유액의 지나친 상승으로 발생된 거시적 안정문제를 포함한다. 이런 문제는 중국이 정책상에서 비교적 자유로운 기업 대외투자의 관리체제와 격려로 기업을 해외로 진출시켰다. 미국금융위기 전의 중국은 이미 점점 강제외환결제가 약해지기 시작했고, 2008년에 강제외환결제는 철저히 취소되었다. 기업의 대외직접투자의 외화사용 규제도 점점 약해지거나 취소되었으며, 과거 외국환관리 상황하에 받았던 외화사용 제약의 투자활동은 일정 한도 내에서 자유로워졌다. 동시에 기업 대외직접투자의 심사절차도 정형화되고 간략화 되었으며, 해외진출 전략을 명확히 실행하고, 기업 대외직접투자를 촉진시키는 정책을 제정하고 실행하기 시작했다. 이러한 정책은 중국기업의 대외투자에 대한 저항을 감소시키고, 대외직접투자의 상승을 촉진시켰다.

이처럼 금융위기 전, 중국기업과 중국정부는 모두 대외투자의 전략요구를 재촉했고, 이미 대외투자의 고속성장을 실현하기 시작했다. 만약 미국금융위기가 일어나지 않았다면, 중국기업은 자가발전의 요구 하에, 정부의 격려와 촉진하에 적극적으로 해외진출 대책을 강구했을 것이다. 그리고 점점 생산단계에 대한 확대, 판매루트와 판매시스템 구축에 대한 투자를 했을 것이다. 동시에 이동생산능력과 기술향상에 대한 발걸음을 재촉했을 것이다. 만약 미국금융위기가 생기지 않았더라면, 중국의 대외직접투자 역시 고속확장의 궤도에 진입했을 가능성이 크다.

2. 금융위기가 중국의 대외직접투자에 어떤 문화를 가져왔는가

미국금융위기는 중국기업의 대외직접투자의 내재된 요구를 변화시켰을까? 분명히 중국기업은 상류로 발전하고 있고, 안정적인 공급 안정화와 기술향상의 내재된 수요는 금융위기로 인해 쇠퇴하지 않았다. 중국기업의 시장에 대한 안정과 해외판매 서비스망의 수요 역시 약화되지 않았다. 수출기업은 오히려 원래 있던 방식 하에 금융위기가 만든 거대한 수요쇼크를 받았기 때문에, 더욱 긴박하게 외부시장을 이해해야 했고, 외부 판매서비스망을 제어해서, 적기에 생산과 판매전략을 조정할 수 있도록 했다. 그리고 수요쇼크로 인해 받는 부정적인 영향을 낮춤으로 인하여 금융위기는 중국기업의 외부 판매서비스망에 대한 투자수요를 강화했다.

금융위기가 중국기업 대외투자에 대한 수요의 비교적 중요한 부정적 영향은 해외이동 생산력의 요구를 그다지 긴박하게 하지 않았다. 한 방면으로는 금융위기가 국제화폐 체계에 중대한 영향을 끼쳤기 때문에, 각국 화폐의 가치는 재조정이 필요했고, 대외투자의 레이트리스크가 커지게 된다. 이런 상황하에 비록 런민삐의 가치상승과 국내 임금의 상대적인 향상 추세는 별로 바뀌지 않는다. 하지만 이동생산능력을 통해서 생산원가의 하락위험은 커지고, 그로 인해 이런 기업은 해외이동 생산능력 방면에 관한 투자는 더욱 신중해졌다. 다른 방면으로는 금융위기가 외부시장 수요를 급격히 줄어들게 해서, 해외이동생산능력은 만약 시장수요의 지탱을 받지 못하면 이익을 얻지 못하게 된다. 이런 상황하에 기업은 차라리 생산량을 줄일지 언정 이동생산능력을 선택하지는 않을 것이다.

금융위기 전의 중국대외직접투자 구조 중에서, 기업의 안정적인 공급, 기술향상과 시장안정의 투자수요는 주된 요소였고, 이동생산능력의 투자는 비교적 적었다. 그래서 중국기업 대외투자의 수요는 금융위기 때문에 장기적인 영향을 받은 것은 결코 아니다. 게다가 금융위기는 중국기업에게 약간의 유리한 대외직접투자의 변화를 가져왔다. 이러한 변화는 아래의 몇 가지 방면에서 나타난다.

첫 번째, 국가가 기업 대외투자를 대신해서 더욱 심각한 문제가 발생했다. 외화보유액 상승은 비록 잠시적으로 국내 거시적 안정에 있어서 큰 문제를 만들지 않았지만, 외화보유액은 오히려 비교적 큰 가격하락 위험에 직면하게 되었다. 준비자산의 투자는 안전성과 유동성을 위주로 하기 때문에, 주로 미국국채 투자 '안전자산'을 위주로 한다. 하지만 현재 미국의 이율정책하에 채권가격은 이미 높아졌고, 미국 연방준비제도 이사회는 인플레정책을 시도해서 경제회복을 북돋았지만, 미래의 인플레이션과 이율은 대폭 상승함으로써, 채권가격은 큰 하락위험성을 가지게 되고, '안전자산' 역시 더 이상 안전하지 않게 되었다. 동시에 준비자산 규모가 커지고, 시장영향이 커지면, 자산종류와 화폐종류 사이의 자유전환이 어렵게 되어, 금융위기는 중국으로 하여금 더욱 급박히 현재의 국가가 기업대신 투자하는 방식을 바꾸게 함으로써, 대외투자 주체와 투자대상이 과도하게 집중해서 만들어진 곤경을 피할 수 있게 된다.

두 번째, 금융위기는 선진국과 몇몇의 신흥시장 경제국가의 여러 기업들을 곤경에 빠트렸고, 파산을 기다리거나 합병을 당하게 만들었다. 이러한 곤경은 단시간 내에 얻을 수 없는 은행 혹은 기타금융경로를 지탱하다가 생긴 것이고, 또 다른 이유는 시장수요가 위축됨에 따라 조성된 것이며, 곤경에 처한 몇몇의 그룹은 장기적인 경영가치가 없는 것이 아니라 아마도 임시적인 어려움일 것이다. 이러한 기업 중 중국의 상류기업을 포함할 뿐만 아니라, 중국기업이 특별히 필요로 하는 핵심기술 혹은 인재, 판매와 인터넷서비스 혹은 마케팅팀 구축 및 관리를 포함할 수도 있다. 이러한 기업, 기술, 인터넷서비스와 팀은 정상적인 경영과정 중에서, 중국기업은 사고 싶어도 사기 어려운 것이며, 금융위기는 중국기업에게 합병의 기회를 가지게 했다.

세 번째, 각국은 경제회복을 위해 대부분 기초시설투자를 확대시킴으로써, 국외의 기초시설 투자기회도 빠르게 증가했다. 중국의 기초시설투자와 건설영역은 비교적 강한 국제경쟁력을 가지게 되었다.

네 번째, 중국기업은 비록 미국금융위기와 세계경제쇠퇴의 영향을 받았지만, 과거의 고속발전은 이미 대량의 자산을 축적시키기 시작했다. 외화보유액이 비교적 충분하고, 대외투자 관리체제가 느슨한 상황에서 이러한 국내자본은 빠르게 대외투자로 전환될 수 있다. 세계 다른 국가 투자위축과 자본결핍의 상황하에, 중국의 자본은 더욱 가치 있게 되었고, 이로 인한 대외투자, 특히 해외 합병활동 중 더 좋은 거래조건을 얻게 되었다.

다섯 번째, 세계 다른 국가의 시장이 위축될 때 중국의 시장은 오히려 여전히 확대되었고, 이로 인해 중국시장은 세계시장 중에서 가장 흡입력 있는 시장이 되었다. 이점은 해외기업들이 더욱 중국시장을 중시하고, 중국기업과의 합작을 더욱 중요하게 여기게 되었다. 그래서 중국기업은 해외기업을 합병하기 위해서나, 혹은 해외기업의 전략투자자가 되어 더 많은 기회를 제공하게 되었다.

3. 이런 변화는 중국에게 무엇을 의미할까

전체적으로 보면 금융위기는 중국으로 하여금 대외투자 주체의 다원화와 투자대상 분산화를 더욱 촉박하게 했고, 또한 중국기업이 진출을 희망하고, 국가는 기업의 진출을 격려할 때, 해외의 더 많은 투자기회가 생겨서 중국기업을 더욱 유리한 투자지위에 올려놓았다.

이러한 투자기회는 중국이 직면한 명확한 복리개선 함의를 가진 대외교역을 의미한다. 세계 기타국가의 투자위축과 자본결핍(단 자원,기술,판매서비스망과 인력자원을 가진 것)그리고 중국기업이 부족한 자원, 기술, 해외판매 서비스망과 팀(단 충분한 자금)은 중국의 자본투자가 해외자원,기술,판매서비스망과 팀에 대해 분명한 복리개선 함의를 지닌 교역이다. 이러한 투자기회 역시 중국이 기업 대외투자 확대를 통해 현재의 외화보유액 위주의 대외투자 체계를 점점 깨뜨리고, 투자주체와 투자대상 집중화에 내포된 위험을 방지할 수 있다. 그리고 미래의 투자수익률과 중국경제의 자원배분 효율을 제고시킬 수 있다. 이런 기회는 중국기업의 대외투자 기회를 통해 국내 제품의 수요를 증가시키고, 국내의 과잉생산 능력을 하락시키고, 수출과 흑자를 증가시키는 동시에 외환보유액 증가를 막을 수 있다.

가장 중요한 함의는 이러한 투자기회는 중국이 기회를 이용해서 장기적인 원동력이 증가할 수 있음을 의미하고, 현재의 낮은 부가가치의 발전방식을 바꾸고, 국내 생산구조의 향상을 촉진한다. 자원, 기술과 인력자본은 중국 미래의 장기성장에 대해 가장 중요하고, 게다가 중국경제의 미래발전과 산업구조향상을 제약하는 가장 중요한 요소이다. 이번 금융위기로 생긴 기회를 이용해서, 중국은 해외의 자연자원, 기술 및 인력자본을 비교적 유리한 조건으로 사용할 수 있다. 특히 개혁개방을 한 오늘날, 중국기업은 이미 직접적으로 해외기업의 시장 경영활동을 관찰하는 과정에서 효율개선과 생산기술의 돌파구를 발견함으로써, 해외의 기술과 관리팀 인수는 현재의 경영효율과 생산기술을 향상시키는 중요한 방법이 되었다. 금융위기가 만들어낸 이러한 투자기회는 무엇보다도 더욱 소중하다. 그 밖에, 상류의 핵심 부속품과 마케팅활동의 발전은 중국기업의 가치증가활동을 2계단이나 상향 조정시켰고, 중국기업이 세계가치 사슬중의 지위 향상에 도움이 되었으며, 국내 산업구조의 개선을 촉진시켰다. 금융위기로 인한 투자기회 증가는 단시간이던, 장시간이던, 중국경제에 대해 모두 유리하다고 볼 수 있다.

4. 어떻게 이러한 변화에 대응해야 할까

미국금융위기는 비록 중국기업에게 유리한 대외직접투자의 변화를 가져다 주었다. 그렇다면 중국기업이 이 기회를 이용해서 대규모 대외투자를 해야 한다는 것을 의미하는 걸까? 사실 현재 이러한 상황에서 모든 투자가 이익을 가져다 주는 것은 결코 아니고, 투자동기와 투자대상의 선택이 중국기업 대외직접투자에 성공을 결정하는 중요한 요인을 만들 것이다. 전통적인 국제회사이론은 기업의 대외직접투자동기를 주요 4가지로 나눈다. 자원탐색형, 시장탐색형, 효율탐색형과 전략자산 탐색형이다. 금융위기가 중국대외투자상황에 가져온 변화를 살펴보면, 금융위기는 결코 중국기업의 시장탐색형 대외투자와 효율탐색형 대외투자에 큰 이익을 가져다 주지 않았고, 주로 자원탐색형과 전략자산 탐색형의 대외투자에 유리한 요소를 가져온 것을 알 수 있다.

시장탐색형의 투자는 주최국이나 주최국 근처시장에 서비스하는 투자를 가리킨다. 이 투자는 주로 수출장벽이나 고액의 운송비용을 피하기 위한 것으로, 투자를 수출로 대체하는 것이다. 금융위기는 비록 무역보호주의를 야기시키고, 일정 정도상에서는 이러한 투자를 촉진시킬 수 있다. 하지만 이런 투자는 중요한 전제가 있는데 그것은 바로 시장수요가 있어야 한다. 금융위기가 만든 수출하락은 수출원가 상승과 무역장벽에 의한 것이 아니고, 시장수요가 감소되었기 때문이다. 투자를 수출로 대체한 것은 시장수요를 증가시킬 수 없으며, 이런 투자는 많은 이익을 얻을 수 없다. 금융위기는 결코 시장탐색형의 대외투자에 기회를 가져왔다고 할 수 없고, 오히려 이런 투자방식에 제약을 주었다. 사실 금융위기 전 시장탐색형의 대외투자도 중국대외직접투자의 주요 구성부분은 아니었다.

효율탐색형의 투자는 세계범위 내에 부합하는 생산과정을 재배치 함으로써, 각국의 자질요소와 가격요소의 차이, 전문화와 경제규모이익을 최대한으로 이용할 수 있는 것을 가리킨다. 금융위기는 확실히 이 투자방식에 기회를 제공했다. 그렇지만 이런 투자는 주로 대형기업이 주도하고, 투자기업은 우선 각국의 생산경영조건과 세계생산 시스템에 대해 많은 이해가 필요하고, 또 기업 자체가 비교적 높은 국제화 경영 정도를 가지고 있어야 한다. 중국기업의 국제화 정도는 아직 비교적 낮고, 규모도 비교적 작아서 세계 범위 내 생산과정 시스템을 갖춘 기업이 별로 없다. 특히 이러한 투자는 비교적 긴 시간 동안 준비가 필요하고, 금융위기가 가져다 준 이 기회는 이미 세계 시스템에 맞게 준비를 마친 중국기업만 진행할 수 있다. 대부분의 중국기업은 금융위기의 기회를 이용해서 세계시스템에 맞게 진행이 불가능하고, 만약 이런 효율탐색형의 투자를 황급히 진행하다가는 오히려 관리와 조절능력 부족으로 효율손실을 가져올 수 있다.

자원탐색형의 투자는 주로 해외의 어느 특정한 고품질 혹은 저원가의 자원(주로 자연자원, 노동인력 및 뛰어난 인력자본 등을 포함)을 얻기 위한 것이다. 중국은 노동력자원이 비교적 풍부한 국가이지만, 노동임금의 상승에 따라 점점 해외의 더욱 저렴한 노동인력자원의 투자를 필요로 하게 되었다. 하지만 위에서 진행한 분석처럼 금융위기는 비교적 높은 레이트 리스크를 야기시켰고, 시장수요도 하락시켰으며, 생산원가를 낮춘 투자는 이익을 가져올 수 없게 되었고, 예전에 있었던 금융위기도 노동력 자원탐색형의 대외투자에 기회를 가져오지는 못했다. 그러나 자연탐색형과 인력자본 탐색형의 투자는 비교적 높은 수익을 얻었다. 그 주요한 원인은 금융위기는 중국기업으로 하여금 더욱 유리한 조건으로 그들이 필요로 하는 자연자원과 인력자본을 얻을 수 있게 되었다.

전략자산 탐색형 투자는 기업의 경쟁력을 높이고, 장기적으로 우수한 경영을 하기 위해 실행한 대외투자다. 예를 들어 중국기업은 공급자의 안정을 유지하기 위해 실행한 대외투자, 시장안정을 위한 해외판매 인터넷 서비스 투자, 핵심기술을 장악한 해외기업에 대한 투자, 심지어 중요 원자재를 생산하는 기업에 대한 투자 등 이 모든 것을 전략자산 탐색형투자라고 볼 수 있다. 이러한 투자는 중국기업의 대외직접투자의 주요방향이다. 금융위기 역시 중국기업으로 하여금 이런 투자 중 많은 기회를 얻게 해주었고, 게다가 더 많은 이익을 얻게 해주었다. 간단히 말해 금융위기는 중국기업을 해외자연자원, 기술, 판매와 인터넷서비스, 인력자원 및 기초시설방면의 투자는 더 많은 이익을 가져올 수 있게 했다.

하지만 이동 생산능력의 투자와 세계범위에 부합하는 생산과정 재조직에 대한 투자는 불리하게 되었다. 그래서 금융위기가 가져온 변화에 대응하려면 중국기업은 반드시 해외자연자원, 기술, 판매와 인터넷서비스, 인력자원 및 기초시설 방면의 투자를 빠르게 진행해야 한다. 그러나 이동생산능력의 투자와 세계범위에 부합하는 생산과정 재조직의 투자는 감소시켜야 한다. 이와 동시에 대외투자와 합병활동중의 유리한 위치는 중국기업의 전체입장에서 본다면, 이런 유리한 위치와 거래이익은 국내기업이 투자와 합병거래중의 경쟁으로 인해 침식될 수 있으므로, 중국기업은 대외투자와 합병활동 중 최대한 내부경쟁을 피해야 한다.

국가 정책에서 보면 기왕 금융위기가 만든 기회를 이용해서 보다 빠르게 대외투자 발걸음에 속도를 높여서 중국의 장기적, 단기적인 경제발전을 유리하게 하기 위한 지지와 격려정책은 매우 필요하다. 지금은 비록 외국환관리를 느슨히 하고, 대외투자의 심사절차도 간소화시키고, 상무부의 대외투자과정 중의 근무역할도 명확히 했다. 하지만 현재의 역할은 주로 《대외투자합작 국가별(지역)지침》과 《대외투자 국가별 산업방향목록》을 제공하는데 이것은 아직 매우 부족하다. 중국은 전문적인 기관을 설립해서 중국기업의 대외투자를 위한 소식, 투자와 합병거래 및 경영관리방면의 조력자역할을 해야 한다. 특히 해외 기초설비의 투자에서 정부의 지지와 참여는 꼭 필요하다.

5. 토론이 필요한 몇 가지 문제

상술한 분석을 통해서 금융위기 후의 중국 대외직접투자의 기본적인 태세를 알 수 있게 되었고, 따라서 앞부분에 언급한 분석에 근거해서 제시된 몇 가지 질문에 간단한 대답을 진행하겠다.

1. 어떻게 투자함정을 극복해야 하는가?

중국기업은 선진국 기업을 합병할 수 있는 능력을 갖추지 못했기 때문에 각양각색의 투자함정에 빠지게 되어, '소화불량'의 현상을 유발할까? 반드시 더욱 신중하게 대외투자를 하고, 금융위기의 기회를 이용해서 대외투자 속도를 빠르게 하면 안 되는 것인가? 중국기업의 대외투자에 대해 말하자면 함정은 주로 네 가지 큰 유형을 포함한다. 외국기업을 관리할 수 없는 것, 기술을 얻을 수 없는 것, 생산과정을 조정할 수 없는 것, 시장이 얻는 이익을 개선할 수 없는 것. 금융위기는 단기간에 중국기업의 국제화 경영능력을 향상시키지 못하고, 맹목적인 투자는 각종 함정에 빠트리게 할 수 있다. 하지만 정확한 투자목적과 투자대상 선택은 상술한 함정들을 피할 수 있게 한다.

앞에 상술한 것과 같이 개별적으로 이미 준비를 마친 대형그룹은 세계범위에 부합하는 생산과정 능력을 갖춰야만 한다. 그래서 대부분 기업은 해외대기업 합병을 시도하지 않고, 대규모 생산 재조정과정중에 있어 효율탐색형의 투자를 모면했을 때, 외국대기업을 관리할 수 없는 위험과 생산과정을 조정할 수 없는 위험도 피할 수 있다. 노동력자원 탐색형과 외부시장 탐색형의 대외투자는 모두 금융위기상황에서 시장을 개선할 수 없는 이유로 인해 투자함정에 빠질 수 있게 되고, 투자 실패를 야기시킨다. 하지만 이런 투자 역시 중국기업은 최대한 감소시키고 피해야만 한다. 투자자체가 외부시장을 얻기 위한 것이 아닐 때, 시장 개선을 할 수 없는 함정을 자연스럽게 피할 수 있다.

금융위기가 중국기업에 가져온 투자기회의 일부는 상류기업의 안정공급을 얻을 수 있게 했고, 일부는 외국의 인터넷 경영 및 고나리와 경영팀을 얻을 수 있게 했고, 일부는 동일 업계의 핵심기술을 얻을 수 있게 했다. 상류기업은 중국시장과 중국기업의 수요에 의해서 관리 난이도가 낮아져서 시장함정과 관리함정이 존재하지 않게 된다. 해외 인터넷판매에 대한 투자 자체는 해외팀과 관리능력에 의지해야 하고, 해외팀을 통해 기업의 국제화 정도와 기업전체의 인력자원 수준을 향상시킴으로써 관리함정 문제가 존재하지 않게 된다. 그러나 동일업계 기술을 얻기 위한 행위는 확실히 기술과 관리상의 함정이 존재한다. 이것은 합병협상 중 현재 중국의 우세 자본을 충분히 이용해서 유리한 조건을 첨부해서 함정을 피해야 한다.

이로부터 투자함정을 만드는 곳이 많다는 것을 알 수 있다. 본래 금융위기가 중국기업 대외투자에 기회를 제공해 주지 않는다. 단지 정확하게 중국기업이 기회를 분별하면, 어느 정도상은 투자함정을 피할 수 있다. 동시에 합병조건을 통해 우선 생산의 투자함정은 모면할 수 있다.

2. 어떻게 투자과정 중 발생하는 정치압력에 대응할까?

금융위기의 조건하에 중국의 국외자원기업에 대한 대규모자원과 합병 활동은 기타국가의 정치압력과 중국을 적대시하는 행위를 유발시킬까? 사실 정치압력과 중국을 적대시하는 행위는 결코 금융위기 때문에 증가한 게 아니고, 오히려 금융위기 때문에 감소되었다.

금융위기 전 자원생산대국은 중국과의 합작을 별로 중시하지 않았고, 각종 루트를 통해 중국기업의 진입을 막았다. 중국의 자원영역의 해외투자는 금융위기 전 이미 강한 정치적 압력을 받았고, 중하이요우(中海油)의 미국 유노칼(Unocal)사의 합병실패는 그 중 전형적인 사례다. 금융위기 후 세계자원 수요는 하락했지만, 중국은 안정적으로 끊임없이 자원수요가 증가했고, 자원생산대국은 이점을 특별히 보기 시작했다. 중국의 자본유입은 해외자원기업의 새로운 투자, 생산능력 확대와 취업을 보장시키고, 자원강국의 국민수입을 증가시키고, 경제회복을 촉진시켰다. 게다가 그들이 중국의 안정적으로 성장하는 시장을 획득하는 데 도움을 주었다. 이익 앞에서 정치압력과 중국을 적대시하는 행위는 크게 감소했다. 동시에 적당한 투자와 합병전략도 해외자원투자의 정치압력을 크게 감소시켰다. 예를 들어 해외자원의 통제로써가 아닌, 해외자원 기업의 전략가로써 확실히 정치압력을 감소시켰다.

3. 왜 국내투자가 아닌 대외투자가 증가해야 하는가?

중국은 여전히 세계에서 발전이 가장 빠르고 시장확대 잠재력을 가진 국가인데, 왜 중국기업은 국내투자가 아닌 대외투자를 해야 하는지 의문이 들 수 있다. 사실 중국기업의 대외투자는 대부분 외국의 시장을 얻기 위해서가 아니라 외국의 자원, 기술과 인력자본을 얻기 위해서다.

이러한 투자는 주로 기업의 지속적인 경영과 장기적인 성장능력을 향상시키기 위한 것이고, 게다가 대부분은 중국시장에 의한 것이다. 그래서 중국경제의 비교적 빠른 성장과 국내시장의 고속확장은 중국기업의 대외투자가 더 많은 이익을 얻을 수 있게 한다. 그리고 거시적인 경제상에서 보면 '중국기업의 대외투자는 자본유출을 가속시키고, 국내투자를 감소시키는데, 총수요가 부진한 상황에서 중국의 경제회복이 불리해지지는 않을까?' 라는 또 한가지 의문이 들 수 있다. 우선 대외 기초시설 투자는 중국 철강,

시멘트 등 제품의 수출을 증가시킬 수 있고, 중국의 총수요를 증가시켜서 경제회복에 도움을 준다. 그 다음은 국외 판매 인터넷서비스의 투자도 수출 증가와 경제회복을 촉진하는데 도움이 된다. 그 밖에 국외자원과 기술의 투자는 비록 중국의 총수요를 증가시키지는 못하지만, 국내에는 똑같은 투자 기회가 존재하지 않는다. 특히 국내투자의 크라우딩 아웃(원래는 경제학 용어로 정부지출이나 조세감면의 증가가 이자율을 상승시켜 민간소비 및 투자활동을 위축시키는 현상을 말한다. 최근에는 자본시장에서 국채의 대량발행으로 국채이율이 상승하면 민간자금이 국채로 흡수되고 전반적인 금리수준이 상승, 민간부문의 자금조달이 어려워지는 상태를 나타내는 용어로 사용되고 있다.)이 없게 되기 때문에 국내경제의 회복에 방해가 되지 않는다.

그리고 대외투자 재촉은 중국경제의 장기성장을 저해시키고, 일본의 20세기 90년대와 같이 장기적인 침체로 빠트리게 하는 게 아닐까? 라는 의문이 들 수 있다. 일본의 경제침체는 국내 거시적 정책의 실수로 인해 생긴 것이지, 절대 대외투자로 인해 생긴 것이 아니다. 사실 일본의 대외투자는 전체적으로 보면 비교적 성공을 거뒀다. 일본의 대외직접투자는 일본으로 하여금 장기적으로 흑자를 얻게 했고, 따라서 인구노령화의 상황에서 과소저축으로 생긴 문제를 모면할 수 있었다. 중국도 대외투자를 통해 앞으로 닥쳐올 인구노령화로 인한 과소저축 문제를 피해야 한다. 또한 앞에서 분석한 것과 같이 중국의 국외자원, 기술과 인력자본에 대한 투자가 중국 경제성장을 방해하는 게 아니라 장기성장 능력을 갖추는 데 도움이 된다는 것을 알 수 있다.

원문 출처 《국제경제평론》, 2009년 제3기

<해외 투자수익과 중국경제 전망의 관계>

위용딩(중국사회과학원 학부위원, 중국세계경제학회 전회장)

만약 중국이 향후 10~15년 사이에 해외투자 수익이 거액의 흑자를 얻지 못한다면, 중국경제는 아마 자원배분 실패로 인해 곤경에 처하게 될 것이다.

세계에서 가장 부유한 국가인 미국은 세계에서 가장 큰 채무국이기도 하다. 하지만 사람을 의아하게 하는 것은 세계에서 가장 큰 채무국인 미국의 투자수익은 여전히 유지되고 있다. 다른 사람에게 많은 빚을 졌고, 다른 사람에게 이자를 지급해야 하는데, 오히려 다른 사람에게서 이자를 받는다. 과연 경제학자들이 경제 토론해야 할 '암흑 물질'이 존재하는 것임에 틀림없다. 어쩔 수 없이 미국인의 영리함에 대해 감탄을 표시하는 것 외에도, 우리는 현재 국제금융체계의 불공정한 배치가 이런 현상을 만드는 중요한 원인이라고 말할 수 있다. 중국은 신생채무국 단계를 거치지 않고 바로 성숙채무국과 신생채권국 단계로 진입했다. 경상항목흑자와 투자수익항목적자가 있기 때문에 중국은 채무상환국이라고 할 수 있다. 이와 동시에 중국은 여전히 자본수출국이자 정채권국이다. 따라서 중국은 마땅히 투자수익흑자가 있어야 하고, 적자가 있어서는 안 된다. 그래서 중국은 정채권(净债权)을 가진 '채무국'이라 말할 수 있다.

확실히 중국의 국제수지구조는 미국 국제수지구조의 '반정립'이다. 둘은 공생물이며, 후자가 없으면 전자도 있을 수 없고, 바꾸어서 말해도 역시 그렇다. 나는 다른 나라의 직접투자가 부단히 증가함에 따라서, 중국투자 수익적자가 끊임없이 증가하는 것을 항상 우려했다. 중국 대외투자 수익이 빠르게 증가한다면 몰라도, 정상항목의 평행을 이루기 위해서, 중국은 반드시 무역흑자를 꾸준하게 유지시켜야 한다. 하지만 중국의 무역흑자 증가 가능성은 세계경제 성장상황 등 외부 요인의 제한을 받는다. 이런 가능성을 배제 할 수 없다. 만약 중국이 해외 직접투자 등 방식을 거치치 않고 해외자산의 수익률을 향상시켜서, 가령 중국의 정채권은 외화보유액으로 인해 더욱 증가하더라도, 중국의 투자수익항목은 여전히 적자일 것이다.

만약 이런 상황에서 변화가 생기지 않는다면, 중국은 영원히 채무상환국에서 신생채권국 단계로 넘어갈 수 없다. 따라서 이런 가능성을 배제할 수 없다. 중국해외투자 발전의 둔화로 인해, 외국 자본(주식)투자의 증가에 따른 투자숙인 적자는 결국 무역흑자를 초과하게 된다. 정상항목적자의 출현은 중국이 채권국에서 채무국으로 되돌아가는 것을 의미한다. 이런 상황에서 외자는 대량으로 유입될 수 없다. 현재 중국은 이미 노령화 단계로 진입했다. 앞으로 10~15년 내에 부모를 봉양해야 할 비율이 증가함으로 인해 중국 국민 저축률은 하락할 것이다. 만약 그 때가 되어 중국 투자수익적자가 증가한다면, 중국은 투자부족으로 인해 경제침체에 빠지게 될 것이다. 경제의 지속적인 성장을 유지하기 위해서 중국은 반드시 지금부터 한 해 한 해 축적시킨 해외자산으로 제공된 투자수익흑자를 가지고 노령화로 빚어진 저축부족을 메워야 한다. 만약 중국이 향후 10~15년 동안 투자수익의 거액흑자를 보지 못한다면, 중국경제는 자원분배 실패로 인해 곤경에 처하고 말 것이다.

만약 우리가 중국이 가진 쌍둥이 흑자 구조의 변화 필요성에 대해 동의한다면, 그 다음문제는 '어떻게 이러한 정책을 조정하느냐'이다. 나는 개인적으로 런민삐의 가치가 점점 상승하는 중요한 이유가 중국이 자본관리체제의 작용을 발휘 할 수 있어서, 투자로 인한 런빈삐의 가치상승 예측이 가능하기 때문에 대량유입을 저지할 수 있다고 생각한다. 과거 10년 동안에 나는 줄곧 자본항목 자유화에 대해 매우 신중한 태도를 주장했다. 그 이유는 런민삐의 자유태환은 반드시 중국경제체제 개혁의 마지막 단계라고 생각했기 때문이다. 위기의 발생, 발전과 경제가 만들어낸 치명적인 공격을 피하기 위해서, 우리는 튼튼한 방어벽을 만들 필요가 있다. 첫 번째 방어벽은 과잉 된 유동성을 확실히 저지시켜서 경제안정을 확보하고, 심각한 인플레이션과 자산거품이 생기지 않게 해야 한다. 두 번째 방어벽은 은행개혁을 계속 유지시키는 것이다. 우리는 이미 큰 성공을 거두었지만, 그리 견고하지는 않다. 왜냐하면 만약 거시적경제형세가 역전되고, 갑자기 악화되었다면 우리의 은행이 과연 좋게 평가될 수 있을까? 세 번째 방어벽은 국제자본유입의 관리를 강화시키는 것이다. 현재는 자본의 유입으로 인해서 사람들은 별로 위기감을 가지고 있지 않다. 하지만 자본의 유입은 문제가 생길 것이다, 몇 가지 명확히 해야 할 점이 있다: 첫째는 자본관제 혹은 자본관리는 중국에게 있어서 매우 유용하다. 몇몇 사람은 자본관제는 효과적이지 않기 때문에 아예 없애버려야 한다고 말하는데, 필자는 이 의견에 반대한다. 중국은행 시스템은 많은 문제를 가지고 있지만, 중국은 위기가 발생되지 않았다. 그 이유는 우리가 자본관제를 가지고 있기 때문이고, 이 점은 매우 중요하다. 비록 우리의 관제는 많은 결함이 있지만, 실제상으로는 그래도 효과가 있다. 이것은 이미 증명된 바 있다. 이 밖에 '들어오는 것은 엄격하게, 나가는 것은 관대하게'의 논법에 대해서 우리는 더욱 전면적인 해석이 필요하다. 현재 투자자본은 지금도 끊임없이 흘러 들어오고 있고, 런빈삐의 가치상승이 일단 요구하는 수준에 도달하면, 충분히 이익을 취한 후 빠르게 빠져야 한다. 만약 우리가 투기자본을 허용해서 확신을 가지고 달린다는 것은 결코 쉽지 않고, 투자자본의 유입은 점차 크게 감소할 것이다. 이 방면에서는 믿을 수 있는 위협적인 힘을 가진 방침을 제정해야만 한다. 자본관제는 중국 금융안정의 가장 마지막 방어막이고, 이 방어막을 지키면, 중국은 절대 심각한 일이 발생하지 않을 것이다. 하지만 만약 이 방어막을 지키지 못한다면 우리는 아마 치명적인 일이 발생할 것이다. 그래서 자본관제를 철저히 버리는 것, 즉 런민삐의 자유태환은 반드시 우리의 시장화 개혁의 최후 단계여야 한다.

어째서 우리가 자본관제를 포기할 수 없는지를 설명하기 위해서 나는 이한 가지 예를 들겠다. 당시(2007년)의 런민삐 예금총액은 17만 억 정도였고, 이것은 2.3만 억 달러와 같다. 정상적인 상황하에 사람들은 본위화폐 가격의 도량기준이 되고 가치척도의 기능을 다하여 한 나라의 화폐제도의 기초를 가지고 있지 않다. 만약 런민삐가 자유태환 된다면, 사람들은 일부분의 자산을 달러, 파운드나 엔화로 환전할 것이다. 만약 20%의 런민삐자산을 외화자산으로 바꾼다면, 4천억 원 정도의 달러가 된다. 이와 동시에 중국의 FDI(외국인 직접투자)저장량이 거대해진다. 외국인의 돈은 항상 움직이려 하고, 설령 원금이 움직이지 않더라도 이윤은 움직일 것이다. 만약 중국FDI 저장량이 5천억 달러라면, 외국기업의 이익률은 20%(세계은행에서 기준으로 해외기업 이익률은 22%)이고, 연 유출량은 1천억 달러이다. 만약 우리가 세계은행이 해외기업의 이익률을 과대평가해서, 이익률이 10%가 있다고 가정하면, 500억 달러가 있게 되는 것이다. 중국의 단기 외채는 1,690억 달러 정도다. 모든 항목을 다 합하면 아마도 6천억 달러가 될 것이다. 만약 어떤 해에 어떤 원인으로 인해서 중국경제에 문제가 생기게 되었다. 근데 이때 중국이 런민삐의 자유태환을 실행하고 있거나 혹은 자본관제가 존재하지 않는다면, 당신은 중국에 어떤 일이 벌어질지 상상할 수 있을까? 6천억 달러의 런민삐를 외화로 바꾸면 자본의 외유량은 매우 거대해진다. 짧은 시간에 자금이 대량 유출되면 런민삐의 가치는 대폭 하락할 것이다. 만약 런민삐 가치가 하락하면 사람들은 모두 급하게 런민삐자산을 외화자산으로 바꿀 것이다.이런 상황에서 중국의 외화보유액이 아무리 많아도 소용이 없다. 따라서 우리는 어쩔 수 없이 방어해야만 한다. 왜냐하면 우리나라는 너무 크기 때문에 일이 생기면 아무도 우리를 도와줄 사람이 없다.

나는 중국이 자본항목상에 있어서 有所作为(적극적으로 참여해서 하고 싶은 대로 한다는 뜻, 2002년 이후 중국이 취하고 있는 대외정책)을 해서는 안 된다고 생각하지 않는다. 무역흑자를 감소시킬 수 없는 상황에서 중국은 반드시 먼저 어떻게 자본항목 적자를 가지고 자본항목 흑자를 감소시킴으로써 정상항목 흑자를 가지고 쌍둥이흑자를 감소시키고, 런민삐의 가치상승 압력을 감소시키고, 외화보유액을 감소시켜서 성장속도의 평행을 이루게 할지를 고려해야 한다.

첫 번째, 가격왜곡으로 야기된 외자유입을 감소시킨다. 구체적인 방법은 대외투자의 우대조치를 취소하고, 외국기업의 국내 자금조달을 장려하고, 자본관제를 강화하고, 투기자본 유입을 방지하고, 런민삐의 가치를 상승시킨다. 그래서 중국자산을 외국구매자들로 하여금 최대한 비싸게 하는 것 등을 포함한다.

두 번째, 중국기업의 해외진출을 지지해서 점점 해외직접투자를 증가시킨다. 이 방면에서 중국은 이미 많은 성공적인 사례가 있다. 물론 중국기업의 해외진출은 반드시 순차적으로 진행해야 하는 원칙을 준수해야 한다. 그렇지 않으면 새로운 함정에 빠지게 되고, 주최국의 "인질"이 될 것이다.

세 번째, 해외진출의 순서를 보면 금융기업의 대외증권투자의 위치는 반드시 중국기업의 해외투자 다음이어야 한다. 국내 금융업계에서 가장 1순위가 되어야 하는 것은 인재를 양성하는 것이다.

네 번째, 해외직접투자와 금융기업의 대외직접투자로 인해서 단기간 에 규모를 형성할 수 없고, 자본항목 적자로 무역흑자를 균형 잡는 것은 단기간에 효과를 얻기 어렵다. 바꿔 말하면 중국은 반드시 외화보유액의 증가를 받아들여야 한다.

원문 출처《중국증권보》, 2010년 7월 9일 제A05판,
원문 표제《해외자산투자 수익률에 관련된 경제전망》

CROSS-BORDER
MERGER & ACQUISITION

중국에서 기회를
Opportunities in China

어째서 중국은 세계 최고 경영대학원의 주목을 받을까? 중국기업은 자신과 합병측에게 어떤 기회를 가져다 줄까?

제7장

중국에서 기회를
Opportunities in China

2011년 6월 10일 하버드대 경영대
학원에서 칸나교수의 MBA교과목 중,
강의한 내용은 중국기업의 국제합병이
었다.

2011년 6월 12일 와튼스쿨에서 마
이어교수는 리엔샹 브랜드의 발전에
대한 강의를 했다.

2011년 6월 4일 파리 고등경영대학
원(ESSEC)의 수업시간에 라르손교수는
중국 지리회사의 합병 건에 대해 강의
했다.

어째서 세계 최고 경영대학원은 모
두 중국기업을 주목할까?

하버드 경영대학원교수 타룬 칸나

미국 와튼스쿨 교수 마이어

파리 고등경영대학원 교수 라르손

크로스보더 : 국제인수합병
CROSS-BORDER MERGER & ACQUISITION

1. 지중해와의 인연

유명한 프랑스의 클럽 메드는 휴양
지를 대표하는 선두주자이다. 60여 년
의 역사를 가졌고, 전세계에 80개의 리
조트가 있으며, 매년 130만 명이 이곳
을 다녀가고, 연 수입은 약 14억 유로

오피오 리조트

정도이다. 프랑스 남부에 위치한 클럽 메드 오피오 리조트는 80개
리조트 중의 하나이다.

🚐 클럽 메드

클럽 메드(Club Med)는 세계에서 가장 유명한 호텔, 리조트 브랜드로 해
외 체인방식으로 경영한다. 설립자 제라드 블리츠(Gerard Blitz)는 예전에
벨기에 올림픽 선수였다. 그와 그의 친구들은 1950년 프랑스에서 운동협회
를 설립했는데, 그게 바로 클럽메드이다. 프랑스에 등록된 클럽메드는 특별
하고 품격 있는 숙박시설로 세계 여러 시장을 만족시키기 위해 노력했다. 이
그룹 수하의 리조트,호텔은 전세계 10개국과 지역에 분포되어 있으며 현재
색다른 주제와 독특한 휴가방식으로 경영하고 있다. 그래서 특히 어린아이들
을 위해 전문적으로 설계한 프로그램 및 GO(gentleorganizer : 리조트 상
주직원)를 조직해서 휴가기간에 아름다운 추억을 선물해 준다. 가장 주목해
야 할 점은 클럽메드는 호텔이 있는 여러 휴양지의 건설과 계획에 영향을 미
쳤다. 이색풍경의 식당, 바, 상점, 극장, 공예품 제작공간, PC룸, 각종 스포츠
활동, 헬스장과 안마시설 등을 한 명 한 명의 휴양객의 휴식과 즐거움을 만족

시키기에 부족함이 없다. 클럽메드는 여행숙박시설의 선두경영자일 뿐만 아니라, 삶의 질을 중시하는 낭만자이기도 하다.

2002년 헨리 드레스덴은 클럽메디의 수석집행관으로 취임했다. 수년간 성장이 느린 곤경에서 벗어나기 위해 그는 아시아로 눈길을 돌렸고, 그 중에서도 중국에 눈길이 쏠렸다.

😊 우리는 의심할 필요 없이 클럽메드를 중국휴양지 시장의 선두주자로 만드는 것에 힘쓸 것이다. 클럽메드 수석집행관 헨리

아시아전략 진흥계획을 실현시키기 위해서, 클럽메드는 우선 중국에 7개의 사무소를 설립했다. 그러나 설립초기 클럽메드는 한해 여행객이 2만 명에 불과했고, 한 해 전체 여행객 총 수의 1/60 정도였다. 게다가 7년 동안 단 한 곳의 리조트도 설립하지 못했다. 헨리는 그 문제의 해답을 알게 되었다. 그 후 중국합작 파트너를 찾아서 아시아 전략을 빠르게 실현시키고자 했다. 그리고 멀리 그리스의 피레에푸스 항만사무국 위원장 조지 역시 합작 파트너를 찾고 있었다.

😊 우리는 합작 파트너가 필요했다. 와서 현지의 문화를 이해하고, 일이 생기면 와서 해결하고 함께 대화할 수 있는 파트너를 말이다. 클럽메드 수석집행관 헨리

🐞 강력한 합작 파트너는 시장경제 시스템에서 영원히 강력한 요소이다. 피레에푸스 항만사무국 위원장 조지

2008년 그리스는 유로랜드 중 가장 먼저 금융위기 쇼크를 받은 국가로, 경제성장 속도가 급격히 하락했다. 심각한 채무위기에 빠진 그리스정부는 민영화 개혁을 진행하기로 결정하고, 가장 첫 번째로 가장 심각한 타격을 받은 해운업을 겨냥한다. 그리스정부 관원은 민영화를 통해서 항구의 운영, 건설, 토지를 촉진시키고 그 발전 방향이 조화를 이루기를 희망한다고 발표했다.

🚜 그리스 재정위기

2008년의 금융위기 쇼크는 2009년 그리스 재정위기의 하나의 작은 서막에 불과하다고 말할 수 있다. 2009년 10월 그리스 정부는 돌연 2009년 정부 재정적자와 공공채무가 국내총생산(GDP)의 비율이 각각 12.7%와 113%에 달한다고 예측했고, 이것은 유럽연맹《안정과 성장공약》에서 규정한 3%와 60%의 상한선을 초과한다고 발표했다. 그리스정부 재정상황이 현저히 악화되는 것을 고려해서, 세계 3대 신용평가기관 핏치 인베스터즈 서비스, 스탠더드 앤드 푸어스,무디스는 연이어 그리스 주권 신용등급을 조절해서 낮추고, 그리스의 재정위기가 정식으로 시작되었다.

주권 신용등급이 하락됨에 따라 그리스정부의 대출 수수료가 대폭 높아졌다. 그리스정부는 어쩔 수 없이 긴축조치를 취했고, 그리스 국내에서 연이은 파업운동이 발생했고, 경제발전은 설상가상이었다. 2012년 2월까지 그리

스는 여전히 독일,프랑스 등 국가의 대출지원에 의지해서 힘겨운 나날을 보냈다. 그리스 외에도 포르투갈, 아일랜드, 스페인 등 국가의 재정상황도 투자자의 이목을 집중시켰고, 유럽 여러 국가의 주권신용등급이 하락되었다. 그리스 재정위기 역시 유럽 재정위기의 기폭제가 되었다. 그리스 재정위기는 두바이 재정위기 다음으로 세계에서 큰 재정위기이다. 2012년 5월 그리스인은 심지어 은행에 가서 적금을 찾았고, 은행은 대량의 예금 인출사태가 벌어졌다.

피레에푸스항은 지중해의 아름다운 구슬이었지만, 지금은 이미 그 영롱한 빛을 잃었다. 항구는 고요해지고, 하역량은 최고 많을 때는 매년 140만 규격상자에서 40만 규격상자까지 하락했

피레에푸스항

다. 그리스정부는 여러 나라에 민영화 개혁과 피레에푸스항의 전속 경영권 매각으로 구제가 실현되기를 희망한다는 초대장을 보냈다. 그러나 흥미로운 것은 초대에 응한 6곳의 세계급 해운회사 중에서 중국 특대형 국유기업인 중국 위엔양(COSCO)그룹이 그리스정부의 민영화 개혁에서 최종 승리를 거두었다. 한 곳은 프랑스의 세계적인 관광레저기업, 한 곳은 그리스의 최고 항구, 그들은 왜 모두 중국을 선택했을까? 미국 아시아협회는 중국이 개최한 포럼에서 미국아시아협회센터 위원장 오블 셸은 이와 같이 중국의 대외투자를 해석했다.

미국 아시아협회 미중관계센터 위원장
오블셀

😀 우리는 미국이 반드시 중국투자가 얼만큼 중요한지를 깊이 연구해야 한다고 생각했다. 그래서 우리는 이번 보고를 진행했다. 우리는 미국의 이익으로부터 출발하면, 중국을 도와주려는 것뿐만 아니라 우리 자신을 돕는 것이기도 하다. 미국 아시아협회 미중관계센터 위원장 오블 셸

중국문제를 거의 50년간 연구한 오블 셸은 중국경제의 발전을 특히 주목했다. 2010년 중국GDP는 6만 억 달러를 넘어섰고, 세계 제2대 경제대국이 되었고, 인당평균소득은 4천 달러를 초과했다. 오블 셸은 중국의 거대한 시장과 매년 10%에 가까운 경제성장 속도는 미국 기업에게 큰 기회를 가져올 것이라 예측했다.

😀 미국의 취업시장 성장은 더디다. 중국의 완샹(万向)자동차 부속품회사는 1,000명을 고용했고, 또 다른 중국회사는 500명을 고용했다. 이것들은 모두 매우 좋은 예이다. 미국 아시아협회 미중관계센터 위원장 오블 셸

그리고 프랑스 전 총리 라파랭의 눈에는 중국경제가 세계경제 성장을 이끄는 강력한 엔진처럼 보였다.

😀 한편으로 중국은 '양'의 시장이다. 그 이유는 이 시장은 많은 소비자를 가지고 있기 때문에 매우 중요하다. 다른 한 편으로는 중국은

'질'의 시장이다. 중국의 상품 품질에 대한 요구는 과학기술계의 이목을 집중시킨다. 이 밖에 주목해야 할 점은 바로 중국인의 왕성한 구매력이다. 프랑스 전 총리 라파랭

프랑스 전 총리 라파랭

🚐 미국 아시아협회

공개자료에 의하면, 미국아시아협회는 아태지구의 가장 영향력 있는 비영리, 비정부, 무당파의 민간기구로써, 록펠러가문의 존·D 록펠러 3세가 1956년에 설립했다. 미국아시아협회의 본부는 뉴욕에 있으며, 현재 미국의 휴스턴, 로스앤젤레스, 샌프란시스코, 워싱턴, 호주의 멜버른, 필리핀의 마닐라, 인도의 뭄바이, 한국의 서울, 중국의 홍콩과 상하이에 지사기구를 설립했다. 설립취지는 미국과 아시아의 민간교류를 통해 지도자와 기구가 상호 이해를 촉진시키는 것이다. 일본에서 이란까지, 중아시아에서 뉴질랜드까지, 호주에서 태평양군도까지 미국 아시아협회의 관계망은 아태지구 30여 개 국가와 지역에 널리 퍼져있다.

🚐 로버트포겔의 예측 :
중국경제총량 2040년 123만 억 달러에 달할 듯

1993년 노벨 경제학상 수상자, 미국 시카고대학 경제사 학자 로버트 포겔은 미국 《외교정책》 잡지에서 발표한 문장에 따르면, 그는 2040년 중국경제총량이 123만 억 달러에 달한다고 예측했으며, 이것은 2000년 세계총량의 3배 수준이다. 인당GDP는 8.5만 억에 달하고, 유럽연맹의 2배정도 이며, 일본과 인도를 훨씬 초과하는 숫자다. 바꿔 말해 일반 중국인의 생활수준은 프랑스인의 1배이고, 중국은 2000년의 빈국에서 2040년의 최고 부국으로 변

화할 것이다. 비록 중국인당수준은 미국을 초과하지 못했지만, 포겔의 예측에 의하면 중국 GDP는 세계 비율의 40%를 차지할 것이고, 미국은 14%, 유럽연맹은 5%를 각각 차지할 것 이다.

많은 학자들이 중국으로 시선을 집중했을 때, 클럽 메드의 헨리는 한 중국기업을 맞이했다. 서로 생소한 두 그룹은 첫 번째 접촉이 시작되었다.

> 😊 클럽 메드의 사업과 그 운영방식을 이해한 후, 나는 양측 모두가 발전하기에 매우 적합하다고 느꼈다. 한 편으로는 클럽 메드가 중국인이 휴양하기에 아주 적합하고, 다른 한 편으로는 클럽 메드가 중국에서 새로 개업하기에 아주 적합하다. 상하이 푸싱그룹 회장 구어광창
> 😊 푸싱팀들과 클럽메드의 관리, 상업문화는 매우 잘 맞았다. 나는 우리가 반드시 합작해야 한다고 생각했다. 클럽 메드 수석집행관 헨리

헨리는 중국의 매년 5천만 명의 해외여행은 500억 달러에 달하는 거대한 시장이라는 것을 매우 잘 알고 있었다. 2010년 5월 말 헨리는 다시 합작건을 논의하기 위해 상하이로 날아왔다. 그는 짜인 일정 외에 한 가지 특수한 스케줄을 안배했는데 그것은 바로 상하이엑스포 참관이었다.

> 😊 나는 상하이엑스포 개최가 이렇게 성공한 것이 정말 놀랍다. 솔직

히 말해 그 때 나는 언제 상하이에 갈지 확실치 않았고, 상하이엑스포를 보러 갈지도 몰랐었다. **클럽 메드 수석집행관 헨리**

상하이엑스포에서 헨리가 가장 관심 있었던 것은 푸싱그룹이 주최한 민영 그룹 연합관이였다. 하지만 전시관 입구에 놓인 여행객 장사진들은 헨리를 매우 걱정시켰다. 2시간을 넘게 기다

상하이 엑스포 바깥풍경

리고 나서 겨우 관 내부를 참관할 수 있었다. 헨리는 오랜 시간을 줄 서서 기다렸는데도 관 내에 들어갈 수 없게 되자 푸싱팀의 한 명에게 전화를 걸었다. 5분도 채 되지 않아 푸싱의 직원이 헨리 앞에 왔다. 민영그룹의 주최측으로써 푸싱그룹의 직원은 헨리를 귀빈통로를 통해 관내로 데리고 들어왔다. 아름다운 엑스포 관람은 헨리에게 깊고, 잊지 못할 인상을 남겼다.

😊 관람은 매우 재미있었다. 아름다운 중국의 자연풍경관과 흥미로운 음악도 있었다. 마지막은 태극권으로 마무리를 지었다. 나는 과학기술과 인류, 현대화와 전통이 함께 어우러지는 것이 매우 중요하다고 생각한다. 이튿날 나는 푸싱팀과 만났을 때, 그들에게 전람은 누구의 구상인지 물었다. 그들은 구어광창의 구상이라고 내게 대답했다. **클럽 메드 수석집행관 헨리**

중국 민영그룹의 왕성한 발전은 헨리에게 깊은 인상을 남겼다. 그리고 푸싱팀의 능률 높은 작업은 헨리로 하여금 푸싱과의 합작이 올바른 선택이라는 것을 확고히 해주었다. 1개월 반 이후, 서로 생소한 두 그룹은 정식으로 계약했다. 클럽메드는 7.1%의 지분을 양도하고, 푸싱그룹은 2.1억 원 런민삐를 출차하여 클럽 메드의 주주가 되었다. 계약 당일 클럽 메드의 주가는 바로 상승했다. 1주일 동안 주가는 총 20%의 상승폭을 보였고, 클럽 메드와 푸싱의 합작은 시작부터 좋은 성과를 거두었다.

2010년 12월 클럽메드와 푸싱의 '국제결혼'은 첫 번째 축하선물을 받게 된다. 클럽메드가 우리나라의 첫 번째 리조트 야뿌리(亚布力) 스키 리조트가 개장하고, 스키철에 2.3만 명의 여행객이 이곳에 왔다. 이는 클럽메드의 작년 중국여행객 총수와 비슷했다.

🚐 야뿌리 스키 리조트

푸싱과 합작 후 전세계에 분포된 클럽 메드 리조트의 중국관광객 수가 대폭 상승했고, 56%증가했는데, 이것은 예전의 속도보다 2배나 빨랐다. 클럽메드가 문을 연 45년의 시간 동안 단 한번도 이런 관례가 없었는데, 회의상 클럽메드 야뿌리

야뿌리 스키 리조트

리조트의 단편을 방영해주었다. 이때 마침 푸싱그룹이 클럽메드의 주주가 된지 1주년이었다. 야뿌리의 운영은 클럽메드로 하여금 중국시장을 분명히 이

해하고, 산업발전을 촉진시켰다. 클럽메드의 고속확장 덕분에 그 주가는 회의를 연 당일 5%나 상승했고, 당일 파리시장에서 상승폭이 앞쪽에 링크되었다. 클럽메드 최고재무 관리자 미셸은 클럽메드는 올해 상반기 6개월의 수익이 4,700만 유로에 달하고, 작년의 총 수익보다 더 높다고 발표했다.

2. 중위엔의 세계로 가는 길

2008년 중위엔그룹은 피레에푸스 항만사무국과 계약을 체결하고, 피레에푸스항 2호와 3호 부두를 35년간의 독점경영권을 얻었다. 그리스는 피레에푸스항의 회생을 중위엔에게 걸고,

미국 보스턴항

중국에서 온 회사가 피레에푸스 항의 엉망진창인 경영상황을 변화시켜 주기를 기대했다. 헨리가 기쁜 마음으로 푸싱그룹과의 합작하고 기분 좋은 결과를 즐기고 있을 때, 중위엔그룹은 그리스에서 갖은 방법을 생각해서 피레에푸스항의 경영난국을 시정하려고 애쓰고 있었다.

2002년 미국 보스턴항구의 경영도 위기에 빠져있었는데, 바로 그 때 중위엔으로 인해 보스턴항은 새 생명을 다시 얻게 되었다.

세계 2대 글로벌 항운그룹 중위엔은 세계 2대 선단을 가졌을 뿐만 아니라 항로도 세계 여러 곳까지 분포되어 있고, 또 풍부한 항구 경영경험을 가지고 있다. 그러나 중위엔의 직원이 피레에푸스항에 도착했을 때 그의 눈 앞에 보이는 것이 모두 엉망진창이었다.

> 😎 우리는 총 12대의 브리지 크레인을 가지고 있었다. 그때 가동 가능한 것은 겨우 6대였고, 나머지는 고장수리 중이었다. 우리 장소에 맡긴 스트래틀 캐리어는 총 58대가 있었지만, 일 할 수 있는 것은 겨우 9대밖에 없었다. PCT회사 최고 경영자 푸청치우

그리스 CARCO BOOK항운회사 최고경영자 디미트리는 중위엔이 피레에푸스항에 들어오기 전에 모든 일을 기다려야 한다고 말해주었다. 컨테이너도 기다려야 하고, 바이어도 기다려야 하

중위엔에 항의하는 그리스 노동자들

고, 모든 사람이 다 기다려야 한다. 그러나 존재하는 문제는 이뿐만이 아니었다. 경영상의 어려움 외에도 중국회사가 들어오는 것에 대해 그리스 노동자들의 심한 반발을 샀다. 그리스 노동자들이 격한 반응을 한 이유는 중국 노동자들의 대거 유입으로 인해 자신들의 일자리를 뺏길 거라고 생각했기 때문이다. 그때 그리스 노동자들의 감정이 격앙되어 있었고, 큰 소리로 "위엔양은 돌아가라"고 외쳤다.

이렇게 사방에서 공격받는 난처한 상황에 직면한 중위엔은 어떻

게 항구를 기사회생 시킬 수 있을까?

😊 중위엔은 반드시 자신의 목적이 진실한 투자목적이라는 것을 보여주어야 한다. 중국인이 결코 그리스인의 밥그릇을 빼앗는 게 아니라, 이 항구의 관리수준 향상을 위해 도움을 주러 온 것이다. 우리는 이 주변의 항구와 경쟁을 할 것이고, 그렇게 되면 이곳의 하역량과 서비스 수준은 빠르게 향상될 것이다. **중위엔그룹 PCT회사 최고경영자 푸청치우**

항구 업무량을 증가시키기 위해서 중위엔그룹 회장 웨이쟈푸의 지휘하에 중위엔그룹의 모든 유럽항로는 피레에 푸스항을 경유해야 했다. 중위엔이 전 면적으로 피레에푸스항을 인수관할 한

중위엔 선단

후, 피레에푸스항에는 점점 많은 공급원들이 들어왔다. 중위엔은 자신의 선단을 피레에푸스항에 파견시키고, 또 피레에푸스항을 새롭게 재건했다. 중위엔은 5천만 유로를 투자해서 2호 부두를 새롭게 단장하고, 5천 5백만 유로를 들여 6대의 브리지 크레인과 16대의 트랙 크레인 등을 구매해서 현대식 하역시설을 갖추었다.

중위엔은 그리스에 중국의 화물을 가져왔을 뿐만 아니라, 중국의 속도까지 가져왔다. 항운회사를 부두에 정박하게 하려면, 반드시 하역속도를 높여야 한다. 중위엔그룹은 고용된 신입직원 들에게 체계

적인 업무교육을 진행했고, 하역속도를 원래 시간당 6 박스에서 13개 박스까지 높였고, 그 다음엔 16개, 18개, 22개로 점점 속도를 높여 지중해지역의 하역 기록을 다시 썼다. 그들은 심지어 하역속도를 시간당 39박스까지 높였고, 유럽의 평균 하역속도를 넘어섰다.

☻ 중위엔이 중점을 둔 것은 문제해결이었지, 높은 자리의 관리자 행세를 하는 것이 아니었다. 그들은 혁신적인 이념을 가지고 그리스에 온 것이었다. 전화 한 통만 하면, 그들은 빠르게 행동으로 옮긴다. 항구의 왕래 속도가 빠른 것은 매우 중요한 점이다. 그리스 CARGO BOOK항운회사 회장 디미트리

☻ 그리스인의 시점에서 보면, 만약 만점이 10점이라면, 나는 9점을 주고싶다. 피레에푸스항은 마치 하나의 자석처럼 많은 바이어들과 여러 항로를 끌어당겼다. 프랑스 CMA-CGM 그리스지사 회장 노니

중위엔과의 성공적인 합작으로, 프랑스 CMA-CGM 주식회사는 현재 피레에푸스항의 선박 정박횟수가 늘어났다. 머스크, 지중해항운회사 등 세계 30개의 항운회사가 피레에푸스항에 정박한다. 중위엔은 피레에푸스항을 다시 회생시켰고, 게다가 실업률이 낮았던 그리스에게 600여 개의 일자리를 제공해주었다.

☻ 중위엔 같은 대기업은 피레에푸스항의 경쟁력을 높여주었고, 기술 측면에서도 그리스와 지중해지역의 기타 국가의 각 항구에도 도움을

주었다. 피레에푸스 항만사무국 위원장 조지

🐝 머지않아 그리스는 위대한 항구 하나가 탄생할 것이다. 만약 피레에푸스항이 지중해의 주요 항구가 된다면, 이것은 윈윈하는 것이다. 그렇게 되면 당연히 태평양지역의 투자자에게도 좋은 일이다. 그들은 많은 투자를 했고, 우리의 구성원과 구성국에게도 유익하다. 우리는 이미 적극적이고, 경쟁력 있는 업무환경을 갖추었고, 모든 준비를 끝냈다.
그리스 국제항만협회 위원장 니콜라스

중위엔이 전면적으로 관할인수 한지 겨우 3개월 만에 피레에푸스항 2호 부두는 적자를 흑자로 돌리게 되었다. 현재 매달 화물 물동량이 10만 표준상자를 넘었고, 아웃바운드(고객 유치)는 겨우 120여 척 정도로, 이미 역사상 최고수준에 도달했다. 지중해의 이 역사적인 구슬은 지금도 그 광채를 발산하고 있다.

3. 중국에서 기회를

중국과의 합작은 클럽메드에게는 중국시장의 강력한 힘을 느끼게 해주었고, 피레에푸스항에는 새 생명과 활력을 가져다 주었다.
클럽메드는 상하이에서 중국시장 진출 8년 만에 첫 번째로 기자회견을 열었다. 중국특색으로 충만한 클럽메드의 이색적인 회견장에서 헨리는 정식으로 중국투자에 대한 새로운 결정을 발표한다.

😊 우리는 앞으로 중국에서 4곳의 클럽메드 리조트를 만들 계획이다. 우리는 반드시 우리의 목표를 달성할 것이라 믿고, 2015년이 되면 중국고객 수가 20만 명에 달할 것이라 예상된다. 만약 이런 추세가 계속 유지된다면, 중국은 아마 클럽메드의 전세계 제1의 시장이 될 것이다.
클럽 메드 수석집행관 헨리

2011년 4월 25일 중위엔그룹 설립 50주년 때, 웨이쟈푸는 특별한 영예를 얻었다. 미국 매사츄세츠 항만사무국 총재 마이클 레오니가 북경에 와서 중위엔그룹 총재 웨이쟈푸에게 미국 국제항만협회의 '미국인 수호자'상장을 수여했다. 그리고 이와 동시에 웨이쟈푸는 '매사츄세츠 명예보안관' 칭호를 얻었다. 미국 최고 직급의 별4개 짜리 경찰복을 입은 중국기업가는, 미국에서 역사상 최초였다.

웨이쟈푸가 받은"미국인 수호자"상패

웨이쟈푸가 받은
"매사츄세츠 명예보안관" 칭호

'미국인 수호자'상패는 미국인 외의 상업계 인사에게 수여하는 상으로, 이 역시 미국 역사상 최초이다.

🚐 외국직접투자 대응 : 미국정부의 삼중태도

20세기 80년대 중 후반에 일본이 미국에서 직접적인 투자활동을 하는 것은 매우 복잡했다. 이러한 복잡성은 투자의 성질과 주최국인 미국의 국가능력과 제도특징에서 생긴 것이다. 일본의 직접투자는 미국의 산업과 지리분포가 균형적이지 않았고, 미국도 마찬가지로 모든 국제경제 의제상에서 부정할 수 없는 힘과 의욕을 가졌기 때문에 모든 것을 국가이익의 명분으로 일을 처리했다. 구체적으로 말하면 일본 직접투자와 미국 정책개혁, 제도조정에는 아래와 같은 3가지 관계가 존재한다.

첫 번째, 국가입장에서 보면 어떤 산업영역의 직접투자는 국가 사이에서의 유동은 제로와 바둑이다. 이러한 직접투자는 종종 첨단기술산업 영역에 있고, 시장규모와 수익증가가 한계가 있고, 누가 더 많은 세계시장 점유율을 차지하느냐가, 곧 누가 미래를 지배하느냐 이다. 20세기 80년대 말 일본의 반도체영역 매수활동은 미국의 강력한 반발을 일으켰고, 미국국회는 대통령에게 새로운 권력을 부여하여 인수를 저지했다. 미국은 일본투자자들에게 대응하며 전략성산업, 자원 산업분야는 절대 서브파트아웃(은행이 대출채권 및 리스크 자산을 다른 은행에게 양도하는 것)하지 않는다고 밝혔다. 그 이유는 글로벌 기업은 미국 국제경쟁력의 구현과 보장이기 때문이다. 그밖에 부분 녹지투자에 대해서 미국은 분명히 미국국적을 가진 회사와 미국생산의 외국 다국적기업을 구분 짓고, 그들의 미국국제 경쟁력에 기업은 미국 국제경쟁력의 구현과 보장이기 때문이다. 그밖에 부분 녹지투자에 대해서 미국은 분명히 미국국적을 가진 회사와 미국 생산의 외국 다국적기업을 구분 짓고, 그들의 미국국제 경쟁력에 대한 의미는 달랐다.

두 번째, 미국 각 주와 지방정부 입장에서는 대부분 일본의 녹지투자는 환영할 만 한 가치가 있다. 연방정부의 다중목표는 다르고, 주 정부는 세금과 취업 등 경제목표를 더욱 중시한다. 20세기 80년대 이래 세계화가 가속되는 동시에 연방정부의 재정능력이 감소되었다. 지방정부 입장에서는 일본의 직접투자는 난관을 극복하는데 힘을 보탤 수 있다. 일본의 대외직접투자가 내포하고 있는 한 가지는 세계화이다. 미국경제의 중심은 태평양으로 편중되는데, 이것은 미국 국내정치에 큰 영행을 만든다. 연구에 의하면 미국의 연방 분권 체계는 정책조정이 느려지는 특징이 존재하고, 가끔은 시기를 놓치기도 한다.

세 번째, 다국적기업 입장에서는 그들 사이의 공동이익으로 국제 직접투자 제도의 건립으로 기초를 확립했다. 1985~1993년 이 시기에는 미국과 일본 국제투자 위치가 크게 바뀌었고, 양국 다국적기업의 확장 원인도 그 결과를 보여준다. 우루과이 라운드 중 무역과 관련된 투자협정의 성공달성은 새로운 투자자유화의 촉진이 대국 이익의 개입이 없을 수 없다. 게다가 CATT가 가진 다국적무역 체계는 반드시 끊임없이 새로운 경제활동을 통합조정 해야만 비로서 세계경제의 규모와 깊이를 포용할 수 있고, 세계투자의 중임을 담당하고 관리할 수 있다. 이 사례의 연구는 우리가 다시 경제요소의 움직임과 제도의 관련성을 인식할 필요가 있다는 것을 알려준다. 일본과 미국은 현재 세계에서 가장 큰 두 개의 경제대국이고, 그들 사이의 경제관계는 역사의 진행과정이며, 연속성과 어느 정도의 계획성을 가지고 있다. 20세기 80년대 중 후반에서 90년대 초까지 양국의 투자관계는 전체 경제의 일부분이고, 또한 세계경제 변혁의 네비게이터이다. 그것은 일·미 양국 정부와 기업이 경쟁형 자본주의 제도하에서 끊임없이 만드는 원동력을 나타내고, 또 구체적이고 확실한 제도설계에 대한 경제이익관계의 조화의 중요성을 반영한다.

발췌《현대아태》, 2009년 제6기, 작가 : 종페이텅

● 중위엔이 보스턴항구와 미국의 기타 항구에 가져온 선박으로 인해서 매우 많은 미국인이 일을 할 수 있게 되었다. 미국 매사츄세츠 항만사무국 총재 마이클 레오니

중국기업의 국제합병 족적은 이미 오대주에 널리 분포 되어있다. 합병을 통한 선진기술, 고급인재 확보와 브랜드 가치가 상승하는 것은 모두 쉽지 않은 난관에 부딪힌다.

그들은 합병 협상의 변화무쌍한 상황에 대응해야 하고, 또 합병 후의 인사충돌, 문화융합, 자원융합 및 정치, 법률, 매체 등의 여러 가지 장애물을 넘어서야 한다. 하지만 이런 것들도 중국기업의 해외진출의 발걸음을 가로막지 못한다. 2001년 중국이 세계무역기구 (WHO)에 가입한 이후로 중국기업의 국제합병 규모는 점점 커졌고, 합병의 영역도 다원화 발전 되었다.

중국 상무부의 통계에 따르면, 중국의 비금융 대외직접투자 액이 계속 상승하는 추세이고, 2003년 28.5억 달러에서 2010년에는 688억 달러까지 무려 20배나 상승했다.

〈중국의 해외직접투자와 해외합병(1981~2010년)〉

단위 : 당시 가격과 당시 환율로 계산한 백만달러

연도	해외직접투자 유량	해외합병 유량	해외직접투자 저축량	연도	해외직접투자 유량	해외합병 유량	해외직접투자 저축량
1981	–	–	39.358	1996	2114	451.4	19882
1982	44	–	44	1997	2562.49	798.8	22444.49
1983	93	–	137	1998	2633.807	1276.2	25078.30
1984	134	–	271	1999	1774.313	101.0	26852.61
1985	629	–	900	2000	915.777	470.0	27768.39
1986	450	–	1350	2001	6885.398	452.435	34653.79

1987	645	-	1995	2002	2518.407	1046.515	37172.19
1988	850	16.5	2845	2003	2854.65	1646.524	33222.22
1989	780	202.1	3625	2004	5497.99	1125.11	44777.26
1990	830	60.3	4455	2005	12261.17	5278.97	57205.62
1991	913	3.2	5368	2006	21160	14904.29	90630
1992	4000	572.7	9368	2007	26510	6300	117910
1993	4400	484.7	13768	2008	55910	30200	183970
1994	2000	307.0	15768	2009	56530	19200	245750
1995	2000	249.1	17768	2010	68810	23800	317210

자료출처 : 중국 상무부 국가 환율관리국 ; UNCTAD, FDI/TNC Database
출처 : 《중국 "해외진출"방법 창의연구》, 사회과학문헌출판사, 2011년

🍏 국제합병은 기회를 제공해 준다. 중국기업을 세계 경제활동에 참여
할 수 있게 해준다. 노벨 경제학상 수상자 스티글리츠

🍏 중국기업은 합병과 인수 실력을 보여주고 싶어하는데, 이것은 매우
흥미로운 일이다. 하버드대 경영대학원 교수 타룬 칸나

　　중국기업의 국제합병이 빠르게 성장할 수 있었던 이유는 자신들
이 필요에 의해 급격히 성장한 것 이기도 하지만, 더욱 중요한 것은
경제 세계화의 배경하에 국제합병은 목표국에게 자금, 시장, 취업
을 제공해주기 때문에 중국경제의 강력한 힘을 불어 넣어 그들과 함
께 발전기회를 누리기 위한 것이다.

😊 우리는 미국 대통령에게 중국투자를 마땅히 반겨야 하고, 힘을 다해서 중국투자를 지지해야 한다고 말하고 싶다. 미국 아시아협회 미·중관계센터 위원장 오블 셀

😊 지금 나는 프랑스의 청년들에게 자기의 미래와 아시아를 함께 연관지어야 한다고 당부하고 싶다. 프랑스 前총리 라파랭

549년 전 작은 배 하나가 돛을 올리고 미국 대륙을 향해 운전을 했고, 새로운 세계의 문을 열었다. 오늘날 국제합병은 대양을 뛰어넘는 경제함대를 만들었고, 그들은 세계경제의 판도를 가로지르며 세계에 활력을 불어넣고, 희망을 가져다 준다.

<"보자" 중국대외직접투자>

리우샤오밍(중국 주 영사관)

중국은 세계 최고의 외환보유고이며, 세계 두 번째 경제거물이다. 그러나 중국은 세계를 살 수 없고, 세계를 전부 사들일 계획도 없다. 중국의 해외투자는 객관적으로 단지 '평형'적인 측면에서 1만여 억 달러의 외국 대중투자이다.

중국의 대외직접투자는 최근 뜨거운 화제다. 케임브리지대학교의 피터 놀란(Peter Nolan)교수는 최근《중국이 세계를 사들인다?》라는 책 한 권을 출판했다. 피터 놀란은 경제학자의 시각으로 중국대외투자를 분석했다. 그의 '중국이 세계를 사들인다'에 대한 문제의 결론이 부정적이어서 다행이다.

중국대외투자를 알려면 반드시 '세 가지'를 봐야 한다.

첫 번째는 고전경제학 이론을 봐야 한다. 내가 막 영국에 갔을 때 친구 한 명이 영국에서 강의할 때는 반드시 native language(현지언어)를 써야 한다고 말해주었다. 그가 말한 native 에는 두 가지 의미가 담겨있는데, 한 가지는 영국에서는 영국 말을 해야 하는 것, 다른 한 가지는 오리지널의 영어를 써야 한다는 것이다. 지금의 나는 native language를 쓰려고 할 뿐만 아니라, native theory(현지이론)도 쓰려고 한다. 영국 레딩대학의 경제학자 존 헤리 던(John Herry Dunning)이라는 교수가 1977년, 즉 중국 개혁개방 1년 전에 국제투자에 관한 '국제생산 절충이론'을 제기했다. 이 이론의 핵심은 소유권 특정우세, 내부화 특정우세, 입지 특정우세이다. 소유권 특정우세는 무형자산과 기업규모 경제가 만들어낸 우위를 독점하는 것을 가리킨다. 내부화 특정우세는 회사운영 소유권이 특정우세에 제약 받거나 거래비용의 능력을 없애는 것을 가리킨다. 입지 특정우세는 투자 목적국의 자연자원이 풍부하고, 지리위치가 편리하고, 정치 경제제도가 완벽하고, 정책법규가 유연함을 갖춘 것 등으로 형성된 유리한 조건을 가리킨다. 그는 기업이 반드시 소유권우세, 내부화 우세, 입지우세를 함께 겸비해야만 유리한 해외직접투자 활동을 할 수 있다고 생각한다.

나는 얼마든지 번거로움을 감수하더라도 존 헤리 던 교수의 고전이론을 다시 한 번 모두에게 설명할 수 있다. 관건은 현재 중국기업의 대외투자가 현저히 빨라지는 추세이고, 그 원인은 바로 중국기업이 이러한 우세를 효과적으로 이용하고 발휘하는 것이다. 중국기업은 현재 크고, 강하게 변화하고 있다. 2011년 세계 500강 중 61개의 중국기업이 상위에 랭크 되었다. 중국기업의 원가관리 능력은 계속 강해지고 있는데 특히 노동력 원가는 확실히 우위를 차지하고 있으며, 엄청난 경쟁력을 가졌다. 중국기업은 개발도상국에서든 선진국에서든 투자를 할 때 주최국의 투자환경과 생산요소를 유기적으로 융합해낸다. 흥미로운 것은 헤리 던 교수의 이론은 여기서 그치지 않고, 또 다른 영향력 있는 이론은 '투자 발전주기 이론'이다. 이 이론은 한 국가의 대외직접투자와 그 나라 사람들의 평균 GDP가 밀접한 관계를 가진다는 것이다. 헤리 던은 한 국가의 대외직접투자 순액을 네

가지 발전단계로 나누었다: 첫 번째 단계는 인당 평균GDP가 400달러를 밑도는 가장 빈곤한 개발도상국의 대외직접투자는 거의 제로다. 두 번째 단계는 인당 평균GDP가 400~2,000달러 사이의 개발도상국의 대외직접 투자는 상대적으로 비교적 적지만, 구역투자환경의 개선은 대량의 외자를 끌어들인다. 세 번째 단계는 인당 평균GDP가 2,000~4,750달러 사이의 국가의 대외직접투자는 계속 증가하고, 외자유입의 규모가 크지만, 투자 순익은 여전히 마이너스다. 네 번째 단계는 인당 평균GDP가 4,750달러 가 넘는 국가의 대외직접투자의 역량은 매우 강하고, 대외직접투자 순액 은 확실히 플러스이며, 점점 확대되는 추세를 보인다.

그리고 중국의 개혁개방 후의 30여 년을 되돌아보면, 이 네 단계를 정확 히 거쳐왔다. 개혁개방 초기 중국은 대외투자를 할 돈이 없었다. 개혁개방 을 통해서 중국은 많은 외자들을 끌어들이는 발전도상국이 되었다. 2007년 에 중국 인당 평균GDP가 처음으로 2천 달러를 넘어섰고, 중국 대외투자가 발동을 걸기 시작했다. 작년(2011년) 중국 인당 평균GDP는 5천 달러 정도까 지 상승했고, 중국의 대외투자는 눈부신 성장을 보여주었다. 영국을 예로 들자면 2011년 말까지 중국의 영국 비금융류 직접투자액은 총 23억달러이 고, 그 중 작년 1년의 투자액이 그 반을 차지하는 11.3억 달러이다.

올해 1분기 중국 비금융류 대외투자는 전년대비 94.5% 상승했고, 거의 두 배로 뛰었다. 그리고 계속 빠른 상승추세를 유지하고 있다. 앞서 말한 내용을 종합하면 나는 영국 경제학자 헨리 던 교수의 두 가지 이론으로 두 가지를 증명했다. 중국기업의 대외투자 확대는 국제투자 고전이론의 정상 적인 현상이고, 중국경제 발전이 일정한 단계에 도달하는 당연한 결과다. 나는 당신들이 별다른 이의를 갖지 않을 것이라 생각한다.

두 번째는 중국기업의 대외투자 동기를 봐야 한다. 중국기업의 대외투자는 시장행위이다. 중국경제는 시장경제이고, 각종 기업은 반드시 시장규율에 따라서 자율경영을 하고, 자주적으로 정책을 결정하며, 손익을 스스로 책임져야 한다. 중국기업이 해외진출을 추진하는 근본적인 원인은 기업자체 발전의 욕망이다. 중국의 주권투자기금 대외투자 역시 경제와 재무목적을 기초로 하며, 주주들의 경제수익을 얻기 위한 것이다. 중국기업의 대외투자합작은 국제 상업법규를 준수하고, 자기 실력에 의지해서 공평하게 경쟁에 참여하고, 임의대로 배척하지 않으며, 어떠한 비경제적 조건을 덧붙이지 않고, 어떠한 비경제적 이익도 취하지 않는다.

현재 중국기업의 해외진출 양상은 자연스럽게 발전해서 꽃을 피웠다고 말할 수 있다. 국유기업뿐 아니라 많은 민간기업(예를 들어 화웨이, 지리자동차, 싼이중공 등)들도 있다. 그들은 대외투자 합작 영역에서 이미 상당한 실력을 갖추었고, 국제시장에서 매우 활발한 활동을 하고 있다. 이러한 기업들은 이미 국내외 시장에서 재무현황, 경영전략, 회사관리 수준이 높고 투명하다. 중국정부는 중국기업의 해외진출을 지지하고, 시장을 발전시키고, 기업 스스로 정책을 결정하는 원칙을 고수한다. 정부는 주로 거시적으로 이끌어 주고, 근무보장을 제공해주며, 국제규칙과 관례에 따라 해외권익을 보호해주고, 위험적인 요소를 막아준다. 기업의 구체적인 투자결책은 대외투자 국별, 영역과 방식의 선택을 포함하며 정부의 간섭을 일체 받지 않는다.

예를 들어 최근 영국신문은 중국의 꽝밍(光明)그룹이 영국 식품기업 위타빅스(Weetabix)를 인수합병 한 사실을 밝혔다. 나 역시 신문으로 이 소식을 접했고, 전혀 내막을 알지 못했다. 그 이유는 중국기업의 대외투자는 상업

행위이고, 구매과정에서는 상업기밀 보수원칙을 준수하기 때문에 정부와 대사관 역시 예외가 아니다.

세 번째는 중국 대외투자의 실제효과를 봐야 한다. 중국기업이 밖으로 내보내는 것은 '핫머니(hot money)'가 아니고, '급전'을 벌기 위한 것도 아니다. 그들은 주최국의 장기적인 가치를 창조하기 위한 것이고, 중국기업 자체가 지속발전 하기를 희망한다. 작년 말 까지 중국 국내투자자는 총 세계 178개 국가(지역)에서 대외직접투자 기업 1.8만개를 설립했고, 누적 비금융류 대외직접투자는 3,220억 달러에 달하며, 현지의 취업과 경제발전을 가져왔다. 2010년에는 해외의 중국 투자기업은 주최국에 78만개가 넘는 일자리를 제공했으며, 현지에서 117억 달러에 달하는 세금을 납부했다. 중국기업은 의식을 가지고 현지의 사회 공익사업에 적극적으로 참여하고 있으며, 꾸준히 기업 사업책임을 실천하고 있다.

중국기업의 대외투자 성공의 구체적인 사례는 끊임없이 생겨나고 있다. 예를 들어 2010년 중국 민영기업 지리(吉利)회사와 국내 기타 기업과 연합해서 18억 달러로 스웨덴 볼보 자동차 회사(세단 사업영역)를 전액 인수했다. 1년 후 볼보는 적자를 흑자로 돌리는데 성공했다. 세단 판매량은 12%이상 상승했고, 1,200명의 현지 취업이 증가했으며, 서드파티(노사관계에서 노사 당사자 이외의 제3자를 가리킴)가 조사한 직원 만족도는 84%에 달했고, 창업이래 가장 높은 수준이었다. 결과적으로 기업은 완전히 곤경에서 벗어나게 되었다. 스웨덴의 직원, 국민과 정부도 만족을 느꼈고, 지리회사는 자신들의 국제화 경영능력을 증강시키고, 실제적으로 합작 양측 모두의 이익을 달성했다. 영국의 비슷한 사례는 MG자동차이다. 작년, 중국 상하이 자동차

그룹이 투자한 MG영국회사의 버밍엄기지의 생산이 회복되고, 신차 2대를 출시했다. 이것은 16년 이래 MG회사가 첫 번째로 신차 조립을 마친 것으로 '영국설계, 중국생산, 영국조립'의 훌륭한 합작방식을 실현했다. 그리고 영국 100년 브랜드를 다시 진작시키고, 또 현지에서 400여 개의 일자리를 창출해냈다.

총괄적으로 말하면, 중국기업의 대외투자는 경제학의 입장에서 보면 조리 정연하고, 동기상에서 보면 투명하고, 효과상으로 보면 다같이 이익을 얻었다. 중국기업은 마땅히 큰 걸음으로 세계로 나와야 하고, 세계는 마땅히 마음을 활짝 열고 중국자본을 맞이해야 한다.

중국 주 영사관의 신분으로 나는 매우 기쁘게 중국의 영국투자가 요 몇 년 동안 양호한 발전추세를 유지하는 것을 보았다. 영국은 중국의 투자에 항상 개방적인 태도를 보이며, 중국기업은 영국투자에 대한 관심이 점점 커지고 있다. 특히 에너지, 독창적인 산업, 기초시설 등 분야의 투자가 활발하다. 나는 양국 경제구조 조정과 중국기업의 영국시장에 대한 깊은 이해와 런던의 적극적인 노력에 따라 런빈삐 해외업무 센터가 생기고, 중국의 영국에 대한 투자가 양국 경제무역 합작의 새로운 고지가 될 것이라는 걸 굳게 믿는다.

본문은 중국 주 영사관 리우샤오밍이
2012년 4월 30일 영국 Asia Home이 개최한 공공정책 포럼에서의 강연내용이다.

<중국이 세계를 산다?>
《이코노미스트(The Economist)》

중국의 국제성 투자가 점점 많아질 때, 중국의 이익과 세계의 이익도 서로 긴밀하게 연결될 때이다. 중국의 자본 진입을 거절하는 것은 한 평생의 이익을 손해 볼 뿐만 아니라, 자본주의 이념의 비관적인 표현이다.

1. 세계는 반드시 상업의 개방성을 유지시켜야 한다.

이론상으로 자본경제 속의 상업소유권과 정치는 상관이 없다. 하지만 사실은 그와 반대이다. 20세기 80년대부터 일본회사들은 미국 현지에서 거리낌없이 인수합병을 진행했고, 2000년에는 보더폰(Vodafone)과 독일의 마네스만(Mannesmann)을 인수했으며, 점점 많은 사유기업 합병건은 이미 국가 사이의 경쟁으로 번졌다. 이런 우려는 향후 몇 년 안에 더욱 뚜렷해질 것이다. 그 이유는 중국의 국유기업들은 이미 그들의 합병 카니발을 시작했기 때문이다. 중국에서 온 거물들은 일반적으로 투명하지 않고, 다른 사람 눈에 보이지 않는 조력자로써, 합병의 목적 역시 정치이익과 상업이익이다. 게다가 그들의 국제 인수합병 목표도 매우 광범위하다. 미국의 천연가스 회사부터 브라질의 전기 철조망, 그리고 스웨덴의 볼보 자동차까지 그 종류도 매우 다양하다.

아주 자연스레 이러한 중국 인수합병에 대한 발전추세의 반대 목소리도 생겨났다. 그 중 하나는 자본주의는 이렇게 공산주의가 실시하는 합병을 허가하는 것은 경제 자유주의가 터무니없는 형편으로 발전했다는 것이다. 그러나 중국의 자본에서 본 시각은 이건 단지 자신의 이익에 부합하면 그걸로 만족인 것이고, 또 세계에 약간의 이익을 가져다 줄 수 있는데 왜 기꺼이 하지 않겠는가?

2. 왜 중국은 다른가

바로 얼마 전, 정부가 관리하는 기업은 '불합리'하다고 여겨졌기 때문에, 반드시 개인소유로 바꿔야 한다고 생각했었다. 하지만 일련의 요인들로 인해 이런 관념이 전부 뒤집어졌다. 신흥국가의 거액저축과 석유재벌은 자유시장 방식의 실패로 인해 붕괴되었고, 현재 세계 5분의 1의 주식시장 시가는 국유기업이 가지게 되었다. 이 숫자는 10년 전의 2배이고, 이 모든 것은 국가 자본주의의 각성을 불러일으켰다.

서양 선진국가는 이미 중상주의 체제를 용인했다. 예를 들어 한국과 싱가포르 기업은 모두 해외에서 큰 발전을 이룩했다. 하지만 중국은 다르다. 중국은 이미 세계 두 번째의 경제거물이 되었고, 게다가 머지않아 미국까지 초월하게 될 것이다. 중국의 국유기업은 모두 진정한 거인이지만, 여전히 국내시장을 위주로 활동한다. 그러나 이미 해외의 방대한 자원을 이용하기 시작했다.

중국기업은 전세계 상업 중에서 겨우 6%의 국제투자를 차지하는데, 역사 속의 거두와 비교해보면 실제로 조금 적긴 하다. 1914년의 영국과

1967년의 미국은 전세계 투자 중 50%의 점유율에 달했다. 하지만 중국의 거액저축은 아마 중국을 자연스럽게 발전시켜서 마치 펌프에 압력을 가하는 것처럼 큰 효과를 가져올 것이다. 오늘날의 이러한 저축은 단지 선진국의 정부 채권을 사는데 쓰이지만, 내일은 선진국의 회사를 인수 합병 하는데 쓸 것이다. 그리고 선진국의 화폐가치 하락과 채무불이행으로 생긴 파동에 흔들리지 않도록 보호하는데 쓰일 것이다.

　중국회사가 세계로 향하는 것에는 일반적인 몇 가지 이유가 존재한다. 그것은 자원을 얻고, 첨단기술을 습득하고, 해외시장의 통로를 개척하는 것이다. 하지만 많은 국가들은 중국기업의 행위가 모두 정부의 지도하게 진행된 것이고, 이런 정부의 지도는 기타국가에게는 일종의 전략적인 경쟁으로 보여진다. 예를 들어 일반적으로 같은 합병 건에서 중국정부는 총재에게 집행을 위임하고, 직접적인 집행자나 국유은행으로부터 온 재정을 지지하기 때문에, 일단 인수합병에 성공하면 회사는 자연자원 제공자의 제제를 받게 된다. 몇몇 국가는 심지어 중국회사의 의도가 불순하다고 여긴다. 예를 들어 미국은 중국의 전신설비 제조업체가 국가안전에 위협을 만든다고 생각한다.

　중국 사유기업은 세계화를 진행하는 과정 중에서 상당한 작용을 일으켰다. 그래서 사방에서 공세를 취한다. 적당한 곳에서 자원배분을 진행할 때 현지 기업과 경쟁이 맞붙는다. 서서히 선진국의 생각에 변화가 생겼는데, 어쩌면 자원은 반드시 시장이 아닌 정부가 배분을 해야 하고, 제정정책의 출발점은 반드시 이익이 아닌 정치여야 한다는 것 이다. 호주와 캐나다는 이미 그들의 시장 밖에 중국 국가기업을 막기 위한 울타리를 만들었다. 특히 자연자원

방면에서는 다른 나라들도 중국을 환영하지 않는 것을 확실히 알 수 있다.

하지만 이런 행위는 잘못된 것이다. 중국이 위협을 만든다는 것과는 아직 거리가 멀다! 대다수의 중국회사는 이제 막 해외시장에서 발판을 딛기 시작했을 뿐이다. 설령 자연자원 방면이라 하더라도 그들은 많은 상품을 발굴해낼 능력이 없기 때문에 시장을 컨트롤 하는 것은 말할 필요도 없다. 중국의 체제는 대다수 선진국가가 상상하는 것처럼 견고하지 않고, 중국 국유기업간의 국내시장에서의 경쟁 역시 매우 치열하고, 그들의 정책은 대부분 협상을 통해서 결정되는 것이지 독자적인 판단에 의한 것이 아니다. 그들이 해외로 진군할 때 확실히 여러 가지 동기가 섞여있다. 그러나 약간 민감한 부분, 예를 들면 국방문제와 전략성 기초설비 등은 아예 그들의 참여를 허락하지 않는다.

아마 어떤 사람은 만약 중국의 국유기업 합병은 정치적 계획에서 비롯된 것이며 이익을 얻지 못하면 어떻게 해야 하는지 물어볼 수 있다. 이것은 아주 쉽다. 중국 국유기업은 단지 현지 소비자의 요구를 만족시킬 수 있으면 그걸로 된다. 사실 중국회사는 에너지기업의 합병을 허가 받을 수 있다. 그 이유는 경쟁시장에서 소비자는 아주 쉽게 다른 공급업자에게 눈길을 돌리기 때문이다. 그렇다면 만약 중국이 전세계에 물건을 헐값에 팔아서 망하면 어떻게 할까? 이것은 더욱 쉽다. 미국이나 유럽연맹은 직접 이미 만들어 진 것을 줍기만 할 수 있으면 된다. 중국에서 온 값싼 자본은 경쟁의 위험을 없앨 것이고, 잘 갖춰진 법률을 거치면 해결할 수 있다. 결국 이런 위험보다 중국투자가 문 앞에 가로 막히는 경우가 훨씬 더 많다.

결코 모든 중국기업이 정부에 의해 관리되는 것이 아니다. 많은 대형 사유기업은 독립적이고, 순리적이며, 그들은 일찍이 해외경영을 시작했다.

볼보의 새 주인 지리(吉利)는 만약 이번 합병이 없었다면, 볼보의 앞날은 참담했을 것이라고 말할 수 있다. 그리고 지금 볼보는 중국시장에 더 많은 상품을 내다 팔 수 있게 되었다.

3. 약간의 자신감을 표현하라

중국기업은 전세계에서 차츰차츰 몰락하는 회사에게 새로운 활력과 자본을 가져다 줄 수 있다. 하지만 이익은 중국 한 쪽 방향으로만 흐를 수 없다. 합병성공 후 중국기업은 반드시 현지에 적응해서 발전해야 한다. 이것은 현지의 직원을 고용하고, 현지 연구에 투자하며, 현지의 우려를 덜어주는 것을 의미한다. 인도와 브라질은 해외시장에서 선전하고 있는데, 그들 기업의 개인색채와 개방적인 다문화 덕분이라고 생각한다. 이러한 것들은 중국의 경영체제 속에서 여전히 찾아볼 수 있다.

중국의 발전이 가져온 이익은 어쩌면 상업 범주를 초월할 것이다. 중국의 국제성 투자가 점점 많아질 때가 중국이익과 세계이익이 긴밀하게 연결될 때이다. 이것은 중국이 현재 찾고 있는 큰 범위내의 국제합작에 포함된다. 중국의 자본 진입을 거절하는 것은 한 평생의 이익을 손해 볼 뿐만 아니라, 자본주의 이념의 비관적인 표현이다.

원문 출처 2010년 11월 영국의 《이코노미스트》잡지,
원제 "China buys up the world",
전재 《중국경제무역》, 2010년 제12기, 편역자 쪼우찐주(周晋竹)

후기 : 당신의 수확, 우리의 기대

　먼저 우리에게 도움을 주시고, 이 프로그램을 위해 바쁘게 움직여주신 모든 분들께 감사의 말씀을 전한다. 이 프로그램은 CCTV의 다큐멘터리 제작에 있어서 하나의 기록을 남겼다. 6개월 만에 200분짜리의 다큐멘터리를 완성시켰는데 이것은 매우 대단한 일이다. 왜냐하면 일반적으로 최소 1년의 시간이 필요하고, 어떤 것은 심지어 2~3년 정도의 시간이 필요하기도 하다.

　이 프로그램을 넘겨 받을 때, 제일 첫 번째로 한 일은 컴퓨터를 키고, 아마존 인터넷 쇼핑몰에서 국제 합병에 관한 서적을 살 준비를 했다. 하지만 반나절 동안이나 찾았는데 단 한 권도 찾지 못했다.

　그 다음 우리가 자문을 구한 미국 코넬대학교, 중국유럽국제경영대학원(CEIBS) 금융학 교수 쇼우황밍(授黃明)은 우리가 큰 도전에 직면해 있다는 것을 알았다. 이 영역은 체계적으로 연구했던 사람이 없고, 심지어 우리의 합작측인 하버드경영대학원, 워싱턴경영대학원과 같은 세계 최고의 경영대학원 에서도 약간의 구체적인 사례만 연구했을 뿐이었다.

그리고 대작 다큐멘터리는 반드시 국제 합병의 모든 것들을 분명하고 확실하게 반영해야 한다. 어떤 원인으로 성공과 실패가 갈리는지 말이다. 이것은 이론과 학술이 어느 정도 뒷받침 되어야만 하는데, 우리는 이 모든 것을 영(zero)부터 시작해야 했다.

국내외 수십 명의 유명한 교수들에게 지도를 요청하고, 해당 직종 내의 인사들과 좌담회를 가졌다. 하버드경영대학원의 칸나교수부터 워싱턴경영대학원의 마이어교수까지, 중위엔그룹의 회장 웨이쟈푸부터 많은 중국 민영그룹의 국제합병을 대행한 마카이그룹 회사사장 리쩐까지, 2개월이 넘는 시간 동안 우리는 밤을 새워가며 일에 몰두했고, 하나 하나 인터뷰하고 좌담회를 열어서 한 권 한 권 기록을 적었다. 우리는 이렇게 프리그램의 기초와 프레임을 세우기 시작했다.

Angela는 국제 유명회사의 이사이자 국제 합병 방면의 전문가이기도하다. 프로그램 제작과정 중에서 우리에게 큰 도움을 주었다. 하지만 그녀는 우리가 이 주제를 잘 다룰 수 있을지 걱정한다는 것을 나도 너무 잘 알고 있었다. 이 영역은 여태껏 개간한 적이 없는 처녀지이고, 우리는 단지 한 무리의 경제기자에 불과했다. 그러나 2011년 10월 1일부터 10월 7일까지 우리 프로그램 방송기간에 나는 그녀에게 몇 번의 전화를 받았다. 그녀는 우리의 프로그램에 대해 여러 번 칭찬하며 우리에게 너무 대단하다고 몇 번을 말했다. 이렇게 짧은 시간 내에 국제합병에 대해 확실히 이해하고, 이렇게 정확하게 요약할 수 있다니…. Angela의 도움과 평가에 감사했다. 나는 우리가 만든 것이 정말 그녀가 이야기 한 것처럼 그렇게 좋은지 몰랐다. 만약 정말 그렇다면 나는 정말 기쁘고 안심이 될 것 같다.

사실 중국기업의 국제합병은 2000년 이후부터 규모가 점점 커졌고, 그 금액도 갈수록 증가했다. 그러나 이 과정 중에는 많은 교훈들이 있다. 아는 바에 의하면 리먼브리더스가 파산되기 전에 유명한 중국기업이 하마터면 거액을 들여 리먼을 살 뻔했다. 다행히 당시 국내심사가 한 발짝 늦어져서 이 기업은 모든 것을 면할 수 있었다. 그리고 한 민영기업가는 이미 국내에서 모 업계의 거물이었는데, 프랑스에 가서 한 기업을 샀다. 그런데 프랑스 정책에 대한 이해가 부족해서 기업을 경영할 수 가 없었고, 결국엔 산 회사도 망하고, 국내의 기업도 지속되는 부담을 감당하지 못하고 결국 파산에 이른다. 이러한 사례는 셀래야 셀 수가 없다. 많은 기업은 모두 이렇게 상황을 완전히 이해하지 못한 채 해외진출을 했다.

프로그램 방영 후, 베이징공상대학, 중앙재정대학 등의 교수들은 프로그램팀에게 프로그램 내용을 달라고 요청하며, 이 프로그램 내용을 교실로 옮겨가고 싶다고 말했다. 몇몇 업계 협회도 특별히 회의를 열어 프로그램을 보고, 업계의 합병작업과 대조하며 토론을 진행했다. 이런 것들은 모두 우리에게 용기를 주고, 채찍질을 해주었다.

중국경제의 끊임없는 발전에 따라서, 중국기업이 끊임없이 강대해짐에 따라서 점점 많은 기업의 해외진출은 필연적인 추세이다. 이러한 배경하에 우리의 프로그램과 책이 모두에게 도움이 되었으면 한다. 이것은 우리의 출발점이자 우리의 가장 큰 기대이기도 하다.

총감독 멍칭하이

편집 후기 : 국제합병, 우리는 현재진행형

몇 년 전 까지만 해도 중국인들은 약간은 생소하고 신기하게 '세계화'라는 새로운 사물에 대해 연구하고 관찰했다. 몇 년이 흐른 지금, 적극적이던 소극적이던 중국인들은 이미 어쩔 수 없이 현실적으로 세계화의 역사 진행과정에 참여하게 되었다. '세계화'라는 그 길 위에서 우리는 이미 다른 사람이 말하는 것처럼 그렇게 판판하지 않다. 국제 합병과 기타 형식의 대외직접투자가 보여주는 생산의 사회화와 자본집중과 꼭 같다. 세계화는 확실히 세계각국 기업의 무역체계와 경계선을 넓게 확장시켰고, 사상과 지식이 전세계에서 전파되고 교류될 수 있도록 촉진시켰다. 설령 현재의 세계화는 이와 같이 불균형하더라도 더 나아가서는 이렇게 지속되어서는 안 된다.

《국제합병》은 일종의 세계화의 산물이다. 그것은 글로벌한 세계의 신선함을 말해준다. 한편으로 그것은 자기의 방식으로 세계화 그 자체에 참여한다. 하버드경영대학원, 워싱턴경영대학 등의 명문학교의 수업시간에서부터 제너럴일렉트릭, 소니, 리엔샹, 중위엔 등 유명한 글로벌기업의 국제합병 현장까지, 100여 년 전 JP. MORGAN의 최초 합병거래부터 몇 년 전 중국 리엔샹의 IBM의 PC 사업 인수까지, 제너럴일렉트릭의 천 번에 달하는 전설적인 합병부터 일본기업의 쓰디쓴 합병의 기억까지 성공의 경험과 실패의 교훈은 함께 이 글로벌한 세계의 역사와 현재와 미래를 연결하고 있다.

기존의 다큐멘터리를 기초로 하여 이 책은 국제합병과 대외직접투자의 관련된 내용을 대폭 늘렸다. 그 내용에는 정치, 법률, 매체의 벽, 문화융합, 인사충돌, 합병통합, 합병함정, 융자체제, 국가전략 등을 포함한다. 이 책은 세계 각지에서 일어나는 국제 인수합병의 고전적인 사례들을 함께 나열했고, 또 국제 인수합병과 대외직접투자에 관련된 자료와 문장들을 세심하게 골라서 심도 있게 분석했다. 제너럴일렉트릭의 전설적인 CEO 웰치, 일본의 '경영의 신' 모리타아키오, 노벨 경제상 수상자 스티글라츠, 미국 국무부 차관 호마츠 등 정치와 상업계의 걸출한 인물들이 모두 그 속에 담겨 있음으로써 이 책을 더욱 빛나게 한다. 그래서 지금 해외진출 중 이거나 앞으로 해외진출을 하려는 중국기업과 많은 독자들로 하여금 국제 인수합병과 대외직접투자에 관련된 '점과 선', '정면과 뒷면', '국내와 국제'에 대해 최대한 전면적으로 이해하는데 도움이 되었으면 좋겠다.

이 책의 출판은 지혜와 합작의 산물이다. 다큐멘터리의 취재에 응해준 귀빈들과 프로그램팀에 감사를 표하고, 이 책의 편집자로써 이 책을 지지해주신 이하 기관(화잉증권 재무팀 관리자 청커웨이, 중국사회과학원 세계경제와 정치연구소 소장 장즈옌, 중국사회과학원 아태와 세계전략 연구원 까오청, 리엔샹의 리우챤즈, 창장경영대학원 교수 청밍, 팡정그룹 대표이사 웨이신, 일본 교세라그룹 명예회장 모리타아키오, 중국사회과학원 세계경제와 정치연구소 연구원 야오즈중, 중국사회과학원 부위원 위용띵, 중국 주영사관 리우샤오밍, 《21세기 경제보도》와 《중국경제무역》 등)과 모든 분들에게 진심으로 감사를 표하고 싶다. 그리고 각계의 동종업계에 종사하시는 분들이 연구해놓은 국제 인수합병에 관련된 내용들을 참고했고, 이 책은 공개적인 발표내용과 자료(정보)를 인용했는데, 나는 그분들의 노고에 대해 깊은 감사를 표하고 싶다. 마지막으로 나는 CCTV와 전자공업출판사의 직원들에게도 나를 믿어주고 지지해준 것에 감사를 전하고 싶다. 만약 당신들의 도움과 격려가 없었고, 그전에 연구한 자료들과 세심한 작업이 없었다면 이 책은 정식으로 출판되기까지 얼마나 많은 시간이 걸렸을지 모른다.

중국런민대 경제대학원 쪼우지엔쥔
Zhoujianjun@ruc.edu.cn

※ 본 책은 최근에 발생된 일들을 편집한 것이기 때문에 시간이 촉박해서 책의 내용이 매우 난잡합니다. 혹시 누락되거나 잘못된 부분을 발견하신 독자분들께서는 메일로 연락해주시면 감사하겠습니다.